Ilse Lichtenstein-Rother (Hrsg.) · Erziehung als Aufgabe und Auftrag

Erziehung als Aufgabe und Auftrag

Ein Arbeitsbuch zur Aus- und Weiterbildung
für Erzieherinnen und Erzieher

Herausgegeben von Ilse Lichtenstein-Rother

Verlag Ludwig Auer Donauwörth

Die Autoren:

Eva-Maria Aicheler, Dipl.-Päd., Dozentin für Pädagogik und Psychologie an der Fachschule für Sozialpädagogik in Nürtingen, Baden-Württemberg

M. Charis Baur, M. A. (Pädagogik, Psychologie, Kunsterziehung), Direktorin und Dozentin an der katholischen Fachakademie für Sozialpädagogik in Augsburg

Birgit Illmann, M. A. (Pädagogik, Sozialkunde), Grundschullehrerin in Augsburg

Ilse Lichtenstein-Rother, Dr. h.c., em. o. Prof. für Pädagogik, Universität Augsburg, verstorben 1991

Rüdiger Löbermann, Pfarrer, Direktor und Dozent für Pädagogik und evangelische Theologie/Religionspädagogik an der evangelischen Fachakademie für Sozialpädagogik in Augsburg

Bildnachweis

S. 89   Unterricht in einer Lateinschule. Holzschnitt, 1592. Foto: Archiv
          Jan Steen: Die Dorfschule. Dublin, National Gallery of Ireland. Foto: Archiv
S. 90   Wandernde Menagerie in der Schule. Holzschnitt nach einem Gemälde von W. Schütz, um 1874, Privatbesitz. Foto: Archiv
S. 91   Mutter und Kind bei der Hausarbeit. Holzstich, Augsburg 1918. Aus: Schutzengel vom 20. März 1919. Donauwörth: Ludwig Auer
          Co Westerik: Schulmeister mit Kind, 1961. Naarden, Holland, Sammlung Agnes und Frits Becht. © VG Bild-Kunst, Bonn, 1992
S. 115   Peter Paul Rubens: Kinderbild, um 1600. Foto: Archiv
S. 116   Fallhut aus einem schwedischen Museum, 19. Jh. Aus: Ingeborg Weber-Kellermann: Kindheit. Frankfurt/M.: Insel 1979
          Daniel Chodewiecki: Küchenszene. Städel, Frankfurt/M. Foto: Archiv
S. 117   Schülerpult aus dem 19. Jahrhundert. Aus: Ingeborg Weber-Kellermann: Kindheit, a. a. O.
          „Schreberscher Geradhalter". Foto: Archiv

Gedruckt auf umweltbewußt gefertigtem, chlorfrei gebleichtem und alterungsbeständigem Papier.

1. Auflage. 1992
© by Ludwig Auer GmbH, Donauwörth. 1992
Alle Rechte vorbehalten
Umschlaggestaltung: Wolfgang Marx, Donauwörth
Gesamtherstellung: Ludwig Auer GmbH, Donauwörth
ISBN 3-403-0**1992**-6

Inhaltsverzeichnis

Einführung

„Wie *wir* das Kind sehen, so gestalten wir seinen Weg, und dieser Weg prägt wiederum das Kind und wird an ihm ablesbar" (Langeveld 1960, S. 15).

Diese These des niederländischen Pädagogen Martinus J. Langeveld ist in einem mehrfachen Sinne der rote Faden dieses Buches:

- Ein Erzieher kann den ihm anvertrauten Kindern nur dann bei ihrer Weiterentwicklung, bei ihrer Anthropogenese, helfen, wenn er jedes dieser Kinder in seiner je einmaligen Individualität annimmt und in seiner menschlichen Würde ernst nimmt.

  Deshalb rückt in vielen Kapiteln immer wieder das Kind ins Zentrum: das Kind in seinem Kindsein, in seiner vertrauensvollen Zuwendung zum Erwachsenen, in seiner Erziehungsbereitschaft, seiner Offenheit für alles Lernen. Damit kommt das Kind dem Erwachsenen und besonders den Erziehenden entgegen und ruft jeden pädagogisch Handelnden in die Verantwortung, seine Hilfen – die Erziehung – so zu gestalten, daß diese dem Ich-Aufbau, dem Gewinnen von Selbststeuerung und Orientierung und dem menschlichen Miteinander und Füreinander dienen.

  Eine entscheidende Bedingung dafür ist, daß das Kind in der verläßlichen Zuwendung, im Vertrauen des Erziehers Geborgenheit erfährt.

  „Dieses Vertrauen ist die Grundverfassung, die atmosphärische Bedingung aller Erziehung... Dieses Vertrauen ist unentbehrlich für die Entwicklung aller Kräfte im Kinde. Dessen sittliche Kraft hängt davon ab, wie weit es vom Vertrauen seiner Umgebung, insbesondere seiner Erzieher, getragen wird. Verweigern ihm diese das Vertrauen, so entziehen sie damit dem Kind die Kraft zum Durchhalten in allen seinen Vorsätzen... Der Glaube des Erziehers stärkt im Kind die guten Kräfte, die er in ihm voraussetzt. Er lockt sie gewissermaßen durch seinen Glauben hervor" (Bollnow 1964, S. 49).

  Diese Sätze Otto Friedrich Bollnows verdeutlichen, was damit gemeint ist, wenn Aloys Fischer „Erziehung als eine Funktion des Menschentums" bezeichnet (Kap. I.1) und Bronfenbrenner wie Langeveld mahnen: Kinder brauchen Menschen, um menschlich zu werden (I.3, II.1 und 3., II.4).

- Wer Erziehung als Beruf wählt, ist immer in Gefahr, bloße Routine in der Behandlung der Kinder zu entwickeln. Verhalten sich Kinder einmal anders, als man erwartet oder fordert, dann hätte man gern „Rezepte" zur Hand, die genau angeben, „was zu tun ist, wenn...".

  Routiniers mögen darauf aus ihren „Erfahrungen" Ratschläge geben, die Pädagogik jedoch kann so nicht verfahren; denn Kinder sind kein Gegenstand, kein Material, das man bearbeiten, zurechtstutzen darf, wenn sie in ihrer Menschlichkeit gestützt und gefördert werden sollen (II.2 und II.5).

- Das Studium der Pädagogik mutet dem, der sich auf Auftrag und Aufgabe der Erziehung vorbereiten will, zu, sehr gründlich und engagiert über den Menschen (I.2), über Kindsein und Kindheit (I.3, 1–3, 3), über Erziehung (I.2), über pädagogisches Handeln (Kap. II) nachzudenken. Aus der Reflexion entstehen Einsichten, Orientierungen, Maßstäbe und Haltungen, die sich im eigenen Handeln, im Beobachten von Erziehungssituationen, in der Auseinandersetzung mit neuen Aufgaben wie im Planen von Tagesläufen und Beschäftigungen für Kinder immer weiter vertiefen, aber auch erweitern oder modifizieren. Pädagogik gibt also keine Rezepte und ist auch nichts zum Auswendiglernen für Prüfungszwecke – so nützlich und hilfreich fundierte Kenntnisse sind.

Welche Funktion hat dann die Pädagogik in der Ausbildung zum Erzieher?
Über eingehende Auseinandersetzung mit verschiedenen Texten, z. B. der hier zitierten Pädagogen,
über eigenes Durchdenken und kritisches Reflektieren
können die pädagogischen Grundlagen und tragfähigen Einsichten gewonnen werden,
die verantwortliches Handeln fundieren und stützen,
die Freude am Umgang mit Kindern,
an der Erziehung der Kinder stärken
und zugleich den eigenen Modus menschlichen In-der-Welt-Seins
und sozialer wie sittlich-geistiger Verantwortung bereichern.

„Auf die Ganzheit des Zöglings wirkt nur die Ganzheit des Erziehers wahrhaft ein, seine ganze unwillkürliche Existenz. Der Erzieher braucht kein sittliches Genie zu sein, um Charaktere zu erziehen; aber er muß ein ganzer lebendiger Mensch sein, der sich seinen Mitmenschen unmittelbar mitteilt: seine Lebendigkeit strahlt auf sie aus und beeinflußt sie gerade dann am stärksten, wenn er gar nicht daran denkt, sie beeinflussen zu wollen!" (Buber 1962, S. 819)

- Je jünger die Kinder sind, um so bedeutsamer sind einerseits die gesamte Atmosphäre sowie das menschliche Miteinander, andererseits die Sitten und Formen, die den Alltag wie den Umgang miteinander gestalten und über den Lebensvollzug aufgenommen und übernommen werden.
Wilhelm Flitner hat immer wieder die besondere erzieherische Bedeutung, die erzieherische Kraft, von Lebensordnungen, Lebensformen und Sitten betont.

- Ein Buch über Aufgabe und Auftrag der Erziehung kann – wenn es der Anthropogenese verpflichtet ist – die entscheidenden und grundlegenden Einsichten nur als wissenschaftlich fundierte Erkenntnis ausgewählter Pädagogen vermitteln. Mit deren Hilfe wird das Beziehungsgefüge (besonders II.1), die Verantwortungsstruktur pädagogischen Handelns (I.3, II.1, 3, 4, 5) aufgeklärt, bewußt gemacht und interpretiert.
Das ist Erziehungstheorie, deren Hilfe für die Praxis nur erfahren wird, wenn jeder für sich selbst die Beziehungen zu konkretisieren versucht, sich die Erfahrungen an sich selbst bewußt macht und pädagogisches Handeln mit Hilfe der gewonnenen Kriterien beobachtet.

Es wird aber „graue" Theorie, wenn die Beziehungen zu konkreten Situationen nicht gesucht werden; denn nur darin kann und muß sich pädagogisches Denken konkretisieren und bewähren oder als unangemessen erkannt werden.

Jeder hat es also selbst in der Hand, ob Pädagogik für ihn graue oder lebendige und hilfreiche Theorie ist und wird.

- Wie jede Wissenschaft gibt es auch in der Pädagogik vielerlei Lehrmeinungen und unterschiedliche Theorieansätze (ein Beispiel in II.4.1 und 4.2).

Die Autoren dieser Schrift haben sich auf das philosophisch-anthropologische Verständnis von Pädagogik konzentriert und dazu namhafte Vertreter zitiert. Diese stehen in ihren theoretischen Aussagen in einer langen Reihe tradierter pädagogischer Reflexion (I.6), und sie waren oder sind selbst praktizierende Pädagogen und damit der Theorie und der Praxis gleichermaßen verpflichtet. Sie können unsere Sensibilität für das Kind als Modus des Menschseins, für die pädagogische Situation wie für verantwortliches pädagogisches Handeln erweitern und steigern.

Wir Erzieher – und alle, die Verantwortung für Kinder tragen „stehen an der Stelle" – so Langeveld –, „wo alles Gedachte gelebte Bedeutung erhalten muß" (Langeveld 1966, S. 62).

Ilse Lichtenstein-Rother

I. Erziehen als Beruf

1. „Erziehung ist eine Funktion des Menschentums." – Ist dann Erziehung als Beruf eine „Abnormität"?

1.1 Erziehen als Beruf

Erzieherinnen und Erzieher, Kinderpflegerinnen und Kinderpfleger, Lehrerinnen und Lehrer haben Erziehung als Beruf gewählt, werden für die Erziehung ausgebildet,
lernen und studieren, was Erziehung ist,
wie sie geschieht,
wie sie sein sollte,
wie der Erzieher handeln sollte.

Fischer hat sich 1921 in seinem Aufsatz „Erziehung als Beruf" sehr kritisch damit auseinandergesetzt.
Er beginnt seine Erörterung mit der These, „daß es zum Schicksal jedes Menschen gehört, erzogen zu werden, und zu seiner Bestimmung, andere zu erziehen" (S. 31).
Wenn also „Erziehung eine Funktion des Menschentums" ist – so die Überlegungen Fischers –, dann ist berufsmäßige Erziehung an sich eine Abnormität:

■ Die ungelernte Erziehung, wie sie sich als Ausfluß der Elternliebe und Pflegeinstinkte, als Funktion jedes Erwachsenen ungesucht einstellt, ist also unserer Meinung nach nicht nur die frühere, sondern auch die bessere und wirksamere Erziehungsform.

Aus: Aloys Fischer: Erziehung als Beruf. In: Karl Kreitmaier (Hrsg.): Aloys Fischer. Leben und Werk. Band 2. München o. J., S. 32 f.

... Die ewig naive Schar der Erzieher, die wir Eltern nennen, wird für ihre Aufgabe weder ausgelesen noch besonders vorgebildet, ist aber auf der anderen Seite durch die Inspirationen der Liebe und Treue, der Hingabe und

Geduld in der Wirksamkeit ihrer Arbeit allem kunstgerechten pädagogischen Professionalistentum überlegen.

Aus: Ebd., S. 32

Schon bei diesen ersten Schritten prüfender Überlegung erscheint so die Tatsache, daß es Erziehung als Beruf, daß es einen ganzen, reichgegliederten Stand von Berufserziehern gibt, paradox. Der Eindruck des Paradoxen, den die Existenz eines Berufes und Standes der Erzieher erweckt, steigert sich aber noch, wenn wir eine seiner handgreiflichsten Nebenwirkungen nicht übersehen. Einmal entstanden, einerlei aus welchen Gründen, hat der Stand der Berufserzieher, hat Erziehung als Beruf eine fatale Rückwirkung auf die ursprünglichen, wurzelechten Formen der Erziehung als Menschenleistung und Menschenpflicht zu üben vermocht: die Verantwortlichkeit der natürlichen Erzieher wird eingeschläfert; sie überlassen immer bereitwilliger *ein* Stück ihrer Aufgabe nach dem anderen den Professionalisten, und mit dem Wachstum des pädagogischen Berufsstandes geht eine Rückbildung, ein Verfall der Familienerziehung bzw. aller Naturformen der Erziehung Hand in Hand. So wird Erziehung als Beruf, ursprünglich gar nicht vorhanden, sachlich entbehrlich, wenn alle Menschen ihre Bestimmung, andere zu erziehen, mit Ernst erfüllten.

Aus: Ebd., S. 34 f.

Die Gesellschaft tut ihre Erziehungspflicht entweder, wenn jeder einzelne an seinem Ort und in seiner Lebensführung die Sorge für den rechten Geist des Ganzen betätigt oder wenn sie den Professionalisten der Erziehung mit der Wahrnehmung der pädagogischen Funktionen betraut. Das letztere Verfahren als das der Ökonomie der Arbeitsteilung gemäßere ist einmal unser geschichtlich begründetes Schicksal geworden – es ist verständlich, daß nicht nur die von Arbeit und Not belasteten Massen, sondern, wenn es ihnen bequem ist, alle Schichten sich dabei beruhigen und in steigendem Maße leben, als ob sie für die Erziehung ihrer Kinder alles getan hätten, wenn sie entweder einen Berufserzieher in ihr Haus engagieren oder die öffentlichen Erziehungseinrichtungen nicht hindern, auch ihre Kinder zu erfassen...

Aus: Ebd., S. 37

Durch die Entstehung und Entwicklung der Erziehung als Beruf scheint die Erziehung selbst geradezu von innen heraus bedroht.

Aus: Ebd., S. 37

Ursprünglich ein Organ des Lebens und eine Funktion des Menschentums, gerät die Erziehung unter den Einfluß der Faktoren des geschichtlichen Lebens, wandelt sich mit dem Schicksal von Gesellschaft und Kultur. Die Gesellschaft verselbständigt allmählich ihre erzieherischen Aufgaben und Pflichten durch Ausgliederung eines fortschreitend wachsenden und sich weiter gliedernden Erzieherberufs. Mit der Verselbständigung der Erziehung in einem Beruf beginnt die Gefahr ihrer Verengung in den *Lehr*beruf, ihrer

Veräußerlichung in den Lehr*stand*. Aber die unveränderlichen Aufgaben echter Erziehung und die in jeder Elterngeneration wieder naiv sich regenden Erziehungsinstinkte leiten immer wieder rückläufige Bewegungen ein, Besinnung auf die wesentliche Endabsicht aller Menschenbildung, und tragen so zu vertiefender Umgestaltung des Erziehungsberufes bei.

Aus: Ebd., S. 71

▷ Bitte stellen Sie dar, wie Fischer seine These begründet, berufsmäßige Erziehung sei eine Abnormität!

▷ Worin sieht Fischer die Überlegenheit der natürlichen Erziehung?
  Worin liegen die Gefahren der berufsmäßigen Erziehung?

▷ Gilt das für den Lehrer Gesagte auch für Erzieher?

Martin Buber sieht eine weitere Gefahr, die die Erziehung bedroht:

■ An die Stelle des meisterlichen Menschen (ist) der erzieherische getreten. (Es) hat sich die Gefahr aufgetan, daß das neue Phänomen, der erzieherische Wille, in Willkür ausarte; daß der Erzieher von sich und von seinem Begriff des Zöglings, nicht aber von dessen Wirklichkeit aus die Auslese und Einwirkung vollziehe ...

Der Mensch, dessen Beruf es ist, auf das Sein bestimmbarer Wesen einzuwirken, muß immer wieder eben dieses sein Tun (und wenn es noch so sehr die Gestalt des Nichttuns angenommen hat) von der Gegenseite erfahren. Er muß ... zugleich drüben sein, an der Fläche jener anderen Seele, die er empfängt, und nicht etwa einer begrifflichen, konstruierten Seele ...

Es genügt nicht, daß er sich die Individualität dieses Kindes vorstelle; es genügt aber auch nicht, daß er es unmittelbar als eine geistige Person erfahre und sodann erkenne; erst wenn er von drüben aus sich selber auffängt und verspürt, „wie das tut", wie das diesem anderen Menschen tut, erkennt er die reale Grenze, tauft er in der Wirklichkeit seine Willkür zum Willen, erneuert er seine paradoxe Rechtmäßigkeit.

Aus: Martin Buber: Über das Erzieherische. In: Martin Buber. Werke. Band 1: Schriften zur Philosophie. München 1962, S. 805

Martinus J. Langeveld sagt vom Pädagogen, vom Lehrer als Erzieher (aber es gilt für jeden, der erzieht, dessen Beruf Erziehung ist):

■ Unsere Würde stützt sich nicht bloß auf die Wertschätzung, die wir bei der Welt finden. Sie ist oft egoistisch und zynisch. Aber unsere Würde stützt sich ebensowenig nur einseitig auf das, was dem Kinde genehm ist. Wir haben den Mut aufzubringen, der De-Mut heißt; den Mut, die Aufgabe auf uns zu nehmen, das Leben des Kindes wert- und sinnvoll zu lenken in einer Welt, die immer den demütigen Kämpfer verlangt, weil sie immer so ist, wie sie ist, und nicht, wie der Mensch sie haben möchte ...

Aus: Martinus J. Langeveld: Schule als Weg des Kindes. Braunschweig 1960, S. 23

Wir Erzieher stehen an der Stelle, wo alles Gedachte gelebte Bedeutung erhalten muß.

Aus: Ebd., S. 160

1.2 Arbeitsteilung in der Erziehung?

Mit der Entstehung von Erzieherberufen und pädagogischen Institutionen (Kindergärten, Kinderheime, Schulen usw.) werden Kinder gleichzeitig und nacheinander von vielen Menschen erzogen. Erziehung wird also arbeitsteilig realisiert, von natürlichen und Berufserziehern gleichzeitig oder neben- und nacheinander von verschiedenen Pädagogen.

Aber:

„Die erzieherische Verantwortung für die Bildung des jungen Menschen ist unteilbar" (Groothoff 1972, S. 65).

▷ Was meint diese These?
▷ Was sind die Konsequenzen für Berufserzieher?
▷ Bitte beobachten Sie den Tageslauf von Kindern Ihrer Gruppe, die davon besonders betroffen sind!

2. Erziehung

Die entscheidende Bedingung für den Berufserzieher ist ein breites vertieftes Wissen über Erziehung und die daraus erwachsenden Einsichten in pädagogisches Handeln sowie die Erkenntnis pädagogischer Verantwortung.

Wilhelm Flitner erschließt in vielen Publikationen, wie Erziehung zu verstehen ist. Diese Überlegungen sind in einem Lexikonartikel knapp zusammengefaßt:

2.1 Vier Sichtweisen des Menschen und der Erziehung (Wilhelm Flitner)

■ 1. ... Die Erziehung kann nur als ein *umfassendes menschliches* Lebensphänomen verstanden werden. In allen Tätigkeiten und Wirksamkeiten einzelner auf den anderen ist der Tatbestand bedeutsam, auf dem die Erziehung beruht: die Folge der Generationen, die Entwicklung des einzelnen in einer Jugendepoche, in welcher er sich für das erwachsene Leben einübt und vorbereitet und doch zugleich das menschliche Dasein in der Form des Kindes und Jugendlichen mit Hilfe der Älteren schon als ein menschlich zu erfüllendes führt.

2. Als ein umfassendes Phänomen ist die Erziehung sowohl vom Standort der Gemeinschaft zu begreifen, die den Nachwuchs der nächsten Generation sich eingliedert, wie vom Standort des einzelnen Kindes, das sich zur mündigen Person mit Hilfe der Gemeinschaft, in erster Linie der Eltern, entwickelt. Die Erziehung reiht sich damit zunächst in die biologisch und soziologisch beschreibbaren anthropologischen Phänomene ein.

Biologisch gesehen sind Erscheinungen im Bereich des Tierlebens morphologisch verwandt: die Jugendzeit höherer Tiere, in der die Jungen von den Eltern gepflegt werden müssen (z. B. bei den „Nesthockern"), aber auch die Zeit, in welcher die „Nestflüchter", die sich von der Geburt an frei bewegen, erst Erfahrungen sammeln, „lernen" und auch „spielen" (K. Gross). Die menschliche Jugend ist durch eine langsame und polymorphe *Wachstumslinie* gekennzeichnet: das neugeborene Kind ist als Säugling hilfsbedürftig wie ein Nesthocker, aber es entwickelt sich im ersten Lebensjahr in steiler Kurve, um vom zweiten ab langsam und stetig zu wachsen und sodann im „Pubertätsschuß" nach dem 10. Jahr schnell eine Form der erwachsenenartigen Streckung zu gewinnen, worauf abermals eine langsamere Wachstumsphase folgt (A. Portmann). Diese Wachstumslinie ist aber in ihren späteren Stadien nach Rassen verschieden und von der Sozialordnung sowie von der geistig-seelischen Gesamtlage abhängig...

Während die anderen höheren Lebewesen sich instinktmäßig orientieren und verhalten und nur in den festen Bahnen des Instinktverhaltens lernen und zu Handlungen auch der „praktischen Intelligenz" gelangen (M. Scheler), ist das menschliche Verhalten „weltoffen" und ermöglicht es, Sozialformen zu schaffen, in denen ein gemeinsames Leben zu führen ist. Die Partner müssen sich durch sprachliche und andere Symbole verstehen und sich verständigen, um zu kooperieren (Pleßner, Gehlen, Portmann). Die frühe Ausbildung sozialer Kontakte im ersten und die Spracherlernung im zweiten Lebensjahr sowie das langsame Wachstum der Kindheit mit seiner verlängerten Spielhaltung und dem Vorwiegen emotionaler, aber doch schon symbolisierender Bestimmung des Verhaltens machen es möglich, daß die Welt „objektiv" durch das Medium einer symbolisierten Welt hindurch als vom Subjekt abgelöst erfaßt werden kann; sie machen aber auch möglich, die Gemeinschaft mit den anderen in reichen Gemütsbewegungen, als geistig vermittelt, zu fassen und sich vom Du des anderen zu unterscheiden; das instinktive emotionale Zusammenklingen wird damit nach und nach verwandelt in die sittliche Bindung geistig selbständiger und in den Verkehr des Verstehens miteinander eintretender Personen.

Der zweite langsame Wachstumsprozeß nach der Pubertät dient abermaligem Lernen, in dem das Spiel zurücktritt und ein Ernsteinsatz probiert wird (Lehrlingsalter), voller Ernsteinsatz aber zurückgehalten ist (erziehende Funktion der Muße). Die Ordnungen der Erziehung in dieser Epoche sind kulturmorphologisch verschieden, eben weil der Sinn dieser Phase die *Eingliederung* in die bestehende und den jugendlichen Nachwuchs empfangende Kultur ist.

Wollte man von den beiden äußeren Aspekten, dem der Gemeinschaft und dem der individuellen Entwicklung her, die Erziehung definieren, so würde man sie zu bestimmen haben: a) als die Gesamtheit der Vorgänge (Verhaltensweisen und Tätigkeiten), welche durch den Wachstums- und Reifungsprozeß der Jungen hervorgerufen werden und die Erwachsenen dazu führen, jenen Prozeß zu schützen und zu unterstützen (anthropobiologische Sicht), zugleich aber b) als Inbegriff des Geschehens und Tuns, das aus dem Regenerationsstreben der gesellschaftlichen Gebilde und der geistigen, kulturellen Voraussetzungen des gemeinschaftlichen Verhaltens in ihnen hervorgeht (kulturanthropologische Sicht). Dort steht das Pflegen und Helfen voran, hier die Zucht des Nachwuchses und der individuelle Drang, sich dem Gemeinleben zu assimilieren.

3. Der äußeren stellt sich eine *innere Betrachtung* der Erziehung zur Seite und gegenüber, die ebenfalls einen universellen und individuellen Aspekt zuläßt. Das Wachstum zielt auf Reifung im Sinn von Erwachsensein, selbständig lebensfähig werden; die kulturelle Eingliederung hat das gleiche Ziel und versteht es im Sinne der Erhaltung und Fortpflanzung menschlicher Kultur und Zivilisierung...

Zwar handelt es sich in der Erziehung um den Prozeß des Wachstums und der kulturellen Assimilation, und in beiden wirken sich – anthropobiologische und soziologische – Gesetzlichkeiten aus, die nach Regeln der Wahrscheinlichkeit vorauszusehen und zu beschreiben sind. Die Jungen werden selbständig und lebenstüchtig, und das kulturelle Gepräge setzt sich in der nächsten Generation beinahe gleichförmig fort, wenn auch jedes neue Geschlecht eine etwas andere Prägung zeigt. Aber das eigentliche Geschehen, das sich in diesem Rahmen abspielt, geht um das Wirklichwerden des Menschlichen im Menschen, indem die Person sich zu ihrem Selbst entscheidet und indem das gesellige Leben „in jeder Beziehung, auf die wir Wert legen", den Sachgehalt versteht und ihm sich billigend oder kritisch zuwendet. Dieses Entscheiden und Sich-Zuwenden ist eine Tathandlung der Person, deren vollständige Analyse der Reflexion nicht gelingen kann. Das Entschiedensein im personalen Kern – als Gewissen und als Offenstehen für das, was Wert und Sinn hat – ist ebenso ein Erleiden wie ein Tun; es muß „verantwortet" werden und geschieht zugleich „unbewußt"; das Geheimnis von Freiheit und Gnade, von rationalem Schaffen und Wissen einerseits, genialischem Verstandenhaben und Begreifen anderseits ist der Reflexion und Objektivierung unzugänglich, es ist eine innere Bedingung der anthropologisch von außen her feststellbaren Freiheit und Weltoffenheit...

Die Erziehung beruht also immer auf Auslegungen dessen, was im Gewissen und in den wert- und sinnvollen Sachbezügen erfaßt wird; von daher geht in jeden pädagogischen Akt eine Auslegung der menschlichen Bestimmung ein...

Von dieser inneren Sicht der Aufgabe her ist Erziehung ein Geschehen, Verhalten und Tun, auch ein Tun durch bewußte Akte und in bewußt geschaffenen Organisationen im Kreis von Personen, die im Gewissen verbunden sind und in der Wertsicht und Liebe zum Wertvollen sowie in der sachlichen Verantwortung zusammenstimmen. Wirkung und Ziel dieser Verbundenheit und dieses Tuns ist einerseits ein geistiger Verkehr, in den sich die Nachwachsenden und Neulinge eingliedern, wobei sie an der Erweckung zum Sinn- und Werthaften allmählich selbständigen Anteil gewinnen. Andererseits handelt es sich um ein persönliches Willensverhältnis, in welchem die Wissenden und Wachen den noch Unerschlossenen – seien es Jugendliche oder Erwachsene – begegnen und sie zum gläubigen Vertrauen und zum Gewissen zu wecken verstehen – durch ihr Beispiel, ihre Ermahnung, ihre teilnehmende Liebe. Hier liegt das höchste Ziel der Erziehung, das paradoxerweise zugleich die größte Ohnmacht des Erziehenden bekundet, weil sich die Einwirkung nicht technisch beherrschen läßt. – Da der Mensch ein Ganzer ist und gerade durch die Erziehung in sich zur Person zusammengeschlossen werden soll, so ist die Einheit der vier Aspekte des Erzieherischen wesentlich; sie sind nur in der Abstraktion voneinander zu lösen. Erziehen ist immer Pflegen des Wachstums und Hilfe zur Reifung, Eingliederung des Nachwuchses in die Sozialbezüge, die wesentlichen kulturellen Gehalte und endlich Weckung des Gewissens und gläubigen Vertrauens; sie ist Hilfe zum Verständnis der Sinn- und Wertbezüge kultureller Sachverhalte, ist „Selbstbildung am sichtbar gemachten Sinn" und Überlieferung durch geistige Erweckung; alles zugleich und in einem kontrastreichen Gegeneinander, das selbst wieder der fortgesetzten Auslegung und Entscheidung bedarf.

4. Die Erziehung hat es mit dem einzelnen zu tun, aber Gemeinschaft und Individuum stehen auch im erzieherischen Bereich in unauflöslichem Bezug (Litt). Das Heil des einzelnen ist in jeder Beziehung bedingt durch die Gesundheit des gemeinschaftlichen Lebens und seiner Inhalte, und es ist rückwirkend wieder eine Bedingung für diese Gesundheit. Als erziehend wichtigste *Gemeinschaften* müssen einerseits Familie und Haus gelten, anderseits die großen Sozialbezüge, von denen man mit Schleiermacher die Kirche, den Staat, den geselligen Verkehrskreis sowie die Gemeinschaft der Sprache und des Wissens hervorheben kann. Von der staatlichen hebt sich als erzieherisch bedeutsam zusätzlich immer stärker die Arbeitswelt als eine eigentümliche und relativ eigenständige Sphäre ab. Alle diese Gemeinschaften mit ihrem sittlich-geistigen Inhalt sind in langer Geschichte so geworden, wie das Kind sie gegenwärtig antrifft. Sie haben eine erziehende Funktion, ob sie es wissen oder nicht, und ob sie es wollen oder nicht. Wer in ihnen lebt, findet erziehende Verantwortung vor, der er sich nicht entziehen kann, sobald er selbst in solchen Lebenskreisen mündig geworden ist...

5. Die Gesamtaufgabe der Erziehung kann auch von verschiedenen *individuellen Teilaufgaben* her gesehen werden. Die Erziehung des Leiblichen, des Gemüts und seiner Äußerungen, des Geistes und des Charakters haben je ihren eigenen Rhythmus und Aufbau. Aber auch hier handelt es sich stets um die Erziehung des Menschen im ganzen, die nur von einer besonderen Seite her gesehen wird...

Die reife und charakterlich gesunde Person ist gekennzeichnet durch Sicherheit der Entscheidung und Haltung in allen sittlich relevanten Situationen. Diese beruht zuletzt auf der unableitbaren Wachheit des personalen Kerns – dem „Charakter" im Wertsinn des Wortes...

Christliche Charakter-Erziehung beruht in dem Willensverhältnis des Selbst zu dem Du Gottes und in der Begegnung mit dem Du des anderen, die ihren Sinn durch die Gegenwärtigkeit Christi erhält – auf dem Durchhalten eines sittlichen Verhältnisses zum andern also, das aus der Liebe und Vergebung heraus lebt und darin den Wirrnissen der Lebensnot und allem Störenden gegenüber unbefangen und vertrauend bleibt.

6. Die Erziehung als ein allgemeines Lebensphänomen nimmt am *weltgeschichtlichen Prozeß* teil. Bei den „Naturvölkern" zeigt sie andere Formen als in den alten Hochkulturen und wieder andere in der neuzeitlich-europäischen Epoche...

Aus: Wilhelm Flitner: Erziehung. In: Kurt Galling u. a. (Hrsg.): Die Religion in Geschichte und Gegenwart. Band 2. Tübingen, 3. Aufl. 1958, S. 631–638

2.2 Aspekte zum Begriff „Erziehung" bei Martinus J. Langeveld

■ In dem Begriff „Erziehung" fassen wir das Erziehen, den Umgang und das Milieu zusammen. Dieses Milieu ist „sachlich", d. h., es wird nicht durch Personen, sondern durch Sachen gebildet: Naturmilieu, Klima, wirtschaftliche Situation der Familie, Wohnung, Ernährung, Kleidung, Ausstattung der Familie mit Kulturerzeugnissen, auch kunstgewerblicher Art usw. Terminologisch besteht m. E. kein ausschlaggebendes Bedenken dagegen, das Wort „Milieu" für sachliche und persönliche Umgebung zusammengenommen zu gebrauchen. Aber stets bleibt es nötig, dieses „persönliche Milieu" von jener Beziehung zu unterscheiden, in der eben dieses Milieu selbst zu dem Kinde steht und die wir „Umgang" genannt haben. Wir unterscheiden mithin in dem Erziehungsganzen:
a) das Erziehen als eine Tätigkeit, die bewußt verrichtet wird, um ein Erziehungsziel zu erreichen;
b) den Umgang;
c) das Milieu.
Das Erziehen setzt nachdrücklich Erziehungs*mittel*, der Umgang enthält zahlreiche Erziehungs*faktoren*, das sachliche Milieu enthält – wie wir sogleich noch sehen werden – außer *Faktoren* auch *Hilfs*mittel der Erziehung. Der Umgang schien uns eine gewisse Prädisponiertheit zur Entstehung des Erziehungsphänomens aufzuweisen. Das sachliche Milieu liegt teilweise völlig außerhalb aller Beeinflussung (z. B. das Klima), teilweise außerhalb aller pädagogischen Beeinflussung (z. B. das Arbeitsleben der Eltern), aber im übrigen ist das sachliche Milieu in der Tat einer Einflußnahme zugunsten des Kindes zugänglich (z. B. bei der Ernährung, Kleidung, Möblierung, Inneneinrichtung), oder es ist gar speziell für die Erziehung des Kindes bestimmt und als solches Hilfsmittel oder Instrument der Erziehung (Spielzeugausstattung, Lektüre usw.). Betrachten wir das Milieu aus dem Blickfeld des Kindes, so bildet das sachliche und persönliche Milieu ein Ganzes, worin der Umgang für das Kind Prototyp ist für *jeglichen* Umgang, wie denn auch sein eigenes Milieu Prototyp ist für jegliches Milieu.

Aus: Martinus J. Langeveld: Einführung in die theoretische Pädagogik. Stuttgart, 5. Aufl. 1965, S. 37 f.

Der Ausdruck „erziehen" schließt ein Werturteil ein.
... Erziehen bedeutet dann ein nachdrückliches Setzen von Handlungen zur Erreichung eines Erziehungsziels. Das kann man verkehrt machen, technisch verkehrt, praktisch verkehrt, aber auch mit verkehrter Einsicht. Hält man aber daran fest, daß der Inhalt des Erziehungszieles, d. h. also die inhaltliche Bestimmtheit der Lebensaufgabe des selbständigen Menschen, bekannt ist und daß dieser Inhalt nur ein ganz bestimmter sein kann – sei es auch in tausenderlei Formen von Verwirklichung –, dann ist alle Erziehung, die zu diesem Ziel nicht hinführt, keine Erziehung. Sie ist dann eine Tätigkeit, die der äußeren Form nach zwar viel mit Erziehen gemein hat, die aber damit

nicht identisch ist. Es kann eine unzureichende Verwirklichung des einen Erziehungszieles geben, es können verschiedene, mehr oder weniger einseitige Auslegungen dieses einen Erziehungszieles bestehen, aber was damit schlechthin unvereinbar ist, bedeutet dann auch notwendig eine Verfälschung des Menschenbildes. Das ist nicht „schlechte Erziehung", sondern überhaupt keine Erziehung.

Aus: Ebd., S. 31 f.

2.3 Umgang und Erziehung (Langeveld)

■ Zweifellos – und das verdient nachdrücklich betont zu werden – besteht zwischen Erwachsenen, gegebenenfalls Eltern und Kindern, vielerlei Umgang, der kein Erziehen bedeutet. Man macht dem Kind eine Freude, nimmt es mit zu einem Spaziergang usw., nicht um es zu erziehen, sondern weil man es gern hat, weil man Gesellschaft sucht usw. Mit anderen Worten, das Kind ist nicht immer und überall „Zögling".

Aber der Umgang kann jeden Augenblick in Erziehen umschlagen und ist daher ein „pädagogisch vorgeformtes Gebiet". Ein Gebiet, das erkennbar darauf angelegt ist, das Erziehungsphänomen existent werden zu lassen, und das die Erziehung jeden Augenblick wieder in sich verschwinden lassen kann. Letzten Endes kehrt jedes Erziehungsverhältnis nach Abschluß wieder in ein Umgangsverhältnis zurück.

Das Kind – in seiner eigenen Welt beschäftigt – bewegt sich in der Umgebung seiner Eltern und appelliert hin und wieder an ihr Miterleben. Plötzlich aber tut es etwas – in seinem Spiel durchaus folgerichtig –, was die Eltern für unzulässig halten, und dann wird ebenso plötzlich der Umgang auf eine Erziehungssituation umgeschaltet.

Aus: Ebd., S. 34

In vielen Fällen bemerkt das Kind es nicht oder doch kaum, daß der Umgang sich in eine Erziehungssituation verwandelt hat. Dies weist darauf hin, wie natürlich es für das Kind ist, durch den Erwachsenen geleitet zu werden. Und wie selbstverständlich ist es andererseits für den Erwachsenen, daß er sich gegenüber oder auch nur im Beisein von Kindern gewisse Beschränkungen in Wort und Tat auferlegt. Dies bedeutet gewiß noch kein Erziehen, aber es offenbart uns doch, wie natürlich das Erziehungsverhältnis in allem normalen Umgang zwischen Älteren und Jüngeren eingebettet liegt.

Der Umgang bietet dem Kind Gelegenheit, es selbst zu sein und zu werden. Aus seiner natürlichen Hilflosigkeit entspringt Abhängigkeit, aber aus dem innermenschlichen, eigenen, persönlich bestimmten Formprinzip entspringen Verlangen und Streben, es selbst zu sein, dank und trotz dieser Abhängigkeit. Der Umgang zwischen Erwachsenen und Kindern kennt die Abhängigkeit, löst sie aber in mehr distanzierte Beziehungen auf. Der Umgang kennt aber ebensogut den Drang des Zöglings, selbst jemand zu sein, und schafft eine Atmosphäre, worin diese Freiheit atmen kann, aber was sie einatmet, setzt sich zusammen aus Teilen „Freiheit" und Teilen „Verbundenheit". Der sentimentale Erzieher durchtränkt auch seinen Umgang mit seinen übermäßigen Bindungsbedürfnissen, und er verdrängt dadurch die Freiheit des Kindes. Es wird nicht selbständig. Verwahrlosung ist Mangel an Bindung und Festigkeit. Sie untergräbt nicht nur die Bildung der moralisch mündigen Person, sondern auch die Möglichkeit des Insichaufnehmens der „Verbundenheit" ...

Das wichtigste bei alledem ist aber, daß der Umgang das natürliche Milieu bildet, in dem das Kind seine Menschenkenntnis, seine Kenntnis der sozialen Verhältnisse, seinen Umgang mit Natur und Kunstprodukt erwirbt, und dabei gewinnt es u. a. zugleich seine erste Selbsterkenntnis.

Aus: Ebd., S. 35

Ebenso gewiß wie der Umgang Erwachsener mit Jüngeren gewöhnlich alle Anzeichen enthält, daß hier eine Erziehungssituation entstehen kann, ebenso gewiß ermangelt der Umgang des Kindes mit seinen Altersgenossen solcher Möglichkeiten. Das bedeutet nun gewiß nicht, daß der Umgang mit Gleichaltrigen nicht von großem Wert für die Entfaltung der Persönlichkeit sei, aber hier entfällt eben das Autoritätsverhältnis. Zwischen Erwachsenen und Kindern besteht dies von Natur aus, zwischen Kindern aber – wieviel Pseudo-Autorität es da auch geben mag – ist es undenkbar. Die Autorität älterer Kinder über jüngere ist nur in besonderen Fällen stellvertretend für die echte, völlige Erziehungsautorität. „Kinder erziehen sich gegenseitig" ist streng genommen unhaltbar. Der Umgang mit der eigenen Generation ist und bleibt Umgang.

Im Umgang Erwachsener mit Kindern ist die Erziehung nicht immer bloß in positivem Sinn potentiell anwesend. Das Kind wird nicht immer in seiner Kindlichkeit anerkannt; es ist auch Mißbrauch und Vergewaltigung dieser Kindheit und ein bloßes Vorbeigehen an dem Aspekt der Kindlichkeit möglich. Dieses Vorbeigehen am Kind *kann* ohne jede ungünstige Wirkung sein, kann aber auch zu einem Verdorren des Kinderlebens führen; denn das Kind beweist nicht bloß das in ihm liegende Selbstformungsprinzip in seinem Verlangen und Streben danach, selbst jemand sein zu wollen, sondern offenbart auch stets seine Kindlichkeit, indem es Sicherheit im körperlichen und geistigen Sinn erwartet und sucht. Diese Sicherheit erfordert vor allem in geistiger Hinsicht mehr als bloßes „in der Welt geduldet sein". Das Menschenkind wächst nicht bloß auf und hat demgemäß nicht bloß die Neigung, groß sein zu wollen, seine große natürliche *und* geistige Hilflosigkeit *schreit* nach tätiger Sorge, nach Leitung. Gerade die Tatsache, daß der Umgang, der den Aspekt der Kindlichkeit nicht respektiert, uns eine pädagogische Unzulänglichkeit offenbart, zeigt uns erneut, wie sehr der Umgang ein „pädagogisch vorgeformtes Gebiet" ist.

Aus: Ebd., S. 36

Die Überlegungen Langevelds haben auch Bedeutung für pädagogische Institutionen.

▷ Überlegen Sie bitte, was in Kindergarten oder Heim
  1. das Milieu ausmacht,
  2. in welchem Verhältnis Erziehung und Umgang stehen,
  3. welche Situationen im Tageslauf besonders von Erziehung vorstrukturiert beziehungsweise durch Umgang bestimmt sind!

Wie wir Erziehung verstehen und wie wir erziehen, wird nach diesen Einsichten dadurch bestimmt, welche Auffassung wir vom Menschen, von der Welt und damit vom Modus menschlichen In-der-Welt-Seins haben.

▷ Bitte vergegenwärtigen Sie sich noch einmal die von Wilhelm Flitner entfalteten Sichtweisen vom Menschen und die damit korrespondierende Aufgabe und Verantwortung des Erziehers!

3. Entwicklung und Erziehung des Kindes – das anthropologische Verständnis

3.1 Wie wir das Kind sehen, so gestalten wir seinen Weg

„Wie wir das Kind sehen, so gestalten wir seinen Weg, und dieser Weg prägt wiederum das Kind und wird an ihm ablesbar" (Langeveld 1960, S. 163). „Die Erziehung nimmt schöpferisch vorweg, was später für dieses Kind die Person bedeuten wird" (Langeveld, a. a. O., S. 163).
Die Grundgegebenheit der Erziehung ist für Langeveld, „daß nämlich der Zögling jemand ist, der selbst jemand sein will".

> Achten wir Erzieher dieses Streben nach dem Selbstaufbau, der Ich-Werdung nicht, mißachten, ja verletzen wir im Kind den Modus des Menschseins, die Würde des Kindes.

Dazu Langevelds Erörterungen:

■ Schon in der frühesten Entwicklung des Kindes sehen wir, daß mehr als „Ernähren und Behüten" dazu gehört, wenn aus dem Kinde je ein erwachsener Mensch werden soll. Es war von alters her allgemein bekannt, und die Wissenschaft hat vor kurzem über einen Umweg unter dem Einfluß *Freuds* eingesehen, daß das Kind liebevolles Hegen und Pflegen *braucht*. Kommt das Kind hieran zu kurz, dann entwickelt es sich ungünstig. Dem tatsächlichen Zustand der Hilflosigkeit des Kindes wird keine genügende Hilfe geleistet, wenn man ihm nur Essen und Trinken und die übrige Körperpflege bietet. Es gibt ein unmittelbares Bedürfnis nach etwas anderem: nach dem Sicherheitserlebnis, das nur aus bewiesener Liebe geboren wird; *kein* Hunger, *kein* Durst, *keine* Kälte, *keine* Unruhe (usw.) ist *keine* genügende Beantwortung des für die Entwicklung des Kindes Notwendigen.
Die technisch vollkommenste, aber rein sachliche Versorgung wiegt eine unbeholfene, eigentlich ungenügende, aber warme, vernünftige und selbstbeherrschte Versorgung nie auf.
Aus: Martinus J. Langeveld: Studien zur Anthropologie des Kindes. Tübingen, 3. Aufl. 1968, S. 79

Für das Verstehen der Dynamik, welche die psychische Entwicklung in Bewegung bringt und in Bewegung hält, sind drei Gegebenheiten wichtig:

■ ... Erst muß es ein lebendes Wesen geben; da dieses Wesen „Mensch" ist, stellt sich sodann heraus, daß es hilfsbedürftiger ist als irgend ein anderes Wesen und daß es drittens einer sicheren Geborgenheit bedarf...
Aus: Ebd., S. 79

Dazu kennzeichnet Langeveld als vierte Gegebenheit:

■ Die „Neigung zur Exploration" ist von der größten Wichtigkeit, und man könnte die psychische Entwicklung nie ohne diese vierte Gegebenheit verstehen.
Aus: Ebd., S. 79

Langeveld bezeichnet diese vier Grundgegebenheiten der psychischen Entwicklung als „biologisches Moment", als „Prinzip der Hilflosigkeit", als „Prinzip der Geborgenheit", als „Prinzip der Exploration":

■ Wenn dem Prinzip der Geborgenheit nicht in dem Maße Genüge geleistet wird, das der Hilflosigkeit des Kindes entspricht, so wird das Kind in denjenigen Entwicklungsaspekten zurückbleiben, von denen das Prinzip der Exploration abhängig ist; es wird sich nicht völlig an die Exploration herantrauen. Wenn es in dem biologischen Moment einen Mangel, einen Defekt, ein Mißverhältnis gibt, dann wird man das auch in der Ganzheit der Person bemerken, z. B. durch ein größeres Hilflosigkeitserlebnis. Wenn dann nicht eine entsprechende Beschützung auftritt, dann werden auch hier die Entwicklungsaspekte, welche von dem Prinzip der Exploration abhängig sind, demgemäß zurückbleiben. Sehr leicht kann hier aber auch ein Mangel an Exploration auftreten trotz einer genügenden oder dank einer übermäßigen Beschützung. Um so leichter kann das geschehen, weil – wie wir sahen – die Beschützung nicht in einem quantitativen Verhältnis zur Hilflosigkeit steht. Wenn es an Beschützung mangelt, dann kann eine zwar technisch ausreichende, aber gefühlsarme „kalte" Versorgung die Ursache davon sein. Es kann auch sein, daß die Temperatur *mehr* als warm ist, so daß das Kind in einer Treibhaushitze von Gefühlen weichlich erzogen wird. Im letzten Falle wird das Kind dauernd auf Beschützung zusteuern, ohne selber je Kraft genug zu haben, einen angemessenen Grad von Selbstschutz zu erreichen. Was aber geschieht bei gefühlsarmer Versorgung? Man fordert dann frühzeitig vom Kinde ein Verhältnis zur Welt, in dem das Gefühl nur eine kleine Rolle spielt. Aber gerade das junge Kind ist in hohem Maße auf andere Beziehungen angewiesen als die, welche durch den Verstand und seine Hilfsmittel (z. B. die Sprache) entstehen. Es ist vielmehr angewiesen auf die direkte Berührung (Tast-, Geruchs- und Temperatursinn), die Wahrnehmung mit Auge und Ohr aus der Nähe oder Ferne und auf alles, was es durch die Seinsweise der Versorger an Gefühlsgegebenheiten erfahren kann (Zärtlichkeit, Bosheit, Aufgeregtheit, Nervosität, Geduld–Ungeduld, Ruhe–Gehetztheit, Fröhlichkeit–Deprimiertheit usw.). Die gefühlsarme Erziehung läßt das Kind also hilfsbedürftiger als erwünscht, hilft ihm nicht, eine eigene Gefühlswelt zu entwickeln, weil es ja in dieser Gefühlswelt nie angesprochen und erst recht nie beantwortet wird...
Die Welt, in der man zu leben haben wird, kündigt sich in der Exploration an. Und in dieser Gegenüberstellung wird nun auch das Subjekt Relief bekommen. Nach dem Anlächeln der Mutter, dem Mit-dem-Blick-Folgen, dem Grei-

fen-nach – alles *sehr* frühe Zeichen des Subjekts im Lebewesen – kommt eine unendliche Reihe von Erfahrungen mit dieser Welt von Dingen und lebendigen Wesen. „Erfahrungen" aber setzen ein Subjekt und ein Objekt voraus, sind die Erfahrungen *von* jemandem *mit* etwas oder jemandem. Es gibt zwischen Kind und Welt eine solche Beziehung, wobei – tatsächlich – glücklicherweise nicht alles zum Kinde „durchdringt", aber doch wohl vieles. Die Welt steht nicht aktiv einer „Tabula rasa" gegenüber, aber Kind und Welt bedeuten etwas für einander unter der Bedingung, daß das Kind aktiv ist, aus sich herausgeht, zur Welt kommt, kurzum „exploriert", „erfährt".

Bildet sich eine „objektive" Welt, dann bildet sich entsprechend ein objektives *Subjekt*. D. h., im Explorationsprinzip liegt auch ein anderes Prinzip genetisch bereit, nämlich daß *das Kind selbst jemand sein will* (Emanzipationsprinzip). Es ist sinnlos, feststellen zu wollen, ob der Exploration das Selber-jemand-sein-Sollen zu Grunde liegt, oder umgekehrt. Beide Momente bestimmen sich gegenseitig.

Aber: auch das Tier verläßt sein Nest, schnuppert und krabbelt herum (exploriert) und läuft von zu Hause fort (emanzipiert sich). Man kann nicht bestreiten, daß auch das junge Tier zum erstenmal auf Erden ist und darum allerhand zu lernen hat, aber es besteht hier doch ein großer Unterschied. Das Tier lebt in einer Welt, die ihm durch seine Instinkte bekannt gemacht wird. D. h., es hat „Welt", so wie und insofern seine Instinkte sie ihm geben. Ist es ein Tier, das fliegt, dann hat es eine Welt, die zu einem fliegenden Tiere paßt, und es kommt nur mit denjenigen Tieren (oder Menschen) in Konflikt, die sich in diese Welt einmischen; nur diejenige Beute verfolgt es, welche zu seiner Lebensform paßt – wenn es Hunger hat. Was dem kriechenden Tiere ein unüberwindbares und also hiermit vermiedenes Hindernis bedeutet, ist für das laufende oder fliegende Tier ein Gegenstand ohne jede Bedeutung, oder ein Stützpunkt, oder ein Schutz u. a. m.

Kurzum, jedes Tier hat seine eigene Welt, die mit seinen Instinkten übereinstimmt, in der die Dinge ihre feste Bedeutung und Bedeutungslosigkeit haben; man nennt dies die „Umwelt" des Tieres, man könnte vielleicht auch von seiner „festen Welt" sprechen...

Gerade *weil* der Mensch eine lange Jugend hat und es sich herausstellt, daß er viel lernen kann, kann man annehmen, daß der Mensch eine solche feste Welt *nicht* hat und im Gegenteil immer dasjenige wieder durchbricht, was er an Welt hatte. Diese Annahme ist tatsächlich richtig: der Mensch durchbricht das ihn konkret Umringende dauernd, z. B. durch das Entdecken und die Benützung der Sprache, die ihn fähig macht, über Dinge zu sprechen, die an anderem Ort, die später, die nie bestanden haben oder bestehen werden. Der Mensch *gibt* seiner Welt Bedeutung. Er lebt in einer „offenen Welt", hinter jeder Entdeckung liegt eine neue; das, was heute unbekannt und die Grenze des Wissens war, wird sich morgen als durchbrochen herausstellen; was heute gültig ist, hat morgen seine Bedeutung verloren. Es ist kein Wunder, daß beim Menschen die Frage nach der Grundlage des Lebens, der Sicherheit, der Bedeutung der Welt entsteht.

Also: Tiere explorieren in einer festen Welt, verlassen ihre Eltern in einer festen Welt; Menschen explorieren eine offene Welt, verlassen ihre Eltern in einer offenen Welt. Kein Wunder, daß sie später weggehen und eine Erziehung notwendig ist, kein Wunder, daß diese Exploration kein Ende findet.

Aus: Ebd., S. 80–83

Daß dieses Ausgreifen in die Welt, das Fragen, Erkunden, das Explorieren der aus der Geborgenheit kommenden Sicherheit bedarf, gilt – so Bollnow – für alles menschliche Leben. Aufgabe der Erziehung aber ist es, „für das Kind diesen Bezirk der Geborgenheit zu schaffen und zu erhalten" (Bollnow 1964, S. 24). Es ist der Bereich, in den es sich immer wieder zurückziehen kann, wenn es sich zu weit vorgewagt hat. Hier bildet sich auch das Vertrauen zu den Eltern und Erziehern und zu den bestehenden Ordnungen (vgl. dazu Bollnow, a. a. O., besonders S. 23 ff.).

3.2 „Was Kinder brauchen" – Anforderungen an den Erzieher

Mia Kellmer Pringle hat die Bedürfnisse von Kindern – in England – eingehend untersucht; in der Schlußbetrachtung ihres Werkes gibt sie eine kurze Zusammenfassung:

■ Vier emotionale Grundbedürfnisse müssen vom ersten Lebenstag an erfüllt werden, damit sich das Kind vom hilflosen Säugling zum reifen Erwachsenen entwickeln kann. Es sind dies: das Bedürfnis nach Liebe und Sicherheit; nach neuen Erfahrungen; nach Lob und Anerkennung; nach Verantwortung. Je nach Entwicklungsstadium ändert sich natürlich die Bedeutung dieser Bedürfnisse für das Kind und auch die Art, wie sie befriedigt werden.

Das Bedürfnis nach Liebe und Sicherheit

Wahrscheinlich ist dies das wichtigste und elementarste Bedürfnis, weil seine Erfüllung – oder Nichterfüllung – die Grundlage für alle späteren Beziehungen schafft, nicht nur innerhalb der Familie, sondern auch zu Freunden, Kollegen und schließlich zur eigenen Familie. Von seiner Befriedigung hängen die gesunde Entwicklung der Persönlichkeit ab, die Fähigkeit, Zuneigung zu empfinden und zu erwidern und, zu gegebener Zeit, die eigenen Kinder liebevoll aufzuziehen. Dieses Bedürfnis wird erfüllt, wenn das Kind von Geburt an eine beständige, verläßliche, liebevolle Beziehung erfährt – zunächst zu seiner Mutter, dann zu seinem Vater und später zu einem sich stets erweiternden Kreis von Erwachsenen und Gleichaltrigen. Die Sicherheit, die von einer vertrauten Umgebung und von immer wiederkehrenden Abläufen ausgeht, trägt zur Kontinuität und Vorhersehbarkeit bei in einer Welt, in der das Kind mit so vielen Dingen, die neu sind und sich ständig ändern, zurechtkommen muß. Zudem gibt ihm ein stabiles Familienleben das Gefühl persönlicher Kontinuität, das Gefühl, eine Vergangenheit wie eine Zukunft und eine bruchlose und dauerhafte Identität zu haben.

Das Bedürfnis nach neuen Erfahrungen

Nur wenn dieses Bedürfnis während Kindheit und Jugend angemessen erfüllt wird, kann sich die kindliche Intelligenz befriedigend entwickeln. Wie der Körper Nahrung für die physische Entwicklung und ausgewogene Kost für ein normales Wachstum braucht, so braucht der Geist neue Erfahrungen. Die wichtigsten Bestandteile dieser geistigen Nahrung sind in der frühen Kindheit Spiel und Sprache. Durch sie erforscht das Kind die Welt und lernt, mit ihr fertigzuwerden. Dies gilt ebenso für die objektive äußere Realität wie für die subjektive Innenwelt der Gedanken und Gefühle.

Neue Erfahrungen erleichtern das Erlernen einer der wichtigsten Lektionen der ersten Jahre: zu lernen, wie man lernt, und zu erfahren, daß die Beherrschung gewisser Fertigkeiten Freude und das befriedigende Gefühl, etwas geleistet zu haben, hervorruft. Bildungsfähigkeit hängt nicht nur von angeborener Begabung, sondern ebensosehr – wenn nicht mehr – von den Umweltbedingungen und von der Ermutigung durch die Umwelt ab. Das emotionale und kulturelle Klima des Elternhauses, die Anteilnahme, das Interesse der Eltern, ihre Wünsche und Vorstellungen können das geistige Wachstum fördern, einschränken oder behindern.

Das Spiel kommt dem Bedürfnis nach neuen Erfahrungen auf zweierlei Weise entgegen: Es ermöglicht dem Kind, etwas über die Welt zu lernen, und es ist ein Mittel, seine emotionalen Konflikte zu bewältigen und zu lösen, weil der Phantasie erlaubt ist, Wirklichkeit und Logik außer Kraft zu setzen.

Der auf Dauer wahrscheinlich wesentlichste Faktor für das geistige Wachstum ist die Qualität der sprachlichen Umwelt des Kindes. Es kommt nicht nur darauf an, wieviel man mit ihm spricht; das Gesagte muß für das Kind von Bedeutung, die Sprache muß differenziert und reich an Ausdrucksmöglichkeiten sein. Mit Hilfe der Sprache lernen wir, logisch zu denken und vernünftig zu urteilen sowie Beziehungen anzuknüpfen.

Das Bedürfnis nach Lob und Anerkennung

Das Heranwachsen vom hilflosen Kleinkind zu einem selbstsicheren, sich selbst annehmenden Erwachsenen erfordert ungeheuer viel an emotionalem, sozialem und intellektuellem Lernen. Das Kind lernt dadurch, daß es sich die Erwachsenen, die für es sorgen, zum Vorbild nimmt und nachahmt. Um diese Lernleistung zu erbringen, bedarf es einer ständigen, über die Jahre des Heranwachsens durchgehaltenen Anstrengung – und der wirkungsvollste Antrieb dafür sind Lob und Anerkennung. Eine mit Erfolg durchgeführte Arbeit trägt ihre Belohnung schließlich in sich selbst, aber dies gilt erst für ein sehr reifes Stadium; doch selbst der reifste Erwachsene reagiert positiv, ja blüht auf, wenn er gelegentlich Lob erntet oder auf irgendeine Weise anerkannt und bestätigt wird.

Weil das Erwachsenwerden unvermeidlich von Schwierigkeiten, Konflikten und Rückschlägen begleitet ist, bedarf es immer wieder der Ermunterung und des Ansporns. Diese erfolgen, indem die Erwachsenen ihre Freude über den Erfolg zeigen und die Leistungen des Kindes, das sie lieben und das seinerseits an ihnen hängt und ihnen gefallen möchte, loben. Ermutigung und vernünftig bemessene Anforderungen spornen es zu Beharrlichkeit und Ausdauer an. Die Erwartungen an das Kind sind dann vernünftig, wenn der Erfolg möglich, aber nicht ganz ohne Anstrengung zu erringen ist. Nicht an alle Kinder und nicht zu jeder Zeit können die gleichen Erwartungen gestellt werden. Vielmehr müssen sie auf die Fähigkeiten des einzelnen Kindes zu einem bestimmten Zeitpunkt und auf sein jeweiliges Entwicklungsstadium zugeschnitten sein.

Das Bedürfnis nach Verantwortung

Dieses Bedürfnis wird erfüllt, indem man dem Kind ermöglicht, persönliche Selbständigkeit zu gewinnen. Das beginnt mit den täglichen Dingen des Lebens; es lernt, allein zu essen, sich selbst anzuziehen und zu waschen. Auch eigener Besitz – wie klein und bescheiden er auch immer sein mag –, über den das Kind allein verfügen darf, kommt diesem Wunsch nach Verantwortung entgegen. Wenn es älter wird, dehnt sich die Verantwortung auf wichtigere Bereiche aus, bis man ihm schließlich volle Freiheit für seine eigenen Handlungen gewährt. Ein reifer Mensch schließlich sollte in der Lage sein, Verantwortung für andere zu übernehmen.

Den Kindern wachsende Selbständigkeit zuzugestehen, bedeutet weder, daß man mit seinen eigenen Ansichten, Vorlieben, Entscheidungen zurückhält, noch bedeutet es, daß man sich aus dem Leben der Kinder zurückzieht und auf Anteilnahme und Anleitung verzichtet; und es heißt schon gar nicht, ihnen alles durchzulassen. Im Gegenteil, Kinder brauchen einen klar abgesteckten Rahmen, der ihnen Richtlinien gibt und Grenzen setzt. Es hilft ihnen, zu wissen, was erwartet wird und was erlaubt ist, welche Spielregeln gelten und wie diese begründet werden, und ob diese ihren eigenen oder den Interessen anderer dienen.

Wie kann man dem unreifen, noch nicht verantwortlichen Menschen dennoch Verantwortung übertragen? Es gibt keinen Ausweg aus dem Dilemma, daß das Kind, gewährt man sie nicht, sie auch nicht lernen und einüben kann. Wie jede andere Fertigkeit muß auch diese mit der Unterstützung von Erwachsenen geübt werden, doch sollte deren Einfluß dann allmählich verringert werden.

Aus: Mia Kellmer Pringle: Was Kinder brauchen. Stuttgart 1979, S. 190–193

Das alles sind wichtige, aber auch sehr verletzliche Gegebenheiten des Kindseins, die dem Erzieher entgegenkommen. Lernen und Entwicklung des Kindes werden erschwert oder gestört, wenn diese Grundbedürfnisse nicht erfüllt werden. Kindheit erhält und behält ihren Sinn nur, wenn wir Erwachsenen uns Erwachsenheit zumuten, wenn wir den Kindern ihre Kindlichkeit lassen, die Dynamik des kindlichen Lebensvollzugs, ihre große Erlebnis- und Begeisterungsfähigkeit, das bedingungslose Vertrauen zum Erwachsenen, ihre Spontanität und Unmittelbarkeit schützen und achten.

In seinem Bezug zum Erwachsenen ist dem Kind seine arglose Zuwendung eigen, sein Vertrauen, daß ihm von dort nichts Böses kommen kann. So wird auch der erste Lehrer bedingungslos geliebt, das Kind wartet auf Annahme, Geborgenheit, liebende, fürsorgliche Hinwendung zu seiner Person, auf Anerkennung, weil es ein „Ich", eine um ihren Wert aus vielen, Geborgenheit vermittelnden Bezügen wissende Person ist... Enttäuschung, Ablehnung dieses geliebten, zu liebenden Du zerstört die Arglosigkeit, die das Kind sich und den anderen – der Welt – gegenüber benötigt, um weiterwachsen zu können: Wo Selbstvertrauen und Mut fehlen, kann nicht mehr exploriert, gelernt werden; das Bedürfnis, in die Welt hineinzugehen, ist über Unsicherheit und Mißtrauen an die Erfahrung eigener Hilflosigkeit zurückverwiesen.

Aus: Heinrich J. Röbe: Die Verantwortung der Pädagogik für das Kind: Eine gemeinsame Aufgabe für Wissenschaft und Schule. In: Edeltraud Röbe (Hrsg.): Schule in der Verantwortung für Kinder. Langenau-Ulm 1988, S. 167

Zum Erziehen gehört also vor allem, daß wir Erwachsenen achten und stützen, daß das Kind ein werdendes Selbst ist, dessen Ich-Aufbau nur gelingen kann, wenn Raum und Hilfe zur Selbststeuerung und zum angemessenen Handeln gewährt wird. Dieser Ich-Aufbau hat wiederum das Angenommensein durch Eltern und Erzieher zur Bedingung.

Erziehung und Selbstbestimmung schließen sich nicht aus, sondern bedingen sich.

▷ Bitte vergleichen Sie die Aussagen Langevelds mit denen von Kellmer Pringle! Worin stimmen sie überein?

▷ Wie können Erzieher und Erzieherinnen in Kindergarten, Hort oder Heim die Bedürfnisse des Kindes erfüllen?

3.3 Kindheit in Abhängigkeit von gesellschaftlichen Entwicklungen

3.3.1 Kindheit heute

Hartmut von Hentig hat in seinem Vorwort zur deutschen Ausgabe Philippe Ariès' „Geschichte der Kindheit" die Gegenwartsproblematik deutlich gekennzeichnet:

■ Von Kindern meinen wir, sie seien wie das Gras – zu allen Zeiten gleich. Erst die Jugendlichen scheinen am Wandel der Gesellschaft, an der Geschichtlichkeit teilzunehmen (und so das jeweilig neue Generationsproblem zu erzeugen). Daß dies nicht so ist, habe ich jetzt gelernt: Die heutigen Kinder sind ganz offensichtlich die Kinder *ihrer* Zeit und *ihrer* Umwelt, sie sind ihr entlarvendster Spiegel. Sie sind nicht nur nervös, ungeordnet [„disorganised" nennt sie einer ihrer besten Kenner, Urie Bronfenbrenner], vital, „gestört" – sie terrorisieren einander, sie streiten sich ununterbrochen (um Gegenstände, als lebten sie in tiefer Armut; um Rangplätze, als lebten wir vor Leviathan; um die Zuwendung der Erwachsenen, als lebten sie in einer besonders lieblosen Welt), sie vandalisieren das Gemeingut, sie sind weitgehend unfähig, anderen und sich selbst Freude zu bereiten, sie scheinen unfähig, tiefere anhaltende Beziehungen zu Menschen oder Sachen einzugehen – und sie müssen ununterbrochen schreien. Natürlich haben sie auch liebenswerte, ja bewundernswerte neue Eigenschaften, aber diese sind meist die unmittelbare Folge und Kehrseite einer ihrer Schwierigkeiten: aggressiv wie sie sind, können sie Erwachsenen frei, ungebeugt begegnen; indifferent, unkooperativ und kritisch wie sie sind, können sie diese Schwächen sehr ehrlich einsehen und sehr beredt anklagen; ungeordnet wie sie sind, können sie in bestimmten Lagen sich selbst und ihren Anspruch zurücknehmen.

Mein Erschrecken hierüber war so groß, daß ich zunächst nicht glauben wollte, daß „Kinder" „heute" „so sind". Ich gab den besonderen Umständen meiner Schule, einer untypischen Auswahl von Kindern und auch meiner (sich womöglich täuschenden) Erinnerung die Schuld. Seitdem höre ich jedoch (weil ich eingehend danach frage), daß es mutatis mutandis überall so ist, wobei an sogenannten „liberalen" Schulen deutlicher ans Licht kommt, was anderswo verdeckt oder unterdrückt bleibt.

Ariès freilich belehrt mich, daß ich überhaupt eine falsche Figur verwende: nicht die Kinder sind anders (hier folgen die Adjektive), sondern die Kindheit (und hier folgen die Vorstellungen und Umstände und die vielen Widersprüche, die sich zwischen Vorstellungen und Umständen auftun).

Kindheit heute ist nicht die von *Helenes Kinderchen* oder des *Little Lord Fountleroy* oder auch nur von *Pippi Langstrumpf* ...

Kindheit heute ist *Fernsehkindheit:* die Welt (von der die Erwachsenen reden, vor der sie Angst haben, auf die sie warnend hinweisen) erscheint verkleinert, zerstückelt, an- und abstellbar, in absurder Mischung, ohne Zusammenhang in sich und erst recht mit ihr. Dabei ist sie aufregend, extrem, glanzvoll und elend, übertrifft in allem meine kleine erlebbare Umwelt und macht sie unbedeutend. Außerdem stimmt wenigstens für die Kinder, was Marshall McLuhan sagt: Das Medium, genauer die Mediatisierung, das Vermitteltsein ist (selber) die Botschaft. Die Inhalte treten hinter der Machart zurück. Die Berechnung, mit der das Fernsehprodukt gemacht worden ist, löst Berechnung aus; der errechnete Adressat und seine errechneten Wahrnehmungsgewohnheiten und Vorlieben werden bestärkt – also der Durchschnitt; weil der durchschnittliche Fernseher eine Einstellung von mehr als 35 Sekunden nicht erträgt, darf keine Szene länger dauern als 35 Sekunden. Wenn die so „geprägten" Kinder dann in der Schule Konzentrationsschwierigkeiten haben – wen wundert's?

Kindheit heute ist *pädagogische Kindheit:* die Erwachsenen filtern (in immer größerer Zahl) ihre Taten und Äußerungen gegenüber den Kindern durch das, was sie als „die richtige Erkenntnis von der Pädagogik" zu haben meinen; sie agieren und reagieren nicht spontan, nicht aufgrund dessen, was sie selber erfahren haben und darum empathisch beurteilen können, nicht als die Person, die sie sind, auf die Person hin, die das Kind ist. Das Kind ist für sie ein schwieriges Behandlungsobjekt. Natürlich hat es auch in anderen Zeiten Erziehungslehren gegeben, die die Beziehungen zwischen

Erwachsenen und Kindern bestimmten. Aber allein, daß sie sich – wie etwa im *Struwwelpeter* – in Bilder und Typen bringen ließen, zeigt den Unterschied: dort gelebte Szenen mit drastischen Folgen – hier eine abstrakte, dem Kind nicht erklärliche Mittelbarkeit.

Kindheit heute ist *Schulkindheit.* Kindheit ist – außer durch die Familie – durch nichts so stark bestimmt wie durch Schule, obwohl man weiß und nachweisen kann, wie gering der Erfolg der Schule, gemessen an ihren eigenen Erwartungen, ist. Die Schulkindheit beginnt mit einer Vorschulkindheit: einem zwar spielenden, aber doch vorgebahnten, auf Schulfertigkeiten ausgerichteten Lernen. Das ist auch dann der Fall, wenn ein Kind nicht in eine Vorschulklasse oder einen Kindergarten geht. Die Erwartungen an, die „Idee" von Kindheit, zielen prinzipiell darauf. Dies mag menschenfreundlich und klug gedacht sein – vorausgesetzt, daß die Schule notwendig ist. Schule heißt ihrerseits: vorgeschriebene Gegenstände, Verfahren, Zeitabläufe, Verhaltensweisen und vor allem eine eigentümliche Konfiguration von Personen – 30 Gleichaltrige und ein Erwachsener. Und der Erwachsene ist ein Lehrspezialist, der nur für Kinder nützlich und wichtig ist und für alle anderen Menschen entbehrlich (wie viele der Gegenstände auch, die er lehrt).

Kindheit heute ist *Zukunftskindheit.* Sie wird nie ganz in der Gegenwart gelebt, ist immer auf morgen, auf die (von anderen) geplante Welt bezogen, auf das Zeugnis am Jahresende, auf den Numerus clausus, auf den Beruf und den Arbeitsplatz – und auf alle Anforderungen, Vorstellungen, Maßstäbe, die *dann* gelten werden, aber jetzt noch nichts bedeuten.

Kindheit ist heute eine *Stadtkindheit,* eine Kauf-und-Verbrauchkindheit, eine Spielplatzkindheit, eine Verkehrsteilnehmerkindheit. Ihr fehlen elementare Erfahrungen: ein offenes Feuer machen, ein Loch in die Erde graben, auf einem Ast schaukeln, Wasser stauen, ein großes Tier beobachten, hüten, beherrschen... Das Entstehen und Vergehen der Natur, die Gewinnung und Verarbeitung von Material zu brauchbaren, notwendigen Dingen, ein großer, dauerhafter, bedeutender Streit, der nicht bloß persönlicher Zank ist, der Ernstfall, der nicht fiction oder Katastrophe ist, werden dem Kind – wie den meisten Erwachsenen – vorenthalten. Die Erwachsenen haben immerhin ihren Beruf, ihre Geld-, Zukunfts-, Erziehungssorgen, und mehr Abenteuer *wollen* sie meist nicht. Das Kind dagegen kann sich Bewährung und Risiko nur einbilden oder erlisten: durch Zerstörung und mutwilligen Verstoß gegen die Regeln, die Erwartungen und die Vernunft. Daß nicht einmal die Städte richtige Städte sind, sondern getrennte Wohn-, Arbeits- und Einkaufszonen, Slums *oder* Suburbs, kommt verschlimmernd hinzu.

Kindheit heute ist in der Tat *Kinder-Kindheit.* Das Kind lebt in seiner Altersgruppe oder mit Erwachsenen, die sich zu ihm pädagogisch: zu einem Kind verhalten. Wir sind an die Schulklasse voller Gleichaltriger so gewöhnt, daß wir die Ungeheuerlichkeit, ja den pädagogischen Widersinn, der in der strengen Altershomogenität liegt, gar nicht mehr wahrnehmen – was es bedeutet, wenn man niemanden über sich hat und niemanden unter sich und die kleine Differenz auf einmal zur großen, beherrschenden wird...

Kindheit ist heute für immer mehr Kinder *nicht einmal die der Kleinfamilien-kindheit*, deren private Idylle uns die Fernseh- und Illustriertenreklame vorgaukelt.

Aus: Hartmut von Hentig: Vorwort zur deutschen Ausgabe zu: Philippe Ariès: Geschichte der Kindheit. München 1975, S. 32–34

> Für jeden Erzieher ist es wichtig, daß er die Lebensverhältnisse der ihm anvertrauten Kinder aufmerksam – und mit dem nötigen Takt – beobachtet und dabei die zeitbedingten Gemeinsamkeiten der Kinder einer Gruppe sowie die großen Unterschiede wahrnimmt.

3.3.2 Die Familiensituation hat sich verändert

- Im Juni 1985 lebten in ca. 54 Prozent aller Haushalte keine Kinder. (Statistisches Bundesamt)
- *Entwicklung der Ein-, Zwei-, Drei- und Mehr-Kind-Familien*
  Auch im Jahre 1985 setzte sich der Trend der letzten Jahre fort, d. h. eine deutliche Zunahme der Ein-Kind-Familie, eine leichte Abnahme der Familien mit zwei Kindern sowie eine deutliche Abnahme der Familien mit drei und mehr Kindern. So hatten im Jahre 1982 von 1 000 Familien 473 ein Kind, 358 zwei Kinder und 169 drei und mehr Kinder. Demgegenüber stieg der Anteil 1985 auf 503 Familien mit einem Kind, auf 356 mit zwei Kindern sowie 141 mit drei und mehr Kindern. (IFP Nachrichtendienst 3 (1987), Nr. 10)
- In der Bundesrepublik Deutschland insgesamt leben derzeit ca. 1,3 Millionen Kinder unter 18 Jahren bei nur einem Elternteil. Nicht alle Kinder sind sog. Scheidungswaisen. Mit dem Begriff „Alleinerziehende" sind unterschiedliche Familien angesprochen:
  46 Prozent aller Alleinerziehenden sind geschieden,
  18 Prozent leben verheiratet getrennt,
  20 Prozent sind verwitwet – ihre Zahl hat sich in den letzten Jahren etwas verringert –, und
  16 Prozent unverheiratet.
- Bis zum Jahr 2000 könnten 20 bis 25 Prozent der Familien Alleinerziehende sein.
- Über die Hälfte (54 Prozent) aller Paare, die sich scheiden lassen, haben Kinder. Die Zahl der von einer Scheidung betroffenen minderjährigen Kinder hat sich in Bayern von 1972 bis 1985 nahezu verdoppelt und ist 1987 auf fast 15 000 angewachsen (1 800 mehr als 1986).
- Man kann davon ausgehen, daß zur Zeit jede dritte Ehe geschieden wird, in den Großstädten sogar jede zweite; etwa ein Drittel davon zwischen dem dritten und siebten Ehejahr. So wurden in Bayern 1987 fast 20 000 Ehen geschieden. Das sind 8,1 Prozent mehr als 1986 und weit mehr als im bisherigen Rekordjahr 1985.
- Von den Kindern, die gegenwärtig zur Welt kommen, werden vielleicht 40 bis 50 Prozent nicht in der Familie aufwachsen, in die sie hineingeboren wurden.

(Diakonisches Werk der Evangelisch-lutherischen Kirche in Bayern, September 1988)

- Die nichtehelichen Lebensgemeinschaften haben sich zwischen 1972 und 1982 vervierfacht.

■ Familie, Familienerziehung

Familie ist die überall verbreitete, staatlich legalisierte und gesellschaftlich geschützte (in Deutschland gemäß Art. 6 GG) normale Form des geregelten Zusammenlebens der Generationen und Geschlechter. In der Regel ist die Familie durch die Institution der Ehe begründet. Letztere zeichnet große historische Variabilität, strukturelle Vielfalt und funktionaler Reichtum in Abhängigkeit zu „äußeren" gesellschaftlichen Bedürfnissen, Anforderungen und Wandlungen aus. Sie steht als die lebensgeschichtlich bedeutendste soziale Primärgruppe mit hoher Emotionalität und Intimität der Beziehungen an der Nahtstelle zwischen Individuum und Gesellschaft. Familie begegnet dem Heranwachsenden von frühester Kindheit bis zu später Jugend und zur Ablösung vom Elternhaus. Er erfährt in ihr Pflege und Fürsorge, Betreuung und Erziehung, in der Regel neben materieller Versorgung vor allem Überschaubarkeit, Konstanz und Stabilität des sozialen Lebens. Die Familie bietet affektive Zuwendung und sensorische Anregung und macht den Heranwachsenden gesellschaftsfähig.

Ob die Prozesse und Stadien der Industrialisierung, Urbanisierung und Bürokratisierung, kurz der Modernisierung, auf dem Wege von vorindustriellen feudalaristokratisch verfaßten Agrarstaaten zu hochindustrialisierten komplexen Gesellschaftsformationen mit einem Verlust, einer Verlagerung oder einer Entlastung von einer Reihe von gesellschaftlichen Funktionen der früheren Großfamilie einhergehen, ist umstritten. Neuere familiensoziologische und sozialhistorische Forschungsergebnisse stimmen jedenfalls darin überein, daß die Familie in ihrem Wandlungsprozeß zur typisch modernen Kernfamilie zunächst die Funktionen der unmittelbaren Naturbewältigung und Existenzsicherung, dann auch die verschiedensten Kult-, Schutz-, Gerichts- und vor allem die Wirtschafts- und Produktionsfunktionen an staatliche, öffentlich-rechtliche oder private Einrichtungen abgegeben hat: an Produktions- und Dienstleistungsbetriebe, Krankenhäuser und Altenheime, Einrichtungen des Rechtswesens und Ordnungsmächte, Schulen und Erziehungsheime, Lehrwerkstätten und Ausbildungsinstitute aller Art...

Aus: Winfried Böhm: Wörterbuch der Pädagogik. Stuttgart 1988, S. 184 f.

Funktionszuwachs der heutigen Familie

Die These vom „Funktionsverlust" wird heute sinnvoller durch Funktionswandel oder Funktionszuwachs (Süßmuth) ersetzt. An folgenden Erscheinungen kann dies u. a. erkannt werden:

„– an der längeren Betreuung und Versorgung von Kindern durch verlängerte Ausbildungszeiten,

- an der zunehmend wichtiger werdenden Beteiligung der ganzen Familie an Entscheidungen, die zunächst nur ein Familienmitglied betreffen, ...
- an den gewachsenen Standards in der Erziehung von Kindern, in der mit ihnen gemeinsam verbrachten Zeit, ...
- an der stärkeren Beteiligung von Eltern in Gremien der Elternmitverantwortung in Kindergärten und Schule"

(Süßmuth 1988, S. 226).

Eine Konsequenz der Freiheit ist die Pluralität in allen Lebensbereichen, das Nebeneinander sehr unterschiedlicher Lebensformen und Wertorientierungen, mit denen bereits das Kind konfrontiert ist. Zum Beispiel kommen die Kinder heute aus sehr unterschiedlichen Lebenswelten und -formen der Familien: Mit Vater und Mutter lebt nur noch ein Teil der Kinder dauerhaft zusammen, immer mehr nur mit Mutter oder Vater; viele erfahren den Wechsel der Partnerschaft, die wenigsten haben Geschwister. Nicht wenige dieser Wandlungen basieren auf klaren Wertentscheidungen der Eltern für oder gegen die Ehe, für nur ein Kind, für durchgängige Berufstätigkeit der Mutter, für nichteheliche Lebensgemeinschaften. Der abnehmende Verbindlichkeits- und Verpflichtungscharakter der Ehe sowie anderer Wertorientierungen bedeutet für viele Kinder die Erfahrung der Instabilität von Bindungen, den Verlust von Sicherheit und Verläßlichkeit, von sozialer Geborgenheit. Die sozialpädagogischen Institutionen und die Schule werden in zunehmendem Maße der Ort, an dem soziale Sensibilität und Formen des Zusammenlebens erfahren und erprobt werden können.

Literatur zur Erweiterung und Vertiefung

Bundeszentrale für politische Bildung (Hrsg.): Die Familie in der Bundesrepublik Deutschland. Informationen zur politischen Bildung Nr. 206. München 1985
Deutsches Jugendinstitut (Hrsg.): Wie geht's der Familie? Ein Handbuch zur Situation der Familien heute. München 1988
Gunhild Gutschmidt: Kind und Beruf. Alltag alleinerziehender Mütter. Weinheim, München, 2. Aufl. 1988
Neil Postman: Das Verschwinden der Kindheit. Frankfurt/M. 1988 (Original: New York 1982)
Hans-Günter Rolff, Peter Zimmermann: Kindheit im Wandel. Eine Einführung in die Sozialisation im Kindesalter. Weinheim, Basel 1985

4. Notwendigkeit und Funktion pädagogischer Institutionen

4.1 Zur Notwendigkeit pädagogischer Institutionen

Die veränderte Familiensituation, besonders die Probleme alleinerziehender berufstätiger Mütter und Väter, aber auch die Situation der Einzelkinder, erfordert eine Unterstützung und Entlastung der Familie durch pädagogische Institutionen. Wegen der Bedeutung von Lernen und Erziehung in der frühen Kindheit erfuhren die Kindergärten seit der bildungspolitischen Reform der siebziger Jahre eine besondere Beachtung (Strukturplan – Bildungsgesamtplan).

- Die Kindergärten wurden in die Neuplanung des Bildungswesens einbezogen, sie bilden als Elementarbereich die erste Stufe der Bildungseinrichtungen.
- „Zum Elementarbereich gehören alle Einrichtungen familienergänzender Bildung und Erziehung nach Vollendung des dritten Lebensjahres bis zum Beginn der Schule" (Bildungsgesamtplan I. 1973, S. 9).
- „In diesem Bereich soll den Kindern ein Bildungsangebot gemacht werden, das ihre Entwicklungsfähigkeit erhöht und umweltbedingte Benachteiligungen frühzeitig auszugleichen sucht" (a. a. O., S. 10).
- Das Bildungsangebot soll – besonders für Fünfjährige wegen des Übergangs zur Schule – „so ausgebaut werden, daß es möglichst von allen Kindern dieser Altersgruppe genutzt werden kann" (a. a. O., S. 20).

Seit 1970 wurden die Kindergartenplätze wesentlich vermehrt.

■ Kindergartenplätze (einschließlich Sonderkindergärten) in den einzelnen Bundesländern (1964 und 1973)

Bundesland	1964	1973	Zuwachs in Prozent*	Relativer Anteil der Kindergartenbesucher in Prozent 1973
Baden-Württemberg	243 714	331 928	36,2	80
Bayern	160 735	212 497	32,2	46
Berlin	15 115	23 965	58,6	38
Bremen	5 236	11 134	112,6	38
Hamburg	14 490	29 836	105,9	51
Hessen	77 763	136 508	75,5	60
Niedersachsen	46 781	107 185	129,1	32
Nordrhein-Westfalen	243 248	383 086	57,5	52
Rheinland-Pfalz	75 460	91 665	21,5	58
Saarland	25 588	31 484	23,0	71
Schleswig-Holstein	12 043	28 793	139,1	24
Insgesamt	920 178	1 388 081	50,8	—

* Bezogen auf den Stand von 1964.

Quellen: Statistisches Bundesamt, Öffentliche Sozialleistungen, Öffentliche Jugendhilfe, Reihe 2, 1964 und 1973; Stuttgart 1966 und 1975. Kindergärten 1960 bis 1973, Zusammenstellung des Sekretariats der Kultusministerkonferenz, Februar 1975.
Aus: Deutscher Bildungsrat: Bericht 1975, S. 41

Trotz des erfolgten Ausbaus entsprechen im Jahr 1990 Kindergarten- und Hort-plätze nicht dem gegenwärtigen Bedarf und die verfügbaren Erzieherinnen und Erzieher nicht den Notwendigkeiten erweiterter Öffnungszeiten und Aufgaben:

■ In der Bundesrepublik Deutschland leben nach Angaben des Bonner Familienministeriums etwa 2,2 Millionen Kinder im Alter zwischen drei und sechs Jahren. Für sie stehen 1,5 Millionen Plätze in Kindergärten zur Verfügung. Dabei, so der zuständige Referatsleiter, „wünschen rund 90 Prozent aller Eltern Plätze für ihre Kinder". Es fehlen also fast 500 000 Kindergartenplätze.

Insgesamt gibt es in der Bundesrepublik 24 476 Kindergärten, die überwiegend von Freien Trägern (wie Wohlfahrtsverbänden) oder der öffentlichen Hand betrieben werden. Die Kosten trägt ganz oder teilweise das zuständige Bundesland.

In keinem Bundesland sind Angebot und Nachfrage ausgeglichen, wie entsprechende Angaben des Statistischen Bundesamtes ausweisen. Am besten ist die Versorgungslage danach in *Baden-Württemberg*. Dort kommen auf 100 Betreuungsplätze 110 Kinder. Die weitere Reihenfolge (in Klammern Kinder pro 100 Betreuungsplätze):

● Rheinland-Pfalz (177)
● Saarland (122)
● Hessen (127)
● Bremen (134)
● Nordrhein-Westfalen (150)
● Bayern (168)
● Berlin und Niedersachsen (176)
● Schleswig-Holstein (190)
● Hamburg (207).

In Berlin zum Beispiel stehen zur Zeit 29 550 Kinder auf Wartelisten für Plätze in Kindertagesstätten. Die durchschnittlichen Wartezeiten betragen für

● 45 Prozent der Kinder bis zu sechs Monaten,
● 25 Prozent bis zu einem Jahr,
● 21 Prozent gar bis zu zwei Jahren.

Die Kindergartennot führt dazu, daß „Eltern ihre Kinder schon bei der Geburt anmelden, um später einen Platz zu erhalten", berichtet etwa Laila Beeken, stellvertretende Leiterin eines Hamburger Kindergartens. Ihre für die Platzzuteilung in dem Kindergarten verantwortliche Kollegin allerdings ergänzt: „Doch selbst das ist keine Garantie; gutverdienenden Eltern müssen wir oftmals gleich sagen, daß für ihr Kind kein Platz in einer öffentlichen Einrichtung frei sein wird."

Wie schwer es sogar in akuten Notsituationen sein kann, umgehend Plätze im Kindergarten zu erhalten, verdeutlicht der Präsident des Deutschen Kinderschutzbundes, Professor Walter Bärsch, an zwei Beispielen:

- In einer deutschen Großstadt erkrankte die Mutter von drei Kindern (Alter zwischen zwei und fünf Jahren) an Krebs. Die Ärzte sagten einen Krankenhaus- und Sanatoriumsaufenthalt von mehr als einem Jahr voraus. Der Vater, ein Industriekaufmann, bemühte sich vergeblich um Kindergartenplätze. Selbst mit Hilfe des Kinderschutzbundes dauerte es drei Monate, bis die Kinder untergebracht waren.
- Ein Regierungsrat, Vater von fünf Kindern, wurde von seiner Frau verlassen. Drei der Kinder waren unter sechs Jahre alt, die beiden anderen gingen zur Schule und benötigten Betreuung am Nachmittag. Es dauerte ein halbes Jahr, bis alle Kinder versorgt waren.

Professor Bärsch vom Kinderschutzbund hat dabei monatelang die Erfahrung gemacht: „Immer hörten wir, man wolle uns helfen. Doch Plätze waren nicht frei."

Am schlechtesten sind die Aussichten für Alleinerziehende, die ihre Kinder im Alter von unter drei Jahren in sogenannten Kinderkrippen unterbringen wollen, um einer Beschäftigung nachgehen zu können. Für die 151 000 Kinder alleinerziehender Eltern in der Bundesrepublik stehen nur 45 545 Krippenplätze zur Verfügung. Es fehlen also 105 455 Plätze; nur jedes dritte Kind kann in einer Kinderkrippe unterkommen.

Angesichts dieser Verhältnisse klagt Hanne E. Pollmann, die Geschäftsführerin des Deutschen Frauenrats: „Verglichen mit vielen westlichen Staaten ist die Bundesrepublik bei der Kinderbetreuung ein Entwicklungsland – trotz des Nachwuchsmangels."

Andere wohlhabende Länder tun mehr für ihre Kleinkinder:
- In *USA* hat jedes Kind einen Anspruch auf einen Kindergartenplatz. Wartezeiten gibt es nicht.
- In *Frankreich* werden Kinder ab drei Jahren in der „Ecole Maternelle" betreut. Die „Ecole Maternelle" ist eine Mischung aus Kindergarten und Vorschule. Die Einrichtungen werden vom Staat oder den Kirchen getragen. In Gemeinden mit mehr als 1000 Einwohnern besuchen 98 Prozent der Kinder die „Ecole Maternelle".
- In *Italien* gehen Kinder ab drei Jahre in die „scuole materne". Die „scuole materne" ist ebenfalls eine Mischung aus Kindergarten und Vorschule. Es sind ausreichend Plätze in den insgesamt 28 000 Betreuungsstätten vorhanden.

Peter Berger, Bettina Conrady: Im reichsten Land Europas für jedes 4. Kind ein Platz im Kindergarten. In: Welt am Sonntag, Nr. 30 vom 23. Juli 1989, S. 37

4.2 Auftrag und Aufgaben sozialpädagogischer Einrichtungen

4.2.1 Kindergarten

Die wichtigste Aufgabe des Kindergartens ist die „Unterstützung und Ergänzung der Erziehung in der Familie". Bedingung für die Realisierung ist Gleichsinnigkeit im Erziehungsverständnis und enge Kooperation mit den Eltern.

▷ Bitte formulieren Sie in einer für Eltern verständlichen Sprache, welche Aufgaben dem Kindergarten gestellt sind! Benutzen Sie dazu das Kindergartengesetz Ihres Bundeslandes und die Aussagen des Strukturplans!

4.2.2 Hort

In der Gegenwart stehen neben der Erweiterung von Kindergartenplätzen, der Neukonzeption und Vermehrung der Angebote für Kleinkinder (Krippen, Familienpflege) besonders die Nachmittagsbetreuung der Schulkinder, die Erweiterung der Kindertagesstätten um den Hortbereich und die Errichtung von Modellen „Hort an der Schule" im Zentrum. Richtig und zwingend sind alle diese Institutionen, aber das Problem ist nicht durch eine Vermehrung der Betreuungsangebote gelöst, nicht durch eine noch weitergehende Pädagogisierung der Kindheit (vgl. 3.3, besonders S. 30f.). Vielmehr muß jede institutionelle Betreuung von dem ausgehen, was Kinder brauchen, davon, wie der Lebensalltag des Kindes abläuft, welche Erfahrungen und Lebensbedingungen gegeben sind und welche das Kind entbehrt. Urie Bronfenbrenner schreibt:

■ Durch unsere moderne Lebensweise müssen die Kinder nicht nur die Eltern, sondern Menschen überhaupt entbehren. Eine Unzahl von Faktoren hat sich verschworen, die Kinder von der übrigen Gesellschaft fernzuhalten. Der Zerfall der Großfamilie, die Trennung von Wohn- und Gewerbegebieten, das Verschwinden der alten Nachbarschaften, Flächennutzungsbestimmungen, berufliche Mobilität, Jugendarbeitsschutzgesetze, die Mittelpunktschulen, die voneinander abgeschlossenen Muster sozialen Lebens für verschiedene Altersgruppen, die Berufstätigkeit der Mutter, die Übertragung der Sorge um die Kinder an Fachkräfte, alle diese Erscheinungen des Fortschritts wirken zusammen, um die Möglichkeit wie den Anreiz für sinnvolle Kontakte zwischen Kindern und anderen Personen, die entweder älter oder jünger sind als sie, zu schmälern.
Grundlegend ist diese Tatsache: Kinder brauchen Menschen, um menschlich zu werden, weil dies sowohl in der wissenschaftlichen Forschung als auch in der menschlichen Erfahrung fest begründet ist. Sie ist beunruhigend, weil die Trennung der Kinder von den Erwachsenen gleichzeitig das Werden des einzelnen und den Fortbestand der Gesellschaft bedroht...
Das Kind erkennt vor allem durch Beobachten, Spielen und gemeinsames Arbeiten mit anderen, was es leisten und was es werden kann, d.h., es entwickelt dadurch seine Fähigkeiten und seine Identität. Vor allem in der

Begegnung und Auseinandersetzung mit Erwachsenen und Kindern anderer Altersstufen erwirbt das Kind neue Interessen und Fertigkeiten und lernt die Bedeutung von Toleranz, Zusammenarbeit und Mitgefühl.

Urie Bronfenbrenner: Soziale Umweltzerstörung. In: Neue Sammlung 21 (1981)

Neue institutionelle Lösungen helfen nur, wenn sie mehr sind als Hausaufgaben-betreuung. Heinrich J. Röbe führt dazu aus:

■ Der Hort – die bessere Familie?
Gedanken zur Erziehung im Hort

„Wenn die Mutti mich aus dem Hort abholt, dann müssen wir oft noch was einkaufen. Da gehen wir dann zum Supermarkt. Manchmal krieg ich dann ein Eis. Und daheim, da macht die Mutti das Essen fertig. Ich mach dann gleich 'n Fernseher an. Nach dem Essen schaut meine Mutti noch die Hausaufga-ben an – ob sie richtig sind und so. Und dann schauen wir noch 'n Stück zusammen fernsehen. Ich hol mir dazu oft 'n Glas Limo. Und so um neun Uhr muß ich dann ins Bett."

So berichtet ein Kind über seinen „Resttag", den es – nach Schule und Hort – in der Familie verbringt. In ihr sollte als Intimgruppe „Geborgenheit, Sicher-heit und Vertrauen am intensivsten erlebt werden können" (Stauch, 1983, S. 31), d. h., hier sollte der zentrale Ort sein, von welchem die wichtigsten Kräfte und Hilfen zu einer allseitigen Personwerdung des Kindes ausgehen.

Daß diesem Anspruch gerade die Familie des Hortkindes nur selten gerecht werden kann, zeigen in zahlreichen Untersuchungen die spezifischen Bela-stungsmomente, denen diese Familien unterliegen.

Weitaus häufiger als in der Gesamtbevölkerung stehen hier allein erziehende Elternteile, voll berufstätige Mütter, Familien mit entweder nur einem Kind oder sehr vielen Kindern und schließlich Familien mit Kindern, die auffällig sind oder Lernprobleme haben (s. Meloch in Briel, 1984, S. 43–45).

Jeder Erzieher im Hort weiß um die These „Der Kinderhort als eine die Familie ergänzende Einrichtung kann die Eltern in ihren erzieherischen Funktionen entlasten, sie aber nicht aus ihnen entlassen" (Stauch, 1983, S. 31) – er weiß aber auch um deren Fragwürdigkeit in der Realität: Die Eltern, die Familie als Gruppe sind durch ihre Situation häufig so belastet, daß Erziehung in der Familie zum utopischen Auftrag wird, daß der Hort der entscheidende Lern-, Handlungs- und Lebensraum für das heranwachsende Kind ist.

Diese Tatsache beinhaltet ein neues Durchdenken der erzieherischen Auf-gabe und deren Realisierungsmöglichkeiten im Hort:

Je weniger die Familie des Hortkindes in der Lage ist, die Erziehungsaufgabe ernstzunehmen, desto zentraler muß dieser Auftrag im Hort gesehen werden. Lassen Sie mich unter dieser These einige Schwerpunkte herausgreifen.

1. Kinder brauchen auch Ruhe

Stephanie, Christoph, Daniela und Axel haben Schulschluß. Die eigentümliche Mischung aus Freude über das Ende des Schulvormittags, überschießenden motorischen Bedürfnissen nach dem langen Stillsitzen sowie geistiger Abgespanntheit prägt ihr Verhalten. Sie stoßen sich gegenseitig vorwärts, „albern" herum, rufen und schreien. Im nahen Hort stellen sie ihre Schultaschen ab und stehen schon wieder draußen auf dem kleinen Hof.

Dort halten sie, sich gegenseitig „aufmunternd", Ausschau nach vorbeigehenden oder ankommenden bekannten Kindern und Erwachsenen, die sie mit lautem Hallo begrüßen.

Dabei wirken Christoph und Stephanie durchgehend wie aufgezogen, von nicht nachlassender Aktivität getrieben; Daniela und Axel tun mit, sind aber sichtlich abgespannt und werden so eher zur Zielscheibe kleiner, nicht bös gemeinter Grobheiten.

Wie sähe diese Phase des Tages aus, wenn die Kinder keinen Hort besuchten, sondern nach Hause gingen?

Das Schulkind, das nach dem Schulweg nach Hause kommt, die Tür hinter sich schließt, ist wieder „Familienkind", d. h. Subjekt, einzelner in einem von der schulischen Situation völlig unterschiedenen Feld.

Es hat jetzt die Möglichkeit, in einem Geborgenheit vermittelnden und vertrauten Rahmen auf seine Art zu sich zu finden. Das ist sicher unterschiedlich je nach individueller Erlebnisweise der schulischen Situation sowie der erlaubten Wirkungs- und Handlungsmuster der Familie. Dennoch ist es auf eine subjektive Art ein Zurückschwingen aus der erlebten Anspannung in ein Entspannen, Ausruhen – wenn man will, ein Abschalten.

Beispiele aus Familien-„Mittagen":

J.:					
legt Schulmappe weg,	legt sich auf das Sofa,	liest Comics im Liegen,	Gespräch beim Essen: schimpft, berichtet,	legt sich wieder hin. Radio,	Hausaufgaben.

D.:					
wirft Mappe weg,	geht zur Mutter, berichtet, schimpft,	spielt im Hof Ball,	‚strolcht' in der Küche herum, berichtet weiter,	Essen: hört den Geschwistern zu, spricht mit,	legt sich zwischen aufgebautes Spielzeug: spielt leise und entspannt,	viel später: Hausaufgaben.

——Ruhe ⌒spielerische Aktivität ⋀⋀Gespräch (entspannt)

⋀⋀⋀Bewegung ∞∞∞Anspannung

Dieses Einschwingen in einen Rhythmus von Spannung und Entspannung, von Aktivität und Passivität wird oft überdeckt. Bewegungsmangel in der Schule, kurzer Schulweg, Ärger und Wut wirken noch nach, müssen abreagiert und verarbeitet werden. Dennoch findet das Kind nach einiger Zeit in eine ruhige Phase, die Entspannung erlaubt.

Kinder in unserer Welt laufen Gefahr, die Möglichkeiten zu entspannen, zur Ruhe zu kommen, zu verlieren. Die reiche Geschehenswelt des Fernsehens, die Identifikation mit der Leistungsforderung der Schule, die an optischen und akustischen Eindrücken reiche Umwelt: Das Kind wird überspült, wird in einem permanenten Spannungszustand gehalten und schließlich etikettiert: Wo es gedrängt ist, die innere Spannung über durchbrechende Aktivitäten und überbordende Aggression auszugleichen, gilt es als hypermotorisch, unkonzentriert und nervös (wenn nicht gleich als verhaltensgestört).

Aus dem anfangs zitierten „Resttag" eines Hortkindes wird deutlich, daß hier der Hort „familienersetzend" dem Kind wichtige Grundlagen zur Persönlichkeitsentwicklung gewähren muß.

„Pflege" im Sinne der Ermöglichung von Ruhe, Rückzug und Besinnung wird notwendig. Empfindet schon der Erzieher das Eintreffen der Kinder als ein „Hereinschwappen", als ein „Überschwemmtwerden" – wie muß dann erst das entsprechende emotionale Erlebnis der Kinder aussehen?

In einer Zeit, in der immer wieder die „Öffnung des Hortes nach außen", Planung und Realisierung von Projekten und situationsbezogenem Lernen im Vordergrund steht, mag diese Forderung nach „Pflege" antiquiert klingen – dennoch ist sie wohl zu keiner Zeit so wichtig gewesen.

Für die räumliche Konzeption des Hortes bedeutet das u. a.:

- Mehr Möglichkeiten, sich einzeln zurückziehen zu können, „Ruhezonen" (in denen nicht gelärmt werden darf),
- bequeme Sitz- oder Liegemöglichkeiten, weiche Teppiche, um sich auch körperlich entspannen zu können,
- eine lose Verteilung von Heften, Büchern, Spielsachen im Raum, so daß mit der Hinwendung zu einem Spielmaterial nicht die Gruppe schon wieder verpflichtend wird.

Für den Umgang miteinander liegt hier neben dem Anbieten von und Ermutigen zum Sichzurückziehen auch ein Angebot an Hilfen zum Entspannen, zum Ausruhen:

- Die Zeit vor und nach dem gemeinsamen Essen sollte frei sein.
- Der Erzieher bietet auch am Nachmittag spielerische Formen der Entspannung an: meditative Situationen, kindgemäße Entspannungsübungen, Vorlesen und Erzählen von Geschichten, Vorspielen von Musik in ruhigem kleinem Kreis.
- Das Gespräch mit einzelnen Kindern muß auch vom Erzieher einen zentralen Stellenwert in seinem „Tätigkeitsprogramm" erhalten und darf von seinem pädagogischen Wert her gesehen nicht von außengerichteten Aktivitäten überdeckt werden.

Erziehung ist immer daran orientiert, was das Kind als das ihm Gemäße zur Entwicklung und Entfaltung braucht.

So ist der kindliche Lebensvollzug gekennzeichnet aus dem rhythmisierenden Wechsel zwischen

– neugierigem Erforschen und dynamischem Vordringen in die Welt sowie einem Sichzurückziehen und Flüchten in den statisch-bergenden Raum,

– impulsivem, spontanem Reagieren und Agieren, Gestalten und Improvisieren sowie einem stillen, reflexiven Betrachten, Staunen und Verharren,

– großer und „robuster" Erlebnis- und Begeisterungsfähigkeit sowie Empfindsamkeit, Verletzlichkeit und „Mitleidens"-Fähigkeit.

Unsere Zeit tendiert dahin, die „aktive" Seite permanent zu stimulieren. Das „ausgeglichene" Kind muß Raum und Zeit finden, sich in fruchtbarer Spannung und Wechsel zwischen beiden Polen seines Kindseins einschwingen zu können.

2. Kinder benötigen Freiraum

Kehren wir wieder zu unseren vier „Hortkindern" zurück:

Inzwischen hat die Hausaufgabenzeit für alle begonnen. Christoph und Stephanie sind verärgert, weil sie deswegen „Gummihupf" unterbrechen mußten – ein Spiel, das sie erst kurz zuvor begonnen hatten. Daniela ist sichtlich froh, daß die relativ laute Spielphase beendet ist, und packt bedächtig ihre Schulsachen aus, wohingegen Axel halb ärgerlich und halb hoffnungslos seine Hefte um sich gruppiert – er lernt nur langsam und kommt auch mit dem Hausaufgabenstoff nicht zurecht. Eigentlich ist er immer noch müde – zu müde, um lernen zu können, aufnahmebereit zu sein (zum Problem der Hausaufgabenzeit: s. Flaake, 1980, S. 139–145).

Wer seine Aufgaben beendet hat, darf sich leise etwas zum Spielen holen. Je mehr Kinder fertig sind, um so ärgerlicher und ungeduldiger mit sich, mit den Büchern, wird Axel. Schließlich sieht er nur noch den anderen zu.

Nach der Hausaufgabenzeit gehen alle vier Kinder – und noch einige andere – mit einer Praktikantin zum Theaterspielen. Sie üben ein Stück für den nächsten Elternnachmittag ein. Christoph und Stephanie agieren begeistert mit, kritisieren, streiten, spielen weiter – Axel läßt sich mit einbeziehen, übernimmt seine Rolle, wartet auf seinen „Part"; Daniela sieht lange zu, schließlich weint sie, – sie wurde geschubst –, nestelt an ihrem Kleid, beißt an den Fingernägeln, läßt sich überreden, einen Baum als Kulisse grün anzumalen.

Ein ruhiger, an Gruppenerlebnissen und Aktivitäten reicher Nachmittag im Hort.

Und dennoch wirkt er eigentümlich verwandt mit der abendlichen Situation des Hortkindes zu Hause:

Auch hier herrscht der Zeit- und Handlungsplan vor:

• Das Kind wird mit zum Einkaufen genommen,

• es wird vor den Fernseher gesetzt,

- es wird zum Essen gerufen,
- es wird zu Bett gebracht.

Die Möglichkeit des Kindes, sich der Planung und Kontrolle zu entziehen, sich in unbeobachtete, unverplante Räume zu begeben und sich als Person, als „agens" zu erleben, wird immer geringer:
Freies Spiel, selbständiges Handeln und Entscheiden, Abenteuer in nicht vorstrukturierten, noch unbekannten Räumen und Situationen – dazu ist keine Zeit (s. Krappmann, in: Briel, 1984, S. 71– 90).
Das solchermaßen „festgelegte" Kind findet kaum Raum für sein „Ich", das sich zwar unterstützt, aber nicht vollkommen gesteuert von seiner Umwelt entwickeln sollte:
Das vital schwache Kind fügt sich in seine „Verplanung" ein: Es wird still, schweigsam, depressiv auf sich selbst bezogen oder „angepaßt", d. h. es hört auf, selber denken und handeln zu wollen, es wartet auf Planung, Behandlung. Das lebhafte, starke Kind sperrt sich: es leistet Widerstand, bricht aus oder schlägt sich auf die Seite des „Planers", identifiziert sich mit ihm und verfügt so über die anderen. Es lernt, Macht zu gewinnen aus der Partizipation an der Planungsgewalt.
Wenn Erziehung sich die Aufgabe stellt, Kinder zum Handeln in Freiheit, zum rechten Umgang mit Freiheit zu führen, ist sie auf andere Wege angewiesen.
Vergleichen wir den Hortnachmittag mit einem Nachmittag in der Familie, so fällt – wieder unterschiedlich je nach Familiensituation – der größere Anteil unverplanter, ja unbeaufsichtigter Zeit auf:

D:
13.14–13.30 – Erzählen, kurzes Spiel.
13.30–14.00 – Essen, Erzählen.
14.00–15.30 – Spiel im Wohnzimmer und Kinderzimmer.
15.30–16.15 – Hausaufgaben (Beginn selbst gesetzt).
16.15–16.30 – Warten auf Freund (in der Schule verabredet).
16.30–18.00 – Spiel auf der Straße, in der Nachbarschaft.
18.10–18.30 – Instrument üben (nach Aufforderung).
18.30–19.00 – Abendessen, Gespräch.
19.00–19.30 – Fernsehen.
19.30–20.00 – Spielen mit Geschwistern.
20.00   – Bettgehzeit: Umziehen, Waschen, Vorlesen.

J.:
13.15–13.30 – Ausruhen, lesen.
13.30–14.00 – Essen, berichten.
14.00–14.30 – Ausruhen, Radio hören.
14.30–16.00 – Hausaufgaben (Beginn selbst gesetzt).
16.00   – Verläßt das Haus. Besucht Freund.
16.30–18.00 – Spielt mit seinem Freund.
18.10–18.30 – Lernen mit Vater.

18.30–19.00 – Abendessen, Gespräch.
19.00–19.30 – Instrument üben nach Aufforderung.
19.30–20.00 – Spiel mit Geschwistern.
20.00–20.30 – Trödeln, schmökern.
21.00   – Bettgehzeit.

- Die Tageseinteilung ist individuell unterschiedlich. Die Kinder wählen verschiedene Zeiten für Hausaufgaben, Spiel usw.
- Ein großer Teil der Aktivitäten am Nachmittag vollzieht sich in unbeaufsichtigten Situationen: Das Spiel und der Partner werden nach eigenem Vorhaben gewählt und durchgeführt.
- Geplante Situationen sind Essen oder eher unbeliebte Tätigkeiten wie Instrument üben, die von den Eltern „angemahnt" werden.
- Auch wenn nachmittags Unterricht oder Sportverein als „Programmpunkte" erscheinen, bleibt noch freie, unverplante Zeit.

Diese Freiräume sind gerade heute in Gefahr, dem Kind verwehrt zu werden. Das Kind, das seinen ihm zugesprochenen normierten und einsehbaren Raum verläßt – das Kinderzimmer, den Spielplatz, den Vorgarten – gerät in Räume, die gefährlich sein können, in denen es psychisch und/oder physisch Schaden erleiden könnte. So tendieren viele Elternhäuser dazu, diesen Bereich zu streichen. Selbst der Schulweg wird von einer beträchtlichen Anzahl 7- bis 8jähriger Kinder in Begleitung eines Elternteils zurückgelegt.
Gleichzeitig tendieren die Eltern durch ihre hohe Wertschätzung schulischen und privaten Lernerfolgs dazu, durch immer länger dauernde Hausaufgabenzeiten und sonstigen Unterricht (Instrument, Ballett, keramisches Gestalten...) den individuellen Spielraum des Kindes einzuschränken (s. dazu: Flaake, 1980, S. 116–119).
Die Freizeitindustrie tut ein übriges: Spielzeug, welches kreatives Spiel, phantasievollen Umgang, Aktivität und Bewegung nicht mehr fördert, Fernsehprogramme, die in ihrer Machart das Kind fesseln und eine an- und abstellbare, faszinierende Realität vorgaukeln, in welcher „selbst etwas zu tun" nicht mehr gefragt ist (s. v. Hentig in Ariès, 1975, S. 7–44).
Das Kind gerät immer mehr in den Sog des „Behandeltwerdens" statt des eigenen „Handelns". Der Hort will hier Lernhilfen geben, steht wieder vor der Aufforderung, die „bessere Familie" zu sein, d. h., Lern- und Erfahrungsfelder, die früher in Familien selbstverständlich gegeben waren, zu ersetzen. Der zunehmenden Eingrenzung der Handlungsmöglichkeiten des Kindes kann nur mit dem Bemühen entgegengewirkt werden, Felder zu finden, die den Kindern selbständiges, selbstinitiiertes Handeln ermöglichen.
Auf institutionellem Gebiet wird es hier zentral um das Problem der Wahrnehmung der Aufsichtspflicht gehen. So lange jedes Kind „unter Aufsicht" stehen muß, ist diese für den erzieherischen Auftrag grundlegende Intention nicht realisierbar. Gerade das Hortkind braucht seine ureigenen Bereiche und darf sich nicht in einer Bewahranstalt wiederfinden (s. Flaake, 1980, S. 119–127).

Für die Betreuung im Hort beinhaltet das:

- Ist der Hort nicht in der Lage, Kinder zum Spiel, zum Besuch von Sportvereinen usw. zeitweilig aus seinem Bereich zu entlassen, so müssen im Raum, im Gebäude, auf dem Gartengelände Bereiche geschaffen werden, in denen das Kind Aktivitäten selbst planen und durchführen kann, selbst Mitspieler, Freunde aussuchen darf und über Zeit verfügen kann, ohne permanent der Beaufsichtigung durch den Erzieher ausgesetzt zu sein.
- Der Hort kann sich öffnen, Hortkinder können die angrenzenden Wege, den Spielplatz und Park zu eigenem Spiel nützen. Sie können Schulfreunde zum Besuch und Spiel in den Hort einladen und sich selbst einladen lassen. Entsprechende Regelungen hierfür werden mit Kindern, Eltern und dem Träger abgesprochen.
- Über Spiel- und Arbeitsmaterialien, Literatur und Vorbild sollte verstärkt zu kreativem Spiel und Tun angeregt werden. Einfache, naturnahe Materialien, die formbar und gestaltbar sind, Spielgaben, die Phantasie und Imagination erfordern, unterstützen diese Zielsetzung.
- Ausflüge aus dem Hort heraus in kleinen Gruppen, sei es mit dem Ziel, unterschiedliche Freizeiteinrichtungen kennenzulernen (Bibliothek, Hallenbad,...) oder Kinder in Kontakt mit der Natur zu bringen (der nicht zu weit entfernte Bach, Wandern am Feld, Ausflug in den Wald) schaffen für die Kinder immer wieder Situationen, in denen sie beginnen, eigene Ziele zu verfolgen, sich selbst neu zu erfahren, Neugier und Interesse individuell aufzubauen (viele Beispiele dazu in: Briel, 1984, S. 91 ff.).

Die vorgeschlagenen Wege, selbstbestimmtes, selbständiges Handeln anzubahnen, müssen stets in ihrer Rückbindung an Vertrauen und Verantwortung gesehen werden. „Erlaubt ist die Fremdbestimmung, weil sie zur Freiheit führt" (Flitner, W., 1979, S. 500). Das Gewähren von Freiraum steht dabei jeweils in Spannung zur Erfahrung von Zumutung, zum Appell an Eigenverantwortung, an die Einhaltung von Regeln, an das Ernstnehmen von Erwartungen.

3. Kinder wollen verstanden sein

Axel zeigt Schwierigkeiten, mit seiner Hausaufgabe zu beginnen. Die Praktikantin sitzt in seiner Nähe. „Komm, Axel, nimm den Füller heraus." Axel öffnet langsam sein Mäppchen. „Den hab ich vergessen." „Dann nimm deinen Bleistift." „Wir müssen die Aufgaben mit Füller schreiben." (Vermutlich war sein „Vergessen" nicht gänzlich blind.)
„Mensch, Axel, mach schon, ist doch egal." „Mit dem Bleistift mach ich nicht, da werd ich geschimpft." „Du bist jetzt still, ja! Und schreibst endlich!" Axel stiert weiter vor sich hin, ungerührt, passiv. Als er nach einer Weile „laut" wird, d. h., mit einem kleinen Auto auf seiner Bank spielt und mit seinem Vordermann reden will, wird er aus dem Zimmer geschickt.
Daniela braucht für das Lernen viel Zeit. Sie arbeitet still an ihrem Pensum, kaut an Fingernägeln und Füller. „Komm, Daniela, mach doch!" Dieser Satz

fällt bei jeder Hausaufgabenzeit einige Male. Daniela guckt auf ihr Heft und rechnet weiter mit Fingern, Stiften und viel gutem Willen. Längst sind die anderen fertig, Daniela sitzt immer noch. Schließlich nimmt ihr die Erzieherin das Heft aus der Hand, schreibt darunter: „Nach zwei Stunden noch nicht fertiggestellt", nebst Unterschrift, und sagt ärgerlich zu Daniela: „Nun pack endlich ein, wir wollen jetzt was anderes machen."

Es leuchtet ein: je mehr Kinder die Gruppe besuchen, je mehr unterschiedliche Aufgaben erledigt und betreut werden müssen, desto näher liegen diese Reaktionsmuster: Das Kind, das sich falsch verhält oder gegen die „Regeln" (flott, selbständig, sauber) verstößt, stört nicht nur den Betreuer, sondern auch die anderen, ja den ganzen Ablauf. Dazu sind das auch meist immer wieder „die Gleichen".

Bei der Menge der zu betreuenden Kinder liegt der Wunsch nach dem wenigstens etwas genormten Kind nahe. Dennoch, die meisten unserer Hortkinder sind eben nicht „genormt": diejenigen, welche unter dieser Streuung auch noch auffallen, sind am äußersten Pol, und häufig stellt sich der Betreuer die Frage, ob er hier noch helfen kann oder ob er den psychologisch ausgebildeten Therapeuten um Hilfe bitten muß. Dabei bezeichnen wir das Kind als störend, langsam oder frech – ohne weiterzufragen, ohne zu sehen, daß das Stören, das langsame Arbeiten, das freche Verhalten Zeichen für etwas sein könnten, das uns zum Verstehen aufgegeben ist: Frage, die auf unsere Antwort wartet. Häufig sind Kinder wie Axel oder Daniela entmutigte, zutiefst hilflose Kinder.

Selbstvertrauen und Mut als Grund für Lernen und Persönlichkeitsaufbau erwirbt das Kind auf der Grundlage des vorbehaltlosen Vertrauens zum Erwachsenen. Wir kennen die Familien und oft auch die Schulsituation, in welcher durch Enttäuschung und Ablehnung das Kind die Arglosigkeit, das Vertrauen verloren hatte oder nicht weiter aufbauen konnte. Der Mut und das Bedürfnis, in die Welt hineinzugehen, ist über Unsicherheit und Mißtrauen an die Erfahrung eigener Hilflosigkeit zurückverwiesen.

Langeveld schreibt: „Neben dem Mut zur Welt steht gleich wesentlich der Mut zu sich selbst" (Langeveld, 1960, S. 28).

Dieser „Mut zu sich selbst" ist zunächst da, dem Kinde mitgegeben. Die Beziehung des Kindes zu seiner Welt ist unbefangen, unmittelbar, läßt „Wagnis" zu: Sie basiert auf Vertrauen.

Ist dieses Vertrauen gebrochen, reicht die „Kraft" nicht aus, Mut zu haben, so schlägt das Kind andere Wege ein: Es verzweifelt, wird langsam und passiv, oder es baut Ersatzstärken auf, Ersatzfelder, auf denen es sein „Ich" wenigstens erleben kann.

Der Erzieher kann diesem Kind nur helfen, wenn er versucht, es zu verstehen. Das bedeutet, sich auf gemeinsames Sprechen und Handeln einzulassen, das Erleben der Einmaligkeit des anderen dem Regelwissen vorschalten, dem anderen das Recht auf Verständlichsein und Sich-selbst-Verstehen zusprechen (s. Loch, W., 1978 und 1979).

Hier zeigen auch sehr viele Familien Probleme im Umgang miteinander:

Das Gewicht der von der Schule geforderten Leistung macht Eltern häufig unsensibel für das Kind – gleichzeitig überdecken eigene Bedürfnisse, z. B. nach Freizeitgestaltung, nach Prestige die Offenheit dem „Ich" des Kindes gegenüber.

Ist ein Kind traurig, so braucht es jemanden, der sich erzählen läßt, der wartet, der nicht aburteilt oder „Tu endlich was'", sagt. Der Erzieher muß zur Person des Kindes vorstoßen, um dann entscheiden – oder versuchen – zu können, welche Hilfen es braucht.

Dabei muß auch das Kind die Hilfen des Erziehers verstehen, muß die erzieherischen Intentionen, Orientierungen und Werte aufgreifen und für sein Leben wichtig werden lassen können.

Vielleicht kann Daniela noch lange nicht selbständig und zügig arbeiten. Vielleicht aber gelangt sie ein bißchen näher dahin, wenn sie spürt, daß die Erzieherin sie annimmt – völlig unabhängig von ihrer Langsamkeit beim Arbeiten. Vielleicht braucht Axel nur jemanden, der versteht, daß das alles, was jetzt von ihm gefordert ist, über seine Kräfte geht, der mit ihm mitleidet, was es heißt, ständig sich als zu dumm oder zu unfähig fühlen zu müssen. Das wären erste, aber grundlegende Schritte, die wieder der Hort gerade dort gehen muß, wo Familie und Schule nicht ausreichen, diese Hilfe nicht geben können.

Der Hort – die „bessere" Familie?

Es wird dringend notwendig, daß auch die Öffentlichkeit wahrnimmt, welche grundlegende erzieherische Arbeit im Hort geleistet wird, welchen Aufgaben der Horterzieher gegenübersteht, soll er dem Kind in seiner heutigen Situation gerecht werden. Je mehr sich der Hort im sozialen Brennpunkt befindet, desto besser ausgestattet und geplant muß er sein, desto kleinere Gruppen sollten gebildet werden.

Der Hort ist nicht mehr nur „familienergänzend". Er muß auch in seiner familienersetzenden Funktion begriffen werden – als der Raum, in welchem viele Kinder vielleicht die letzte Chance haben, Orientierungen aufzubauen, Selbstwertgefühl zu entwickeln, sich so zu entfalten, daß sie als Erwachsene mündig und verantwortungsbewußt in und mit der Gemeinschaft leben können.

Literatur:

Briel, R./Mörsberger, H.: Kinder brauchen Horte. Freiburg im Breisgau 1984
Flaake, K., u. a.: Kinderhorte – Sozialpädagogische Einrichtungen oder Bewahranstalten? Frankfurt a. M. 1980
Flitner, W.: Ist Erziehung sittlich erlaubt? In: Zeitschrift für Pädagogik 15 (1979) H. 4, S. 499–503
v. Hentig, H.: Vorwort zu Ariès, Ph. Geschichte der Kindheit. München, Wien 1975, S. 7–44
Kesberg, E./Rolle, J.: Der Hort, Handbuch für die Praxis. Köln, Stuttgart 1986
Krappmann, L.: Die Kinder im Schulalter. In: Briel, R. u. a.: Kinder brauchen Horte. Freiburg i. Br. 1984, S. 71–90
Loch, W. (Hrsg.): Modelle pädagogischen Verstehens. Essen 1978
Loch, W.: Lebenslauf und Erziehung. Essen 1979

Meloch, G.: Hortalltag und Hortwirklichkeit. In: Briel, R., u. a.: A. a. O., S. 40–60

Stauch, U., Der Kinderhort und seine sozialpädagogischen Aufgaben der Gegenwart. Donauwörth 1983[3]

Röbe, Heinrich J.: Der Hort – die bessere Familie? Gedanken zur Erziehung im Hort. In: Bayerischer Landesverband katholischer Kindertagesstätten e. V. (Hrsg.): Rundbrief 1988, S. 195–206

4.2.3 Heimerziehung

Besondere Probleme stellen sich mit der Heimerziehung. Es ist der Bereich, in dem seit Jahren die meisten Versuche unternommen werden, das Heim durch andere Lebensformen abzulösen.

Kinder im Heim – leben wie in einer Familie?

Erlebnisse eines Oliver Twist prägen noch immer Vorstellungen von Heimerziehung. Das Werkhaus oder gar das Zuchthaus ist Sinnbild für den totalen Zugriff der Institution auf den jungen Menschen geworden. Dieses Bild skizziert nur einen Ausschnitt aus der vielfältigen Wirklichkeit institutionalisierter, die Familie ersetzender Erziehung. Die Situation des 19. Jahrhunderts wurde prägend für Bild und vorgestelltem Geist der Heimerziehung. Hatte die Industrialisierung mit allen Bevölkerungsverschiebungen und Veränderungen der Familien- wie auch der Erwerbsstrukturen den Anlaß für die übergroße Problematik der Waisenversorgung gegeben, so wurde diese Erziehungsaufgabe auch mit den organisatorischen Mitteln dieser Zeit gelöst. Betriebliche Strukturen für optimale Versorgungsgrößen bei rationellem Personaleinsatz waren ebenso maßgebend wie Gesichtspunkte der Gleichbehandlung in möglichst altershomogenen Gruppen. Militärische Ordnungsstrukturen waren wohl häufig die maßgebenden Vorbilder des Umgangs, der Anforderungen an das Verhalten und für Pflege und Kleidung der einzelnen Kinder und Jugendlichen. „Ein in der Regel in die Stiftung mit eingegangenes landwirtschaftliches Anwesen half das tägliche Überleben sichern. Die Mithilfe und Mitarbeit der Waisenkinder in der Landwirtschaft oder anderen einfachen gewinnbringenden Tätigkeiten (z. B. Korbflechten) war selbstverständlich und unterschied sich dabei nicht vom Schicksal der Kinder aus einfachen Arbeiter- oder Bauernfamilien ... Die Hilfen des Waisenhauses waren auf Hilfen zum Überleben und späterer Bewährung im Arbeitsleben als der realistischen Perspektive der Waisen angelegt. Dem entsprachen die Erziehungsziele und die erzieherischen Methoden. Erziehung zu den bürgerlichen Tugenden der Ordnung, Pünktlichkeit und Sauberkeit, vermittelt in einem autoritär-hierarchischen Erziehungssystem ... Darin waren die Erziehungsziele des Waisenhauses gleich mit denen der Arbeiter- und Bauernfamilien, nur, daß anstelle der patriarchalisch-autoritären Erziehungsstruktur der Familie die des Waisenhauses trat. Der Waisenhauserzieher wußte sich mit seinem Anspruch auf Gehorsam und Disziplin getragen und eingebunden in das gesellschaftliche Selbstverständnis und die hierarchischen Ordnungen dieser Zeit, die nicht zufällig die bürgerlichen Tugenden entwickelte. Das Erlernen von Gehorsam, Fleiß und Disziplin bot die besten Überlebens- und Bewährungschancen in einer Zeit, für die die Bedingungen der Arbeitswelt und die Eigenart und das besonders hohe Ansehen militärischer Disziplin der Garant für eine bessere

Zukunft zu sein schienen. Darauf bereitete die Schule ebenso vor wie die Familie, und dieser gesellschaftlichen Erwartung mußte auch die Waisenhauserziehung entsprechen, wenn sie überhaupt eine reelle Chance für ihre Kinder wahrnehmen wollte" (Flosdorf, S. 21 f.).

Die Einbindung von Waisenkindern (um sie handelte es sich im Rahmen der Heimerziehung zunächst; sie „verwahrlosten" aufgrund ihrer Lebenssituation) in die isolierende und vom Lebensziel her prägende Erziehungsstruktur hat sich in dieser Form erst mit und durch den Dreißigjährigen Krieg entwickelt. Vorher ist die Aufnahme in die Familie und die Einbindung in die Arbeitswelt der Erwachsenen vermutlich stärker gewesen. Der Gedanke der Familienorientierung und der Aufbau von Einsichten in soziales Verhalten durch Lebensbezüge blieb unterschwellig und dann auch in deutlichen Strömungen sichtbar vorhanden. Johann Heinrich Pestalozzi hat die Erziehung an emotionalen Befindlichkeiten der Kinder („Wohnstubenatmosphäre") und ihrer Einübung in den Umgang mit den politisch-sozialen Größen der (dörflichen) Umwelt orientiert. Heinrich Wichern verwirklichte „familienähnliche" Gruppen. Immer wieder wurde anstelle der horizontalen Altersgrenzen zu homogenen Gruppen die vertikale Gliederung entsprechend der Altersabfolge innerhalb von Familien zu verwirklichen versucht.

Die Ordnungsvorstellungen der Heimerziehung mit dem Erfolgsausweis der schulisch-beruflichen Bildung hatten ihren deutlichen Niederschlag in dem Jugendwohlfahrtsgesetz (JWG), das bis vor kurzem geltendes Recht im Jugendhilfebereich war. Ganz wesentlich wurde Heimerziehung definiert von der Idee der Zwangsmaßnahme, die in bestimmten Fällen „anzuwenden" sei. So erscheinen Disziplinierungsmaßnahmen im Spielraum von Lohn und Strafe als Leitlinien der Heimerziehung. Durch das KJHG ist hierin eine entscheidende Änderung eingetreten.

Die Gestaltung der Heime hat sich nach 1945 sehr langsam verändert. Mit der Bildung kleinerer Gruppen und der Veränderungen der Heimstrukturen – organisatorisch wie baulich – begann schließlich die sogenannte heilpädagogische Ausrichtung von Heimen. Neben der Aufnahme von Therapiemaßnahmen wurde gleichzeitig die Bedeutung der persönlichen Zuwendung des Erziehers, sein Versuch, das Kind bzw. den Jugendlichen zu verstehen und ihm aus der eigenen Haltung heraus Verhaltenshilfen zu geben, ganz neu gesehen.

Zunächst erschütternd, auf lange Sicht heilsam und Intentionen der Heimpädagogik fördernd, war die sog. Heimkampagne im Gefolge der Studentenbewegung von 1968. Aus der Kritik heraus hat sich nicht nur die demokratische Entwicklung der Heime beschleunigt. Stärker als zuvor wurde nun in den Heimen das soziale Lernen – anders als die Intention der möglichst reibungsfreien Anpassung an gesellschaftliche Bedingungen – formuliert und damit auch als Gestaltungsprinzip in den Heimalltag übernommen. Individualisierung und Selbständigkeitserziehung haben auch den organisatorischen Wandel vorbereitet: Zunehmend wird das Leben aus dem „großen" Heim verlagert in „Pflegenest" und Wohngemeinschaften, in denen Kinder oder Jugendliche mit Erziehern als relativ festen Bezugspersonen zusammenleben und am Alltag lernen. Die Öffnung der Heime vollzieht sich zunehmend. Auch die Arbeitsansätze wandeln sich damit. Die Familienarbeit und insgesamt die Einbeziehung der Herkunftssituationen lassen das Heim nicht mehr eine in sich abgeschlossene Erziehungswelt sein, sondern eine am Kind und an dessen individueller Familie orientierte Stützungseinrichtung. Die Heimerziehung wird, besonders auch durch die verstärkte Familienorientierung, die das KJHG fordert, eigene Bereiche einer alternativen Lebensumwelt inmitten der „offenen" gesellschaftlichen Bedingungen suchen müssen.

▷ Dieser knappe Überblick über den Wandel der Heimerziehung enthält kaum die wesentlichen geschichtlichen Erscheinungsformen. Bitte informieren Sie sich darüber gesondert!

▷ Auch das Heim unterliegt der prinzipiellen Kritik der Erziehungsinstitutionen. Die besonders kritischen Punkte aller Heimerziehung sollten Sie sich noch einmal bewußtmachen. Sind Ihnen Argumente der „Heimkampagne" zugänglich? Versuchen Sie, aus Ihrer Praxis Veränderungen der Zielvorstellungen in der Heimerziehung seit damals nachzuvollziehen!

▷ Die Erzieherpersönlichkeit im Heim – eine Bedingung, institutionalisierenden Tendenzen entgegenzuwirken!

Literatur zur Erweiterung und Vertiefung

Peter Flosdorf (Hrsg.): Theorie und Praxis der stationären Jugendhilfe. Band 1: Konzepte in Heimen der Jugendhilfe. Freiburg 1988
Hermann Heitkamp: Sozialarbeit im Praxisfeld Heimerziehung. Neuwied 1984
Dieter Lenzen (Hrsg.): Pädagogische Grundbegriffe. Band 1: Aggression – Kulturpädagogik. Reinbek 1989, S. 705–709
Klaus Mollenhauer: Einführung in die Sozialpädagogik. Probleme und Begriffe der Jugendhilfe. Weinheim, Basel, 6. Aufl. 1976

4.3 Zur Problematik institutioneller pädagogischer Einrichtungen – Mit Kindern leben in Institutionen?

Trotz der weithin anerkannten Notwendigkeit und Bedeutung von Kindergärten, Heimen und Horten muß gesehen werden, daß damit Kinder immer mehr und weitgehend aus dem Leben der Erwachsenen ausgegliedert werden.
Heinz Stefan Herzka hat zum Problem der Ausgrenzung in einem Vortrag ausgeführt:

■ Kinder und Jugendliche werden von der Lebenswelt der Erwachsenen ausgegrenzt, oft nahezu vollständig ausgeschlossen. Man beschäftigt für sie besondere Personen und schafft eigene Institutionen. Diese, allen voran die Schule, sollen der Vorbereitung auf das Leben dienen; auf jenes Leben, an dem die nachfolgenden Generationen gerade *keinen* selbstverständlichen Teil mehr haben. Ausgerechnet in der Isolation des Schulhauses soll paradoxerweise die Integration in die immer weniger verständliche Erwachsenenwelt vor sich gehen. Nun bemüht sich die Schule gewiß, diese Aufgabe zu erfüllen, und sie ist dabei trotz allen Schwierigkeiten auch teilweise erfolgreich. Die Schule erfüllt aber für die Erwachsenenwelt noch eine andere

Funktion. Dadurch, daß die Kinder in der Schule sind, bleiben die Erwachsenen von herumtollenden, von jauchzenden, von spielenden Kindern verschont, d. h. von jungen Menschen, die ihre elementaren Bedürfnisse zum Ausdruck bringen. Diese jungen Menschen würden, wären sie nicht gut in der Schule versorgt, unsere meisten Einrichtungen zutiefst in Frage stellen. Dadurch, daß die Schule die Kinder übernimmt, können die Entwicklungstendenzen der Erwachsenenwelt ihre bisherige einseitige Richtung behalten. Die Ausgrenzung der Kindheit ermöglicht den Erwachsenen, notwendige Veränderungen hinauszuschieben und zu vermeiden.

Aus: Heinz Stefan Herzka: Schule im Widerspruch. Vortrag, gehalten in Landau am 31. 8. 1985. Manuskript in: Didaktischer Service. Hrsg. vom Erziehungswissenschaftlichen Fort- und Weiterbildungsinstitut der Evangelischen Kirchen Rheinland-Pfalz. Landau 1985

▷ Herzkas Ausführungen konzentrieren sich auf Schulkind und Schule. Inwieweit lassen sich diese Aussagen auf Kindertagesstätten und Heime übertragen?
▷ Versuchen Sie bitte, die Argumente durch eigene Beobachtungen zu erhärten oder zu entkräften!

Der Eintritt in einen Kindergarten ist für jedes Kind ein sehr großer Einschnitt. Was ändert sich am Tagesablauf eines Kindes mit Eintritt in den Kindergarten?
▷ Erstellen Sie bitte ein Protokoll für den Ablauf eines Tages vor/ohne Kindergarten und mit Kindergarten!
▷ Vergleichen Sie die verschiedenen Protokolle der Mitstudenten! Was ist typisch und tritt bei allen gleicherweise auf?

▷ Probleme beim Übergang von der Familie in den Kindergarten: Welche Probleme treten auf? (Befragung von Eltern und Erzieherinnen) Was kann der Kindergarten tun?
▷ Kann der Kindergarten versuchen, sich an der Lebenswelt in der Familie weitergehend zu orientieren?

Es besteht weitgehend Übereinstimmung darin, daß Kindergarten, -tagesstätten und -krippen die Familienerziehung ergänzen und unterstützen sollen und müssen. Trotzdem ist und bleibt die Familie das Wichtigste und Entscheidende für die gesamtmenschliche Entwicklung des Kindes, weil die Familie eine Einheit von Personen darstellt; in ihr sind die Erziehungsprozesse in das Miteinanderleben eingebettet.

James Coleman, Professor für Soziologie an der Universität von Chicago, machte in seinen Publikationen darauf aufmerksam, daß die gesellschaftliche Entwicklung dazu führte, daß immer mehr Aufgaben aus den Lebensgemeinschaften heraus in Institutionen verlagert wurden; dabei entstehen „unpersönliche Systeme", an die Stelle der personalen Autorität und Verantwortung treten institutionelle Regelungen. Eng damit verbunden ist eine Bürokratisierung, die Austauschbarkeit der Personen, die Wahrnehmung von Rollen, die wachsende Fülle von Verwaltungsaufgaben (Beispiele: Supermärkte, Großkrankenhäuser, Großgemeinden, Mittelpunktschulen usw.).

Die entscheidende Veränderung sieht Coleman darin, daß in steigendem Maße an die Stelle selbstverantwortlicher Personen Institutionen treten, d. h., der Einzelne[1] hat sich in seinem Handeln vor der Institution zu verantworten; als Amtsträger hat er die Verantwortung für einen Bereich, nicht primär für Personen. Daraus resultiert, daß die Familie, in der noch persönliche Verantwortung und Autorität die Struktur bestimmen, in einem Gegensatz zur institutionellen Struktur der gesellschaftlichen Einrichtungen steht. Diese veränderte Sozialstruktur – Coleman spricht von der asymmetrischen Gesellschaft – bringt Veränderungen für Kinder und Jugendliche: Soziale Normen, die festlegen, was man tun soll, was nicht . . .; Verhaltenserwartungen werden „abgelöst" durch Gesetze, also formale und anonyme Regelungen. Das erschwert die Entwicklung des Sinnes dafür, was richtig und falsch ist, und ebenso das Denken und Handeln vom anderen her (vgl. dazu auch II.3: Leben und Lernen in sozialen Bezügen, S. 120).

■ Die neue Form des korporativen Akteurs ermöglicht Freiheit, Individualismus und Verantwortungslosigkeit und ermutigt solche Züge bei den Personen, die Positionen innehaben. Ambitionen werden freigesetzt, und der Reiz, gegenüber anderen Personen keine Verantwortlichkeiten zu haben (nur gegenüber dem „Job"), läßt Persönlichkeiten entstehen, die unfähig sind, die langfristigen Verpflichtungen und die persönliche Verantwortung zu übernehmen, die die Familie mit sich bringt. Die Dauerhaftigkeit der Familie stellt einen Anachronismus dar und paßt nicht zu Personen, die von den Freiheiten geprägt sind, die die Sozialstruktur außerhalb der Familie bietet. Die Familie wird daher nicht nur gleichsam von außen belagert – von den fremden Elementen der sie umgebenden Sozialstruktur, sondern wird von innen her zerstört, weil ihren Mitgliedern die Eigenschaften fehlen, die für ihre Dauerhaftigkeit und Stabilität erforderlich sind. Dadurch ist sie auch weniger in der Lage, als die grundlegende Sozialisationsinstanz für die nächste Generation zu dienen.

Aus: James S. Coleman: Die Zukunft für Kinder und Jugendliche. In: Friedrich Schweitzer, Hans Thiersch (Hrsg.): Jugendzeit – Schulzeit. Weinheim, Basel 1983, S. 66

Da Kinder und Jugendliche immer häufiger mit Institutionen und korporativen Akteuren zu tun haben, werden sie dadurch geprägt. Es ist von entscheidender Bedeutung, ob Kindergarten, Heim und Schule primär als Institutionen erlebt und erfahren werden oder ob sie Lebensraum für Kinder miteinander und mit Erwachsenen sind, ob Erzieher und Erzieherinnen ihre Aufgaben wie korporative Akteure wahrnehmen oder ob sie in der persönlichen Zuwendung menschlich miteinander und mit Kindern umgehen, ob sie ihren Auftrag über ein Rollenverständnis realisieren und Maßnahmen primär institutionell begründen und rechtfertigen oder in der persönlichen Verantwortung für die Entfaltung der Person der Kinder.

---

1 Coleman spricht vom korporativen Akteur.
2 Vgl. James S. Coleman: Die asymmetrische Gesellschaft. Vom Aufwachsen mit unpersönlichen Systemen. Mit einem Vorwort von Andreas Flitner. Weinheim, Basel 1986

▷ Bitte überlegen Sie, was die Besonderheit pädagogischer Institutionen ausmacht!

▷ Worin zeigt sich, welches Verständnis des Auftrags des Kindergartens realisiert und gelebt wird?

▷ Worin liegen die besonderen Probleme und Schwierigkeiten der Erzieher und Erzieherinnen?

▷ Welche Konsequenzen ergeben sich für die Zusammenarbeit mit den Eltern, für die Kooperation mit den Trägern der Einrichtung?

Angelika Ehrhardt versucht, das Institutionelle der Kindertagesstätten so weit als möglich zurücktreten zu lassen und das Miteinander ins Zentrum zu rücken:

■ Mit Kindern leben – in Institutionen?

Zur Entpädagogisierung des Alltags in Kindertageseinrichtungen

Eine typische Situation am Morgen in einem beliebigen Kindergarten: Eine eilige Mutter bringt ihr Kind in die Gruppe – ein flüchtiger Abschiedskuß – ein gehetztes „Ich muß jetzt gehen", und weg ist sie. Das Kind läßt sich am Kindertisch nieder, greift zu einem Puzzle oder Bilderbuch oder träumt einfach vor sich hin. Den größten Teil des Tages gehen die Mutter und das Kind getrennte Wege.

Im Büro erledigt die Leiterin ihre ersten Verwaltungsaufgaben, in der Küche wird vielleicht der Frühstückstee zubereitet. Professionelle Erzieher sind nun für das Wohlergehen des Kindes zuständig – doch auch dies geschieht arbeitsteilig: Verwaltung, Erziehung, Versorgung, oft voneinander getrennte Bereiche.

Kinder leben in Institutionen – außerhalb der Welt der Erwachsenen

Die Absonderung von Kindern in Institutionen hat heute einen Höhepunkt erreicht: Institutionen für Kinder ab der Geburt existieren für die stunden- oder tageweise Versorgung der Kinder mit entsprechenden pädagogischen Konzepten. Auch im öffentlichen Leben werden den Kindern bestimmte Kindergettos zugewiesen: Auf Spielplätzen, in Parks, in Kinderzimmern. Bereiche, die oft idealisiert als Schonräume und Kinderparadiese bezeichnet werden. Diese Zuweisung zu speziellen Spielräumen für Kinder wird in der Regel jedoch eher negativ vorgenommen, indem Spielmöglichkeiten verboten werden wegen des Lärms, der Belästigung, der möglichen Beschädigung, die die Kinder verursachen könnten. Die Absonderung von Kindern in Kindergettos und Kinderinstitutionen hat also weniger den Hintergrund, daß man Kinder so gern hat und ihnen besonders gute Entwicklungs- und Spielmöglichkeiten schaffen will, sondern daß sie in der Welt der Erwachsenen und den dort geltenden Prinzipien stören.

Mit der Absonderung der Kinder wird diesen nur eine Teilwirklichkeit zugelassen. Die Kinderrealität wird verklärt durch entsprechende Spielzeuge, die eine Scheinwelt suggerieren (vgl. D. Elschenbroich: Kinder werden nicht geboren. Frankfurt 1977). Selbst die Spielgegenstände der Kinder trennen diese also von der Welt der Erwachsenen ab: Utensilien, Werkzeuge, Gebrauchsgegenstände der Erwachsenen kriegen die Kinder nicht in die Hände („Messer, Gabel, Schere, Licht – sind für kleine Kinder nicht") – statt dessen gibt es z. B. Kinderwerkzeug aus Holz, dessen adäquater Gebrauch selbst bei größter Geschicklichkeit kaum gelingt. Die Holzhämmerchen brechen entzwei, wenn man wirklich damit irgendwo draufhaut, und die Schraubenzieher ermöglichen kaum, eine normale Schraube festzuziehen. Die Kinder erhalten Puppenherde und werden in ihr Spielzimmer geschickt, damit die Mutter in Ruhe in der Küche kochen kann: eine Partizipation am Leben und Alltag der Erwachsenen – bezogen auf die Arbeitswelt sowieso nicht realisierbar – findet auch im Alltag zu Hause wenig statt.

Die Lebensbedingungen von Kindern werden heute oft als defizitär beschrieben: Als Belege dafür werden mangelhafte Wohnverhältnisse, mangelnde Infrastruktur und Spielmöglichkeiten, die bereits beschriebene zerstörte Spielumwelt, die finanziellen Probleme von Familien mit Kindern, Kinderfeindlichkeit, Kindermißhandlung etc. benannt. Besonders der familiären Sozialisation werden eine Reihe von Erziehungsmängeln vorgeworfen: Die gesellschaftliche Realität sei so komplex geworden, daß sie in der Ein-Generationen-Familie kaum noch vermittelt werden könne. Hinzu kommen die materiellen Bedingungen, die oft zur Berufstätigkeit von Müttern führen. Kindheit aus zweiter Hand?

Den Institutionen für Kinder werden daraus die Aufgaben zugewiesen, diesen defizitären Lebensbedingungen etwas entgegenzuhalten, familienergänzend zu wirken, Sozialisationsleistungen zu erbringen, die die Familie nicht garantiert; also u. a. auch gesellschaftliche Realität zu vermitteln und die Kinder zu befähigen, damit umzugehen. Ferner wird den Institutionen für Kinder im Vorschulalter die Funktion zugeschrieben, auf die Schule vorzubereiten und eventuellen Verhaltensauffälligkeiten vorzubeugen: Institutionen für Kinder als Lernort gegenüber der Familie als Lebensraum?

Der Situationsansatz als eine Antwort auf die veränderten Lebensbedingungen der Kinder

Das Curriculum „Soziales Lernen", vom Deutschen Jugendinstitut entwickkelt, hat das Ziel – auf allgemeiner Ebene – die für Kinder konfliktreichen Lebenssituationen aufzugreifen und die Kinder zu befähigen, in diesen Situationen autonom und kompetent zu handeln. Ein Ansatz also, der Erfahrungen der Kinder aufgreift und zum Gegenstand von Erziehung macht und die bisher übliche vorrangig kognitive Förderung von Kindern z. B. durch Vorschulmappen ablehnt und damit eine Verschulung der Vorschulpädagogik (ein Begriff, der diese Verschulung geradezu nahelegt) ablehnt. Meines Erachtens greift jedoch auch der Situationsansatz bei dem Versuch zu kurz, die Zerstückelung von Lebens- und Erfahrungsbereichen wieder zusammenzubringen. Es werden vor allem konflikthafte Lebenssituationen der Kinder zum Gegenstand von Pädagogik gemacht. Betrachtet man die ausgewählten Situationen näher, so wird deutlich, daß in der Regel solche Situationen thematisiert werden, die außerhalb der Alltagssituation der Kinder liegen und außergewöhnliche Situationen darstellen: z. B. Kind im Krankenhaus, Verlaufen in der Stadt, abends allein zu Hause etc. Oder es sind solche Situationen, die allgemeine gesellschaftliche Probleme betreffen, wie z. B. die didaktische Einheit: Müll, Werbung, Ausländer, behinderte Kinder etc. Der Situationsansatz birgt für mich die Gefahr, als Legitimation für eine neue Anlaßpädagogik herzuhalten und den Blick für die Alltagssituation der Kinder, ihre emotionale und soziale Situation zu vernachlässigen.

Die Lebensrealität von Kindern heute: Leben in der Familie und in den Kinderinstitutionen

Die gesellschaftliche Trennung von Arbeit und Nichtarbeit, von Erwachsenen- und Kinderwelt, damit die Etablierung von Kinderinstitutionen, ist ein Faktum, dem man sich stellen muß. Die Alternative: Familienerziehung oder Erziehung in Institutionen (vgl. G. Heinsohn/B. Knieper: Theorie des Kindergartens und der Spielpädagogik. Frankfurt 1975) ist meines Erachtens falsch, da sie sich aufgrund der gesellschaftlichen Realität als tatsächliche Alternative nicht mehr stellt. Die Lebensbedingungen der meisten Eltern machen eine Unterbringung ihrer Kinder in Institutionen notwendig.

Die Kinder machen die Erfahrung, daß sie von der Realität der Erwachsenenwelt ausgeschlossen werden, daß sie auf Kindergettos und eine eigene Kultur geschoben werden. Kinder wollen dagegen an der Erwachsenenwelt partizipieren, Dinge tun, die Ernstcharakter haben, die „sinnvoll sind", mit konkreten Resultaten und mit praktischem Zweck. Dies zu realisieren, ist für mich eine Aufgabe der Arbeit in Kinderinstitutionen heute. Dabei geht es für mich nicht darum, den Kindern die Erwachsenenwelt künstlich zu vermitteln (z. B. durch das Ausmalen von Bilderbögen, die Szenen einer Baustelle zeigen), sondern um die reale, ernsthafte Partizipation an sinnvollen alltäglichen Handlungsabläufen.

Ich will dies konkretisieren: Kinderinstitutionen haben für mich heute stark die Merkmale einer „totalen Institution": Es wird gekocht, Tisch gedeckt, geputzt, Spielzeug repariert, renoviert, Einrichtungsgegenstände ausgesucht, Spielzeug angeschafft etc., ohne daß die Kinder an dieser Organisation ihres alltäglichen Lebens beteiligt sind. Beteiligung am Kochen beispielsweise wird zu einer didaktischen Einheit hochstilisiert ebenso wie andere Dinge des alltäglichen Lebens. Die Kinder werden in einen perfekt vorstrukturierten Alltag gesetzt, ohne daß sie darauf Einfluß nehmen können – ihre Rolle beschränkt sich auf die Konsumtion der vorgesetzten Spielangebote und Spielmaterialien. Wie können die Kinder dabei noch ihre Konflikte, die sie mit dieser gesellschaftlichen Wirklichkeit haben, einbringen? Wie können sie sich dabei noch dagegen wehren, daß sie keine Ersatzhandlungen des alltäglichen Lebens tun wollen?

Der Erzieher tritt den Kindern nur in seiner pädagogischen Funktion gegenüber – dort, wo er als Nichtpädagoge oder Privatmensch agiert, schließt er die Kinder aus. Die Arbeitsteilung in Institutionen für Kinder ist entsprechend der gesellschaftlichen Arbeitsteilung so groß, daß für alle alltäglichen Handlungen Fachleute zuständig sind.

Kinderinstitutionen, nicht nur ein Ort für pädagogische Lernprozesse, sondern ein Lebensort für Kinder

In der (selbstverständlichen) Beteiligung der Kinder an der Organisation ihres alltäglichen Lebens und damit im Abbau von Fremdversorgung sehe ich die Möglichkeit, mit Kindern in Institutionen zu leben. Kinderinstitutionen sollten nicht nur als pädagogischer Raum gesehen werden, in dem pädagogische Lernprozesse arrangiert werden, sondern als Lebensort für Kinder. Die Reduktion der Kinder auf Spielen, auf Bau- und Puppenecken, auf Ersatzhandlungen des alltäglichen Lebens (da werden dann die Puppen bekocht) anstatt mit Kindern zu planen, was gekocht wird, einzukaufen, zu kochen, Gemüse anzubauen etc. bedeutet, die Kinder nicht nur aus der Erwachsenenwelt auszuschließen, sondern auch ihre Kinderwelt zu reduzieren auf einen Teilbereich kindlicher Erfahrungswelt. In diesem Sinne ist für mich in der Kleinkinderziehung eine Entpädagogisierung nötig: Die Erzieherin nicht nur als Initiator pädagogisch sinnvoller Lernprozesse, sondern als Mithandelnder im Alltagsleben der Kinder. Das heißt nicht, daß in den Institutionen für Kinder bestimmte Lernprozesse nicht stattfinden und gefördert werden sollten, die z. B. die kognitive Entwicklung der Kinder betreffen, und das heißt auch nicht, daß Kinder nicht mehr spielen sollen – im Gegenteil, Spiel hat ja gerade die Funktion, die Erfahrungen mit der Erwachsenenwelt aufzuarbeiten. Ich bin nur gegen die ausschließliche Reduktion von Kindern auf Spielen mit speziellen Spielzeugen, statt z. B. mit Gebrauchsgegenständen des alltäglichen Lebens.

Ein solches Verständnis der Organisation alltäglichen Lebens würde auch eher das realisieren, was heute unter dem anspruchsvollen Titel „gemeinwesenorientierte Kinderarbeit" diskutiert wird. Gemeinwesenorientierung versteht sich als Mittel gegen die Isolation der Einrichtungen, als Einbezug des Umfeldes des Kindergartens. Dies wiederum nicht als pädagogisches Programm anzusehen (nach dem Motto: Wir besichtigen das Museum, die Krankenstation, die Müllverbrennungsanlage), sondern als eine alltägliche Integration des Umfeldes in die Kindergartenarbeit (durch Benutzen der Spielmöglichkeiten außerhalb, durch die Betätigung von Einkäufen, durch die Erkundung der Straßenzüge, wo die Kinder wohnen, durch das Gehen zur Bank, zur Post, durch das Benutzen der öffentlichen Verkehrsmittel etc.) kommt der Realität von Kinderalltag heute näher als eine auf Sondersituation beschränkte „Sensationspädagogik" (heute kommt das Feuerwehrauto).

Ich will mit meinen Ausführungen nicht für ein neues Curriculum oder eine neue pädagogische Konzeption plädieren oder den Situationsansatz als

falsch abqualifizieren. Vielmehr möchte ich die Erzieherinnen ermutigen, den alltäglichen Begebenheiten mehr Bedeutung beizumessen und den Beschäftigungen, die die Kinder von sich aus initiieren, mehr Raum zu geben, ohne diese Aktivitäten gleich wieder auf ihren „pädagogischen Wert" zu hinterfragen oder sie eben noch pädagogisch auszuschlachten. Wir können auf die Kinder vertrauen, daß sie das lernen, was sie lernen wollen, also was sie bewegt und interessiert – wenn wir ihnen dafür Raum lassen. Und in diesem „Zulassen" liegt für mich eine der Hauptaufgaben der Erzieherinnen: Den Kindern dafür Raum und Zeit geben, die Räumlichkeiten so gestalten, daß die Kinder ihren Bedürfnissen nachgehen können, und ihnen entsprechendes Material für ihre selbstinitiierten Tätigkeiten zur Verfügung stellen. In der öffentlichen Kleinkinderziehung determinieren jedoch vor allem die formalen und organisatorischen Arbeitsbedingungen die Realisierungschancen des beschriebenen Konzeptes: Die Arbeit dort ist durch ein hohes Maß an Verrechtlichung, durch Rationalisierung und Kontrolle gekennzeichnet. Die Kinderinstitutionen sind von ihrer Architektur her ausgerichtet auf Kindergettos, in denen alles überschaubar, planbar und effektiv abläuft: Als natürlicher Lebensraum für Kinder eignen sie sich kaum. Spiele werden abends zerstört, wenn die Putzkolonnen anrücken; Blumen und Pflanzen, bestimmte Möbel, die Beteiligung der Kinder in der Küche widersprechen den Sicherheits- und Hygienevorschriften; gemütliche Ecken, Rückzugsmöglichkeiten und Abbau der Geschlossenheit der Institutionen der Aufsichtspflicht. Dort mit Kindern zu leben, Alltag zu organisieren, stellt hohe Anforderungen an die Erzieher. Große Gruppenzahlen und ein schlechter Personalschlüssel bewirken oft, daß die Kinder nicht als Individuen gesehen werden, sondern als Gesamtgruppe.
Um jedoch mit den Kindern zu „leben", muß die Erzieherin das Gefüge ihrer Kindergruppe kennen, also um die Schwächen und Stärken der Kinder, den Außenseitern, die Kinder mit Entwicklungsproblemen, mit Konflikten zu Hause wissen. Für mich sind die Auseinandersetzungen, sozialen Erfahrungen und das Entwickeln differenzierter Beziehungen zwischen den Kindern und die Aneignung von Verhaltensweisen zur Lösung von Konflikten durch die Entwicklung von Mitgefühl, Solidarität, Verstehen des anderen, Kooperationsbereitschaft die zentralen Momente der alltäglichen Lebenssituation der Kinder. Dabei entwickeln die Kinder eine Reihe negativer und positiver Gefühle (Verlassenwerden von den Eltern, Vertrauen zu den Erzieherinnen, Liebe zu anderen Kindern, Angst, Schmerz, Enttäuschung, Spaß, Freude), denen sie Ausdruck verleihen können müssen, und sie müssen lernen, dies in „angemessener" Form zu tun. Die Erzieherinnen brauchen für die Beobachtung der sozialen Prozesse in ihrer Kindergruppe und die Entwicklung von Interventionen entsprechende Freiräume. Eine Erzieherin, die ihre Aufgabe primär darin sieht, den Kindern pädagogische Angebote zu machen und Vorschulerziehung im klassischen Sinne zu betreiben, hat kaum Zeit (und Nerven), die soziale und emotionale Situation der Kinder adäquat zu erfassen. Sich hier freizuschaufeln von eigenen pädagogischen Ansprüchen,

von Ansprüchen der Eltern und Träger und den Wert im alltäglichen Leben mit den Kindern sehen und nach außen vertreten, ist sicher eine hohe Anforderung.

Angelika Ehrhardt: Mit Kindern leben – in Institutionen? In: Theorie und Praxis der Sozialpädagogik. Hrsg. von der Evangelischen Bundesarbeitsgemeinschaft für Sozialpädagogik im Kindesalter e. V., Bielefeld. 19 (1983), S. 251–254

5. Der Beginn der institutionellen Elementarpädagogik als Antwort auf gesellschaftliche Bedingungen

5.1 Zur Lebenssituation am Beginn des 19. Jahrhunderts

In der heutigen Ausweitung der institutionellen vorschulischen Erziehung – auch auf die frühe Kindheit – sehen viele ein Problem.
Die Geschichte des Kindergartens aber zeigt, daß die Einrichtungen immer versuchten, zeitbedingten pädagogischen Problemen zu begegnen.
Der Beginn der institutionellen vorschulischen Erziehung ist ein Beispiel dafür.

Ende der zwanziger Jahre des 19. Jahrhunderts werden unter den Bezeichnungen „Kleinkinderschulen", „Kleinkinderbeschäftigungsanstalten", „Warteschulen" oder „Kleinkinderbewahranstalten" erstmals in breitem Ausmaß feste Einrichtungen für die ganztägige Betreuung, Versorgung und Erziehung von Kleinkindern geschaffen. Sie standen an allen Werktagen der Woche zur Verfügung. Ihre Zahl nahm stetig zu:

Während es zwischen 1825 und 1830 erst 18 solcher Einrichtungen in ganz Deutschland gab, im Jahre 1835 dann 65, waren es im Jahre 1840 bereits 137 Institutionen, und die Anzahl steigerte sich bis 1848 auf mindestens 480 Einrichtungen. Im Deutschen Reich sind in den Jahren 1890 bis 1892 etwa 2 570 und im Jahre 1917 schließlich 7 500 vorschulische Institutionen gezählt worden (Vgl. Reyer 1982, S. 717).

Frühere Zeiten waren offensichtlich ohne feste Institutionen zur Erziehung der Kleinkinder ausgekommen.
Hatte das 19. Jahrhundert mehr Probleme mit der Erziehung? Wurden die Familien auf einmal „schlechter"?

Der Beginn des Maschinen- und Industriezeitalters veränderte Arbeitssituation und Familienleben

Nie zuvor haben technische und wirtschaftliche Entwicklungen eines Landes so einschneidende Folgen für die Lebenssituation und den Lebensalltag von Familien gehabt wie in der Zeit der *Industrialisierung* zu Beginn des 19. Jahrhunderts:

Maschinen und Fabriken veränderten die Arbeitswelt

Die Erfindungen des industriellen Zeitalters, etwa die Dampfmaschine (1769) oder der mechanische Webstuhl (1784), vereinfachten viele Arbeitsvorgänge, die bisher manuell verrichtet wurden. Durch den Einsatz von Maschinen stieg in den Fabriken die Produktion. Mit weniger Arbeitskräften produzierte man dort schneller und billiger als in den Handwerksbetrieben. Vor allem die Weber, Schmiede,

Schlosser und Schreiner konnten dieser Konkurrenz nicht standhalten. Den Handwerkern aus den nicht mehr rentablen Betrieben blieb keine andere Wahl, als ihr Handwerk aufzugeben und sich als Fabrikarbeiter zu verdingen. Immer mehr Handwerker, aber auch arme Bauern und Tagelöhner, wanderten in die Industriestädte und verkauften ihre Arbeitskraft gegen Lohn an die Unternehmer. Aus den ehemals Selbständigen waren abhängige Lohnarbeiter geworden. Die Frauen und Kinder zogen mit in die wachsenden großen Industriestädte. Immer mehr Arbeiterwohnviertel mit billigen, aber meist feuchten, dunklen und kleinen Wohnungen entstanden.

Die Väter arbeiteten in der Fabrik

Die Väter, die nun als Fabrikarbeiter für ihre Familien den Unterhalt verdienten, arbeiteten nicht mehr zu Hause oder in einer nahegelegenen Werkstatt. Sie gingen vielmehr außer Haus, in die von den Wohngebieten entfernt gelegenen Fabriken. Um fünf Uhr morgens begann dort die Arbeit. Um rechtzeitig einzutreffen, standen die Arbeiter morgens um drei Uhr auf. Sie blieben den ganzen Tag in der Fabrik. Die Arbeitszeit dauerte in der Regel bis 19 Uhr, nur unterbrochen durch eine halbstündige Mittagspause. Oft mußten dann noch die Maschinen gereinigt werden, und es konnte 21 Uhr werden, bis die Väter nach Hause kamen. Wo blieb da Zeit für die Familie?

Die Mütter mußten mitverdienen

Trotzdem reichte der Lohn der Fabrikarbeiter nicht aus, um eine Familie mit Kindern zu versorgen. Immer mehr Frauen mußten ebenfalls arbeiten gehen, um zumindest einen minimalen Lebensstandard zu erreichen. Vor allem in den Textilfabriken waren Frauen begehrte billige Arbeitskräfte. Diese Frauen waren aber auch Mütter:

■ ... Da ist z. B. eine Fabrikarbeiterin mit vier kleinen Kindern. Um ½ 5 Uhr morgens beginnt ihr Arbeitstag, da muß sie aufstehen, Feuer machen, Kaffee kochen, Fleisch und Gemüse für das Mittagessen vorbereiten und beisetzen, die Betten machen. Um ¾ 7 Uhr muß sie ... aus dem Hause.
... Die Frau geht in die Fabrik, aus der sie um ½ 12 Uhr vormittags für anderthalb Stunden heimkommt. Nun wird das Essen gewärmt und verzehrt und dann soviel häusliche Arbeit wie irgend möglich verrichtet. Das Geschirr wird gewaschen, das Zimmer etwas in Ordnung gebracht, das Notwendigste geflickt und gestopft. Alle paar Wochen müssen der Gang, die Treppe gefegt, müssen Fenster geputzt werden. Um 1 Uhr beginnt wieder die Fabrikarbeit. Nach Schluß derselben von neuem Hausarbeit. Nach dem Abendessen, das auch erst wieder von der Frau vorbereitet werden muß, kommen all die kleinen und großen Verrichtungen, das Geschirr muß wieder gesäubert werden, die Feuerung wird zurecht gemacht. An einem Abend wird Wäsche gewaschen. Am nächsten Abend wird gebügelt. Am Sonnabend wird das Zimmer gründlich geputzt. So bringt ein Tag wie der andere Arbeit, von der kein Ausruhen ist. Etwa alle acht Wochen ist großer Waschtag. Entweder am Samstag abends, wo der Arbeitstag dann erst um 1 Uhr nachts sein Ende

erreicht oder am Sonntag. Und dann wird bis in den Nachmittag hinein in der Waschküche gestanden, um alles fertigzustellen. Oft hilft der Mann mit, oder die etwas älteren Kinder müssen mit heran, aber bei allem muß die Frau doch mit Hand anlegen. Am schwersten haben es die Frauen mit Säuglingen. Erstens haben sie meist bis wenige Stunden vor der Entbindung gearbeitet. Nach der Geburt des Kindes sind sie dann am zweiten, dritten, wenn nicht am ersten Tag auf dem Platz, um Kind und Hauswesen zu besorgen. Nach Wiederaufnahme der Fabrikarbeit wird dann täglich um ¼4 Uhr aufgestanden, um die Kinderwäsche waschen zu können, das Kind zu baden, ehe es zur Pflegerin kommt. Nach all der Arbeit, die der Alltag den Frauen bringt, sitzen sehr viele dann noch am Sonntag und schneidern für die Kinder die Kleidung. So bringen es die Frauen fertig, Wirtschaft und Kinder zu versehen, ohne bezahlte Hilfe in Anspruch zu nehmen.

Aus: Haus der Bayerischen Geschichte (Hrsg.): Hefte zur Bayerischen Geschichte und Kultur. Band 1/2: Augsburg auf dem Weg ins Industriezeitalter. München 1985

Die Kleinkinder blieben unbeaufsichtigt zu Hause

Unter diesen Bedingungen – fern von der Großfamilie auf den Dörfern – blieben die Kinder sich selbst überlassen.

Viele Kleinkinder wurden allein in der Wohnung gelassen und eingesperrt, um ein Weglaufen zu verhindern. Ein Stück Brot oder ein Teller Essen mußten zur Verpflegung der Kinder für den ganzen Tag reichen.

Aus einem Gespräch zwischen einem Amtsprediger der Stadt Freiberg und einer berufstätigen Mutter:

■ „Was macht sie mit ihren kleinen Kindern", fragte ich unlängst eine Wittwe, „wenn sie, wie so oft, nach G. (zur Arbeitsstätte; der Verfasser) geht?" – „Ich schließe die Thür ab und schneide ihnen Brod in eine Schüssel Milch ein", war die Antwort der Mutter, die noch früh vor dem Erwachen der zwei- und dreijährigen Mädchen sich entfernt und abend vor 8 Uhr nicht zurückkehren kann.

Zitiert in: Jürgen Reyer: Wenn die Mütter arbeiten gingen... Eine sozialhistorische Studie zur Entstehung der öffentlichen Kleinkindererziehung im 19. Jahrhundert in Deutschland. Köln 1983, S. 97

Nicht selten gaben die Eltern ihren Kindern Alkohol oder andere betäubend wirkende Mittel (z. B. Mohntee), um sie ruhig zu halten und sie damit vor den Gefahren, die beim unbeaufsichtigten Spielen und Aufenthalt in der Wohnung drohten, zu schützen:

Aus dem Bericht des Amtspredigers in Freiberg:

■ Von mehreren Müttern stupider und stumpfsinniger Kinder habe ich auf meine Frage: „Hat sie denn etwa früher Schlafpulver gegeben?" die Antwort erhalten: „Das ist freilich nicht aus dem Hause gekommen."

Zitiert in: Ebd., S. 97

61

Die Folgen dieser verzweifelten Methoden der Eltern:
Unterversorgung der Kleinkinder aufgrund der unzureichenden, ungesunden Ernährung;
körperliche Schädigungen und Erkrankungen (Lungenentzündungen), hervorgerufen durch den dauernden Aufenthalt in den feuchten, dunklen Wohnungen;
vor allem aber psychische Verwahrlosung, geistige und soziale Verarmung der Kinder.

Man bedenke: Bis zu zwölf Stunden waren die Kinder allein in den dunklen, feuchten Behausungen eingesperrt!
Etwas ältere Kinder verbrachten den Tag allein unbeaufsichtigt auf der Straße. Auch hier waren sie zahlreichen Unfallgefahren ausgesetzt, oder sie gingen im Auftrag der Eltern oder aus eigenen Stücken dem Bettel nach.

Staat und Öffentlichkeit sahen mit Besorgnis das Problem der Unterversorgung und der Verwahrlosung der Kleinkinder

Nicht nur die Sorge um die körperlichen und seelischen Gefahren für die Kleinkinder der Fabrikarbeiterfamilien wuchs in der Öffentlichkeit. Auch die staatlichen und kommunalen Aufsichtsbehörden sahen mit Besorgnis die Folgen der Verwahrlosung dieser Kinder. Verwahrlosung bedeutete für diese Stellen nicht nur Unordnung, ungepflegtes Äußeres, schlechte Gewohnheiten, Verrohung der Sitten, an ihr lastete bereits der „Hang zum Verbrechen". Insbesondere das Betteln der Kinder wurde als Vorstufe eines weiteren kriminellen Lebenslaufes gesehen und von den polizeilichen Behörden strengstens verboten.

■ Allein wenn man die Quellen dieser Demoralisation verstopfen wollte, so denke ich, sei nichts mehr dazu geeignet, als die Kinder aus den Straßen zu nehmen; denn es muß zugegeben werden, daß sie da nichts Gutes, aber viel Böses lernen. Wie viele Kinder lernen mausen und stehlen, bevor sie noch ihre Namen lallen können... Ist es den Kindern einmal gelungen, eine Pflaume oder einen Apfel zu mausen, so werden sie nicht dabei stehen bleiben, sondern einen zweiten Versuch unternehmen; und oft werden sie sich auf diese Art in dem Bösen verhärten, bevor sie das siebente Jahr erreicht haben, da sie dann die Straße, sowohl der Schule, als jeder nützlichen Beschäftigung weit vorziehen werden.
Zitiert in: Günter Erning (Hrsg.): Quellen zur Geschichte der öffentlichen Kleinkindererziehung. Kastellaun 1976, S. 28 f.

Um die Kinder von der Straße zu holen, wurden die Institutionen vorschulischer Erziehung geschaffen. Man wollte der sozialen Notsituation der Arbeiterfamilien in der Zeit der Industrialisierung begegnen. Engagierte Bürger waren besorgt um das Aufwachsen der Kleinkinder aus den armen Bevölkerungsschichten.

5.2 Aufgaben und Ziele der Kleinkinderbewahranstalten

Vor diesem Hintergrund der zeitgeschichtlichen Verhältnisse sind auch die Aufgaben und Ziele der Einrichtungen zu verstehen: Bewahren und Versorgen – Erziehen und Unterrichten.

1. Bewahren und Versorgen

Die Einrichtungen versuchten, die Kleinkinder vor schädlichen und gefährlichen Einflüssen, vor mangelnder Fürsorge und Erziehung zu bewahren. Die Kinder blieben den ganzen Tag in der Einrichtung und wurden mit Essen und Kleidung versorgt sowie medizinisch betreut. Für arme Familien waren die Leistungen der Einrichtungen kostenlos.

2. Erziehen

In den „Allgemeinen Bestimmungen über die Kleinkinderbewahranstalten für das Land Bayern" aus dem Jahre 1839 heißt es zur Erziehung der Kinder:

■ Da bei weitem der größte Teil der in diese Anstalt aufgenommenen Kinder armen Eltern angehört, und für einen Stand erzogen werden soll, welcher vorzugsweise einen gesunden, kräftigen und gewandten Körper, Lust und Liebe zu anstrengender Arbeit und möglichst Beschränkung seiner Bedürfnisse zu seinem kräftigen Fortkommen und zu seinem äußeren Lebensglück nötig hat, so muß in den Kleinkinderbewahranstalten alles sorgfältig vermieden werden, was nachtheilig auf den Gesundheitszustand einwirkt..., die Pfleglinge schwächt und verweichlicht, den Hang zum Wohlleben hervorruft und Bedürfnisse erzeugt, die in den späteren Lebensjahren nicht mehr befriedigt werden können und im Entbehrungsfalle leicht eine Quelle der Unzufriedenheit und des Unfriedens eröffnen dürften. Es ist vielmehr dahin zu wirken, daß die Kinder schon frühe leiblich gestärkt und gekräftigt werden, daß sie sich viel und ungezwungen in freier Luft bewegen und daß sie selbst bey übler Witterung in den Zimmern mit Sitzen, Stehen und Gehen fleißig abwechseln.

Stadtarchiv Augsburg 2/1066

Die Augsburger Einrichtungen ergänzen in ihren Bestimmungen:

Die erziehliche Einwirkung bei den Kindern soll sich richten auf Gewöhnung an Ordnung, Reinlichkeit, Schamhaftigkeit, Gehorsam, Aufrichtigkeit, Gefälligkeit, Dankbarkeit, Verträglichkeit. Abstellung von Fehlern und Unarten soll tunlichst in Güte und ohne Strafe erstrebt werden. Die natürliche Heiterkeit und Unbefangenheit der Kinder soll nicht verkümmert werden.

Stadtarchiv Augsburg 2/194

3. Unterrichten

Die vorschulischen Einrichtungen nahmen keine Lehr- und Unterrichtsaufgaben der Schule vorweg, bereiteten aber die Kinder auf die Schule vor mit Übungen und Beschäftigungen, die Aufmerksamkeit und Disziplin erforderten.

In einem Übungsplan wurde der Tagesablauf genau festgelegt:

Übungsplan für die Kleinkinderbewahranstalten der Kreishauptstadt Augsburg

Augsburg, den 1. Oktober 1841

Zeit	Montag	Dienstag	Mittwoch	Donnerstag	Freitag	Sonnabend
von früh bis ¾9	Zusammenkunft der Kinder Sobald die Kleinen das Mitgebrachte abgelegt haben, werden sie zur Verrichtung leichter Handarbeiten aufmunternd angehalten.					
¾9 – 9	Gesang und Gebet					
9 – ½10	Gedächtnisübungen	Biblische Erzählungen mit Vorbereitung zum künftigen Religionsunterricht	Gedächtnisübungen	Biblische Erzählung mit Vorbereitung zum künftigen Religionsunterricht	Gedächtnisübungen	Vorbereitung zum künftigen Religionsunterricht
½10 – 10	Anschauungsübungen	Zeichnen	Anschauungsübungen	Zeichnen	Anschauungsübungen	Zeichnen
10 – ½11	Vertheilung des Frühbrodes					
½11 – 12	Lernhölzer	Spielzeit				Kinderspiele
		Spielsachen	Kinderspiele	Lernhölzer	Spielsachen	
12 – 2	Essen und Zusammenkunft der Kinder					
2 – 3	Handarbeiten					
3 – ¼4	Gewerbeübungen	Sprechübungen	Gewerbeübungen	Sprechübungen	Gewerbeübungen	Sprechübungen
¼4 – ½4	Zählen	Erzählen	Zählen	Erzählen	Zählen	Erzählen
½4 – □	Vertheilung des Abendbrodes					
–	Zeichnen auf Schiefertafeln, Bauen mit Karten, Kinderspiele, Abholen der Kinder					

Mit verschiedenen Übungsformen, meist in Form von Gesprächen mit den Kindern oder Vorträgen der Erzieherin, versuchte man, das sprachliche Ausdrucksvermögen der Kinder zu verbessern und den Wortschatz zu erweitern.

Beispiel:

■ Liebe Kinder, in unserm Zimmer befinden sich mancherlei Dinge – Gegenstände. Wir sehen diese Dinge alle Tage, ohne dieselben vielleicht aufmerksam zu betrachten. Heute wollen wir aber mit größter Aufmerksamkeit einen Gegenstand nach dem anderen erst ansehen, dann uns darüber unterhalten.

Wir fangen mit dem Tische an... Wenn wir den Tisch genau ansehen, sehen wir, daß er nicht aus einem Stück Holz sey, sondern aus mehreren Theilen bestehe. Der Theil heißt: die Tischplatte. Diese ruht auf dem Gestelle. Zwischen der Tischplatte und dem oberen Theil des Gestelles befindet sich eine Schublade, in welcher man allerlei Bücher und Papiere aufbewahrt..., bei euch zu Hause legt man wohl andere Sachen in die Tischschublade: Messer, Gabel, Löffel und den Brotlaib findet man dort, auch werden die Tische größer oder kleiner seyn. Groß ist dieser nicht, aber schön. Seine Farbe ist braun. Nicht alle Tische sind braun. Eine Farbe hat jeder Tisch. Ob aber ein Tisch braun, schwarz, weiß etc. ist – es ist doch immer ein Tisch. – Der Tisch, den wir vor uns haben, ist braun...

Aus: Johann Georg Wirth: Über Kleinkinderbewahr-Anstalten. Eine Anleitung zur Errichtung solcher Anstalten sowie zur Behandlung der in denselben vorkommenden Lehrgegenstände, Handarbeiten, Spiele und sonstige Vorgänge. Augsburg 1838, S. 141 f.

> Der Rückblick über die Anfänge der Institutionen der vorschulischen Erziehung gibt Aufschlüsse über geschichtlichen Ursprung und zeitgeschichtliche Einordnung der Institution, in der wir heute arbeiten. Alle Institutionen sind aus ihrer Zeit heraus zu verstehen. Bis in die Gegenwart trägt auch der Kindergarten (ebenso wie die Schule) seine Geschichte mit sich.

▷ Bitte überlegen Sie, was von den Anfängen der Institution „Kleinkinderbewahranstalt" auch im heutigen Kindergarten noch auffindbar ist!

Die Lebenssituation der Kinder zu Beginn des 19. Jahrhunderts ist für uns heute weitgehend kaum mehr vorstellbar. Die zum Teil lebensbedrohende Form der Verwahrlosung nehmen wir nur noch über Medien wahr. In den heutigen technisch hochentwickelten Industrieländern – aber bereits auch in der dritten Welt – sind neue Herausforderungen entstanden.

Dazu gehören vor allem:
– der Einfluß der Konsumgewohnheiten, der Technik und der Medien auf nahezu alle Lebensbereiche von frühester Kindheit an;
– das Überwiegen ökonomischer Orientierungen und wachsender Konsumbedürfnisse, die ein soziales Miteinander, die Sorge um Schwache, Toleranz und Helferwillen oft ausschließen;
– die Frage der Zusammensetzung in pädagogischen Institutionen über kulturelle und religiöse Grenzen hinweg (wie beantwortet z. B. der Kindergarten die Herausforderung des hohen Anteils andersprachiger Kinder in seinen Einrichtungen?);
– das Aufwachsen von immer mehr Kindern in unvollständigen Familien, auf Grund zunehmend steigender Scheidungsraten, vor allem bei jungen Familien. (Vgl. dazu auch I 3.3: Kinder in Abhängigkeit von gesellschaftlichen Entwicklungen, S. 29)

▷ An alle sozialpädagogischen Einrichtungen werden heute erweiterte Erwartungen gestellt.
Wie begegnen Träger, Erzieherinnen und Erzieher diesen Herausforderungen?
▷ Sie haben Erfahrungen mit unterschiedlichen sozialpädagogischen Einrichtungen. Versuchen Sie herauszufinden, welchen besonderen Problemen und Bedürfnissen die Institution entgegenkommt!
Aus welchen Lebensumständen kommen die Kinder beziehungsweise Jugendlichen? Wie stellt sich die Erziehung darauf ein?

Literatur zur Erweiterung und Vertiefung

Elisabeth Dammann, Helga Prüser (Hrsg.): Quellen zur Kleinkindererziehung. Die Entwicklung der Kleinkinderschule und des Kindergartens. München 1981
Günter Erning: Bilder aus dem Kindergarten. Bilddokumente zur geschichtlichen Entwicklung der öffentlichen Kleinkindererziehung in Deutschland. Freiburg 1987
Ulrich Herrmann (Hrsg.): „Das pädagogische Jahrhundert". Volksaufklärung und Erziehung zur Armut im 18. Jahrhundert in Deutschland. Weinheim, Basel 1981

6. Zur Geschichte der Elementarpädagogik

6.1 Ausgewählte Beispiele pädagogischer Konzepte zum Verständnis von Erziehung

Die sozialpädagogischen Institutionen ändern sich in ihrer Gliederung, in Inhalten und Verfahren, aber die *pädagogischen Grundeinsichten* enthalten Aussagen, die auch heute noch pädagogisch verantwortliches Handeln bestimmen und strukturieren.

Johann Amos Comenius

Bereits im 17. Jahrhundert vertritt Johann Amos Comenius (1592–1670) den Gedanken einer Frühförderung. Das pädagogische Denken des Comenius ist geprägt von den schrecklichen Erfahrungen des Dreißigjährigen Krieges, seinem Glauben und einer tiefen Sehnsucht nach Frieden. Comenius ist überzeugt: Wird die dem Menschen gegebene Vernunft in der rechten Weise entfaltet – und dazu bedarf es der Erziehung –, dann tritt das Reich der Vernunft als das Reich des Heiligen Geistes ein.

Das Bildungskonzept des Comenius sieht vier Bildungsstufen vor:

- die Mutterschule (für Kinder vom ersten bis zum sechsten Lebensjahr),
- die Muttersprachschule (vom siebten bis zum zwölften Lebensjahr),
- die Lateinschule (vom 13. bis zum 18. Lebensjahr) und
- die Hochschule (vom 19. bis zum 24. Lebensjahr).

Der Mensch kann nur Mensch werden, wenn er unterrichtet wird.

■ Das Hauptrad in den Bewegungen der Seele ist der Wille; die treibenden Gewichte (in der Seelenuhr) sind Wünsche und Gefühle, die den Willen treiben. Der Perpendikel, der die Bewegungen eröffnet und hemmt, ist die Vernunft. Wenn sie recht hemmt und enthemmt, so entsteht die Harmonie der Tugenden...
Nicht die Kinder der Reichen allein oder die der Vornehmen, sondern alle in gleicher Weise, Adelige und Bürgerliche, Reiche und Arme, Knaben und Mädchen in Städten und auf dem Lande, sind zur Schule zu schicken.
Aus: Fritz Blättner: Geschichte der Pädagogik. Heidelberg 1951, S. 31

Nicht nur die Forderung nach einer Schule für alle ist für Comenius bezeichnend, sondern auch die Suche nach einer erfolgreichen Lehrmethode.

Sie stützt sich auf folgende Erkenntnisse:

– Beachtung der Art des Kindes,
– Fortschreiten vom Leichten zum Schweren,

- Lebensbedeutsamkeit des Lernens,
- Nutzen der Übung,
- Sinn und Bedeutung der Anschauung,
- Notwendigkeit einer umfassenden Bildung.

In allem, auch dem einfachsten Erkennen, liegen für Comenius die Anfänge der Wissenschaften.

■ Man treibt Wissenschaft, nicht indem man mit Büchern, sondern... mit den Dingen umgeht und sie aufs genaueste erkennt... Wenn wir ein Ding außer uns ansehen, so bedürfen wir des Auges, des Gegenstandes und des Lichtes. Wissenschaft ist innerliche Betrachtung (Wissen) der Dinge.
Aus: Ebd., S. 33

In seinem bebilderten Lehrbuch „Orbis sensualium pictus" versucht Comenius, durch Wort und Bild Sachkenntnis zu vermitteln. Das Bild bekommt für ihn, wie Mollenhauer betont, „eine hervorragende didaktische Funktion":

■ Es (das Bild) vermittelt nämlich zwischen der direkten sinnlichen Wahrnehmung und der Ordnung, in der diese Wahrnehmung erst ihre Bedeutung erhält; das Bild kann nämlich, auf die rechte Weise gemacht, gleichsam nach zwei Seiten hin zeigen. Nur auf diese Weise könne, so meint Comenius, die abstrakte scholastische Manier des damals üblichen Unterrichts, in der die Kinder nur mit „Martern" zum Lernen gebracht werden können, überwunden, wie auch dem neu aufkommenden Empirismus, dem sich alles in Sinnesdaten auflöst, begegnet werden... Das Prinzip, welches sich daraus ergibt, ist dieses: *Die Vielfalt der möglichen Sinneseindrücke und die Tatsache, daß ein angemessenes Bewußtsein von der rechten, menschenwürdigen Ordnung verloren zu gehen droht, zumal aber die Notwendigkeit, daß Kinder mit Freude lernen, machen eine Bebilderung der pädagogischen Beziehung nötig, in der Sinneswahrnehmungen und Ideen miteinander verknüpft werden.*
Aus: Klaus Mollenhauer: Vergessene Zusammenhänge über Kultur und Erziehung. München 1983, S. 59 f.

Neben der lateinischen Sprache betont Comenius die Bedeutung der Muttersprache:

■ Die Wissenschaften erwachsen aus dem rechten Umgang mit der göttlichen Welt. Aus allen Dingen spricht der Schöpfergedanke, ihn entdecken auf kindliche Weise schon die Kinder, und sie sprechen ihn in der Muttersprache aus.
Zitiert nach: Fritz Blättner, a. a. O., S. 36

In der Erziehung durch die Mutter innerhalb der Familie liegt für Comenius die Basis für alle weitere Bildung und Erziehung. In der Schrift „Informatorium der Mutterschul" macht er deutlich, daß diese keine Institution, sondern der „Erzie-

Invitatio.   **Einleitung.**

M. Veni, Puer!	L. Komm her/ Knab!
disce Sapere.	lerne Weißheit.
P. Quid hoc est,	S. Was ist das/
Supere?	Weißheit?
M. Omnia,	L. Alles/
quæ necessaria,	was nöhtig ist/
rectè intelligere,	recht verstehen/
rectè agere,	recht thun/
rectè eloqui.	recht ausreden.
P. Quis me	S. Wer wird mich
hoc docebit?	das lehren?
M. Ego,	L. Ich/
cum DEO.	mit GOtt.
P. Quomodo?	S. Welcher gestalt?
	M. Du-

M. Ducam te,	L. Ich will dich führen
per omnia,	durch alle Dinge/
ostendam tibi	ich will dir zeigen
omnia,	alles/
nominabo tibi	ich will dir benennen
omnia.	alles.
P. En adsum!	S. Sehet/ hier bin ich!
duc me,	führet mich/
in nomine DEI.	in GOttes Namen!
M. Ante omnia,	L. Vor allen Dingen/
debes discere	must du lernen
simplices Sonos,	die schlechten Stimmen/
ex quibus	in welchen
constat	bestehet
Sermo humanus:	die Menschliche Rede:
quos,	welche/
Animalia	die Thiere
sciunt formare,	wissen abzubilden/
& tua Lingua	und deine Zunge
scit imitari,	weiß nachzumachen/
& tua Manus	und deine Hand
potest pingere.	mahlen kan.
Postea	Darnach
ibimus	wollen wir wandern
in Mundum,	in die Welt/
& spectabimus	und beschauen
omnia.	alle Dinge.
Alphabethum	Hier hast du
vivum & vocale	ein lebendiges und stimm-
habes hic.	bares Alfabeth. (Cornix

A 2

Johann Amos Comenius: Orbis sensualium pictus, Invitatio (Einleitung), S. 2 und 3.
1658 erschien die Bilderfibel unter dem Titel „Orbis pictus sensualium, Die sichtbare Welt" als
lateinisch-deutsche Ausgabe in Nürnberg.
Das Buch stellt die sichtbare Welt in Bildern vor und erleichtert durch die Verbindung von
Text und Bild das Erlernen der Sprache.
Der „Orbis sensualium pictus" fand bis ins 19. Jahrhundert weite Verbreitung – er wurde in 24
Sprachen übersetzt! – und diente anderen Elementarbüchern als Vorlage.

hungsraum der Mutter" ist. Die Inhalte der Mutterschule sind die Pflege der
Sprache sowie soziale Grunderfahrungen, die durch eine sorgfältig geplante Erziehung vermittelt werden müssen.

Hauptgedanken aus dem „Plan der Mutterschule" des Amos Comenius:

■ Die *Metaphysik* (wie man sie nennt) hat im großen und ganzen hier ihren
Anfang; denn den kleinen Kindern drängt alles zuerst in allgemeiner und
verworrener Vorstellung sich auf, insofern sie merken, alles, was sie sehen,
hören, schmecken, berühren, sei ein Etwas, während sie, was es im beson-
dern sei, nicht beurteilen, vielmehr erst später allmählich unterscheiden. Sie
beginnen folglich die allgemeinen Bestimmungen: „Etwas, Nichts; Ist, Ist
nicht; So, Anders; Wo, Wann usw; Ähnlich, Unähnlich usw." und das sind
überhaupt die Grundlagen der metaphysischen Wissenschaften, zu verstehen.

In den *Naturwissenschaftlichen* Dingen kann man in diesen ersten sechs Jahren das Kind so weit führen, daß es wohl weiß, was: Wasser, Erde, Luft, Feuer, Regen, Schnee, Eis, Stein, Eisen, Baum, Pflanze, Vogel, Fisch, Rind usw. ist. Auch soll es von den Gliedmaßen seines Leibes, wenigstens den äußeren, Benennung und Gebrauch kennen. Das läßt sich in dem Alter leicht lernen und gibt die Anfangsgründe der Naturwissenschaft.

In der *Optik* erhält das Kind die Grundlage, indem es zu unterscheiden und zu benennen beginnt: Licht, Dunkel, Schatten und die Unterschiede der Hauptfarben Weiß, Schwarz, Rot usw.

In der *Astronomie* wird der Anfang darin bestehen, zu wissen, was man Himmel, Sonne, Mond, Sterne nennt; und wahrzunehmen, wie diese auf- und untergehen Tag für Tag.

In der *Geographie* bekommen sie die Anfangsgründe, wenn sie verstehen lernen, was Berg, Tal, Ebene, Fluß, Dorf, Schloß, Stadtwesen ist: je nach der Gelegenheit des Ortes, wo sie erzogen werden.

In der *Chronologie* wird der Grund gelegt, wenn das Kind versteht, was man Stunde, Tag, Woche, Jahr, ferner was man: Sommer, Winter usw. nennt. Auch Gestern, Vorgestern, Morgen, Übermorgen usw.

In der *Geschichte* ist der Anfang, sich erinnern und auch erzählen können, was sich kürzlich zugetragen, wie der oder jener in der oder jener Sache sich benommen habe, mag es auch ganz kindlich sein.

Die *Arithmetik* faßt Wurzeln, wenn das Kind versteht, was wenig und viel heißt, wenn es etwa bis Zehn zählen kann, wenn es beobachtet, daß Drei mehr als Zwei ist und daß Eins zu Drei hinzugetan Vier macht.

In der *Geometrie* werden sie die Elemente wissen, wenn sie verstehen, was wir heißen: Groß und Klein, Kurz und Lang, Breit und Schmal, Dick und Dünn; ebenso, was wir nennen: Linie, Kreuz, Kreis usw. und wenn sie manches nach der Spanne, Elle, Klafter usw. ausmessen sehen.

Auch die *Statik* wird einen Anfang nehmen, wenn sie Dinge auf der Waage abwägen sehen und selbst manches in der Hand wägen lernen, um zu erfahren, ob es schwer oder leicht sei.

In den *mechanischen Arbeiten* leisten sie ihren Erstlingsdienst, wenn man sie zuläßt und sogar unterweist, immer eine Tätigkeit auszuüben: z. B. Dinge hier- oder dorthin zu tragen, so oder so zu ordnen, aufzubauen und niederzureißen, zu verknoten oder entknoten usw., wie das bei Kindern in diesem Alter eine Lust ist; denn da das eben Versuche einer anschlägigen Natur zur künstlichen Hervorbringung von Dingen sind, muß man sie nicht nur hemmen, sondern sogar fördern und mit Umsicht leiten.

Die Kunst der Vernunft, die *Dialektik*, zeigt sich auch schon hier und treibt Keime, wenn das Kind, weil es bemerkt, daß Gespräche in Fragen und Antworten vor sich gehen, auch selbst manches zu fragen und auf das Gefragte zu antworten sich gewöhnt. Nur muß man sie anhalten, passend zu fragen, auf das Gefragte aber zutreffend zu antworten, damit sie mit ihrem Denken bei dem vorliegenden Stoff verweilen und nicht abzuschweifen sich gewöhnen.

Die kindliche *Grammatik* wird darin bestehen, die Muttersprache richtig auszusprechen, d. i. Laute, Silben und Worte gegliedert (artikuliert) herauszureden.

In der *Rhetorik* wird der Anfang sein, das, was die tägliche Sprache an Formen und Figuren besitzt, nachzuahmen; besonders aber gehören hierher die bei der Unterhaltung passenden Gebärden, nebst dem Aussprechen, wie es sich für die Unterhaltung schickt: daß sie nämlich beim Fragen die letzten Silben heben, beim Antworten senken; und Ähnliches, was beinahe schon die Natur lehrt und durch verständige Unterweisung, wenn es etwa mißlingt, sich leicht verbessern läßt.

Von der *Poesie* werden sie einen Vorgeschmack bekommen, wenn sie in diesem ersten Lebensalter eine gute Anzahl Verschen, besonders moralische, lernen, seien es rhythmische oder metrische, je nachdem sie in jeder Sprache üblich sind.

In der *Musik* wird die Erlernung leichterer Stücke aus den Psalmen und heiligen Liedern den Anfang bilden: was bei den täglichen Übungen des Gottesdienstes stattfinden kann.

In der Kenntnis der *Hausverwaltung* (Ökonomie) wird es zu den Anfängen gehören, die Bezeichnungen der zum Hausstand gehörigen Personen zu wissen, nämlich: wer Vater, Mutter, Magd, Diener, Mietsmann usw. genannt wird. Ebenso die Bezeichnungen der Teile des Hauses, als da sind: Vorgemach, Stube, Schlafkammer, Stall usw. und der Hausgeräte: Tisch, Schüssel, Messer, Besen usw. nebst ihrem Gebrauch.

Von der *Staatsverwaltung* (Politik) können sie nur einen kleineren Vorgeschmack bekommen, da die Klugheit dieses zarten Alters über das Haus schwerlich hinausdringt: sie können es jedoch, wenn sie etwa bemerken, daß manche Männer in der Stadt im Rathaus zusammenkommen und Ratsmänner heißen, und unter diesen irgend einer den Namen Bürgermeister, Richter, Schreiber usw. eigentümlich führt.

Aber die *Sittenlehre* (Ethik) wird ganz besonders hier die festesten Grundlagen erhalten müssen, wenn der wohlunterrichteten Jugend die Tugenden gleichsam anwachsen sollen, zum Beispiel

Mäßigkeit dadurch, daß sie das Maß ihres Magens beobachten...;

Reinlichkeit, in der sauberen Behandlung der Speisen, Kleider, auch der Puppen und des Spielzeugs;

Ehrerbietung, welche man Höherstehenden schuldet;

Gehorsam, immer frisch und willig für Gebote und Verbote;

Wahrhaftigkeit, gewissenhaft in jedem Wort, damit sie niemals, sei es im Scherz oder Ernst, zu lügen und zu täuschen sich erlauben;

Gerechtigkeit werden sie lernen, indem sie fremdes Gut wider Willen des Eigentümers nicht berühren, fortnehmen, zurückbehalten oder verbergen, niemand Ärger antun, ihn nicht beneiden...

Zitiert nach: Josef Hederer: Pädagogik. Überlegungen zur Erziehung. München 1981

Zur Bedeutung des Pädagogen Comenius für die Gegenwart schreibt Mollenhauer:

■ ... Die von Comenius aufgeworfenen Probleme sind nicht bewältigt. Das, was er abwenden wollte, haben wir nun: eine wissenschaftlich-technische Zivilisation, die mit „Wachstumsraten" ins Gedränge der Fragen nach der Vernünftigkeit/Menschlichkeit ihrer Lebensformen gerät, die angesichts der analytisch zerlegten Bildungsinhalte immer größere Schwierigkeiten hat, einen sinnvollen Zusammenhang des Ganzen zu zeigen, die die pädago-gische Tätigkeit selbst immer arbeitsteiliger organisiert, die Professionalisie-rung und institutionelle Versorgung immer perfekter zu gestalten versucht und darin vermutlich den Sisyphus-Charakter der Erziehung noch verdop-pelt und eine Vorstellung davon verliert, daß Erziehung eine gemeinsame Praxis der erziehenden Gemeinschaft sein könnte.
Aus: Klaus Mollenhauer, a. a. O., S. 60

Vergleichen Sie dazu auch II.3 Leben und Lernen in sozialen Bezügen, S. 120 ff.!

▷ Bitte vergleichen Sie die Hauptgedanken aus dem „Plan der Mutterschule" mit den pädagogischen Richtlinien des Kindergartens von heute!

▷ Suchen Sie bitte Beispiele aus Ihrer Praxis in Kindergarten, Hort, Heim, die sich den Forderungen des Comenius nach einer „erfolgreichen Lehrmethode" zuordnen lassen:
  – Beachtung des Kindes
  – Fortschreiten vom Leichten zum Schweren
  – Nutzen der Übung
  – Sinn und Bedeutung der Anschauung.

▷ Welche Bedeutung erhalten die pädagogischen Überlegungen des Comenius für die Elternarbeit?

Johann Friedrich Oberlin

Im Jahr 1779 gründet Johann Friedrich Oberlin (1740–1826) die erste vorschulische Institution im deutschsprachigen Raum: die Kinderbewahranstalt in Waldersbach (Vogesen). Pastor Oberlin hat 1767 die Pfarrstelle zu Waldersbach im Steintal übernommen. Die Menschen leben in einem französischsprachigen, katholischen Umfeld beinahe völlig isoliert durch ihren schwer verständlichen Dialekt und wegen ihres evangelischen Bekenntnisses. Ihre Armut ist unbeschreiblich. In dieser hoff-nungslosen Situation führt Pastor Oberlin das Baumwollspinnen ein. Die Erträge der Arbeit sollen die grenzenlose Armut der Gemeindemitglieder lindern. Neben dieser wirtschaftlichen Initiative widmet sich Oberlin unermüdlich der geistigen und sittlichen Betreuung seiner Gemeinde. Nahezu sechzig Jahre wirkt er im Steintal. In fünf Dörfern seines Kirchspiels baut er Schulhäuser und sorgt für einen geregelten Unterricht. Er errichtet eine Kirche, ein Pfarrhaus, Kindergärten und gründet eine Internatsschule. Daneben befaßt er sich mit neuen Methoden der Landwirtschaft und des Straßenbaus, mit Medizin, Pädagogik und Literatur.

Seine vordringliche sozialpädagogische Aufgabe sieht er in der Erziehung der Kinder: „Die kleinen Kinder kamen, um um mich herum zu stürmen. Ich konnte mich der Tränen nicht enthalten, da ich einerseits ihre zarte Jugend und andererseits ihre üble Auferziehung betrachtete, an einem Ort, wo Fluchen, Schlagen, Schelten häufiger ist als Brot." Oberlin hält eine systematische Erziehung bereits im Vorschulalter für unerläßlich. Um sie zu gewährleisten, ruft er die sogenannte *Strickschule* ins Leben. Dort setzt er gegen Bezahlung Frauen als Erzieherinnen ein. Gemeinsam mit seiner Frau sorgt er für die Vorbereitung der Frauen auf diesen Dienst.

Über Sinn und Zweck der Kinderbewahranstalten, der *„Strick- beziehungsweise Kleinkinderschulen"*, schreibt er:

„Erstens kommen die Kinder von den Straßen,

zweitens werden sie nach und nach zur Arbeit angewöhnt,

drittens kommen sie unter eine gute Aufsicht,

viertens wird früh an ihren Seelen gearbeitet,

fünftens lernen sie dadurch Französisch,

sechstens werden sie fleißiger zum Schulegehen gemacht,

siebtens verdienen die Kinder, wenn auch nur wenig, denn ein treuer Haushalter verachtet nichts."

Interessant ist, daß Oberlin eine Problematik aufgreift, die heute wieder besonders aktuell ist: die zweisprachige Erziehung. Neben der religiösen und sozialen Erziehung vermittelt Oberlin den deutschsprachigen Kindern auch die französische Sprache, damit sie sich in ihrer Umwelt zurechtfinden.

Neben seinen Bemühungen im vorschulischen Bereich verdient noch ein zweiter Aspekt besondere Beachtung: Pastor Oberlin erweitert die bestehende Volksschulbibliothek und stellt sie seinen Gemeindemitgliedern zur Verfügung – ein Unterfangen in einer Zeit, als der Zugang zu Bibliotheken Wissenschaftlern und Studenten vorbehalten war.

Robert Owen

Der Engländer Robert Owen (1771–1858) ist ein entschiedener Gegner der Kinderarbeit. Weniger Pädagoge als Sozialreformer, fordert er „schulische Einrichtungen für Arbeiterkinder". In Betreuungsheimen sollten Kinder im Vorschulalter untergebracht werden. Diese Schulen und Heime tragen schützenden und bewahrenden Charakter. Sie haben die Aufgabe, nachteilige Folgen der Industrialisierung von den Kindern abzuwenden. Strafen lehnt Owen ab – ebenso eine Pädagogik, die mit Strafandrohung operiert und das Kind ängstlich macht.

Sein Konzept zielt auf die Schaffung einer anregenden Raumgestaltung, die Aufforderungscharakter trägt und in anschaulicher Weise Begriffe klären hilft. Es enthält Spiel, Tanz, Gesang, körperliche Übungen sowie geographischen und naturkundlichen Unterricht. Vor dem gesellschaftspolitischen Hintergrund seiner Zeit entwickelt er Ansätze einer sozialistischen Erziehung, die in der Folgezeit im Gegensatz zu den konfessionell geprägten Konzepten in den Hintergrund gedrängt wurden.

Friedrich Fröbel

Friedrich Fröbel (1782–1852) widmet sich, nachdem er u. a. Erfahrungen bei Pestalozzi gesammelt hat, intensiv dem Studium der vorschulischen Kindheit. Er entwickelt seine eigenen Spiel- und Beschäftigungsmittel und gründet 1840 in Blankenburg (Thüringen) den allgemeinen deutschen Kindergarten.

Durch die Veranstaltung zahlreicher Ausbildungskurse für Kindergärtnerinnen sowie durch viele Reisen gelingt es ihm, seinen Kindergarten in wenigen Jahren in ganz Deutschland zu verbreiten, so daß er schon 1848 in den politischen und pädagogischen Reformbewegungen eine Rolle spielt.

1851 fällt der Kindergarten der Reaktion zum Opfer. Preußen und einige andere deutsche Staaten verbieten ihn, da er angeblich die Kinder zum Atheismus und Sozialismus „verführt". Das Verbot besteht bis 1860.

Kindergarten und „Vorschulpädagogik" sind Spätwerke Fröbels und stellen nur einen Teil seiner Gedanken über Erziehungsfragen dar. Dieser sehr wesentliche Teilbereich verweist auf seine Überzeugung, daß die Grundlagen der „Menschenerziehung" in der Zeit des „Kindheitslebens" gelegt werden.

Der Titel seines Hauptwerkes „Menschenerziehung" (1826) umfaßt seine gesamte Erziehungslehre.

Auch Fröbel muß – wie Comenius – in seiner Zeit gesehen werden.

Seine leitenden Gedanken basieren auf idealistischer Philosophie (Fichte) und dem Gedankengut der Romantik.

Sein idealistisches System (unter vielen anderen seiner Zeit) ist das *sphärische Gesetz,* das Grundgesetz im All, der physischen wie psychischen Welt,

das In-sich-selbst-Ruhende,

das Ursprüngliche Eine und Ewige (auch mit Gott gleichgesetztes Prinzip), das, um sich zu verwirklichen, aus sich selbst hervortreten muß und sich als

ein Inneres in einem Äußeren objektiviert.

■ In allem ruht, wirkt und herrscht ein ewiges Gesetz; es sprach und spricht sich im Äußeren, in der Natur, wie im Innern, in dem Geiste, und in dem beides Einenden, in dem Leben immer gleich klar und gleich bestimmt dem aus, den entweder von dem Gemüte und Glauben aus die Notwendigkeit erfüllt, durchdringt und belebt, daß es gar nicht anders sein kann, oder dem, dessen klares, ruhiges Geistesauge in dem Äußeren und durch das Äußere das Innere schaut und aus dem Wesen des Innern das Äußere mit Notwendigkeit und Sicherheit hervorgehen sieht. Diesem allem waltenden Gesetze liegt notwendig eine allwirkende, sich selbst klare, lebendige, sich selbst wissende, darum ewig seiende Einheit zum Grunde... Diese Einheit ist Gott. Alles ist hervorgegangen aus dem Göttlichen, aus Gott, und durch das Göttliche, durch Gott einzig bedingt; in Gott ist der einzige Grund aller Dinge.

Zitiert nach: Otto Friedrich Bollnow: Die Pädagogik der deutschen Romantik. Stuttgart 1977, S. 106 f.

Fröbels Grundkonzeption ist die Deutung der Welt aus dem Verhältnis von Innen (Geist) und Außen (Natur). Die gesamte Welt ist für ihn ein einziger großer Organismus, in dem sich die ewige Gesetzmäßigkeit ausdrückt. Das Geistige ist das Gestaltende, ohne die Berührung mit dem Geistigen wäre die Materie formlos. Im Menschen lebt etwas von diesem ewigen Geist; deshalb will Fröbel auch des Menschen Geist formen und gestalten. Die Befriedigung des Gestaltungstriebes schenkt dem Menschen reinstes Glück. Das schöpferische Gestalten ist der hohe Sinn aller menschlichen Arbeit.

Mit diesen Gedanken rückt Fröbel die umfassende Pflege des kindlichen Tätigkeitstriebes in den Mittelpunkt seiner Pädagogik; er spricht auch einer gewissen Kulturpädagogik das Wort: Die Kultur ist nichts anderes als die Gesamtheit aller Formen und aller Erscheinungen, die lediglich aus der Seele des Menschen entstammen, die also nicht da wären, wenn es keine Menschen gäbe.

Wer die Kultur fördern will, muß jene geheimnisvolle Schöpferkraft im Menschen pflegen und erhalten. Ziel ist es, diese Schöpferkraft von frühester Jugend an mit allen Mitteln zu steigern.

Die Strebungen der Natur werden beim Kind in vier Grundtrieben sichtbar:

im Tätigkeitstrieb,
im Wissenstrieb,
im religiösen Trieb und
im Kunsttrieb.

Während diese Triebe von innen heraus wirken, wirkt die Natur als äußerer Reiz. In der Begegnung von Natur und Trieb entsteht die Arbeit, die Beschäftigung.

■ Das Tun ist deshalb früher als das Nachdenken, und das Nachdenken soll sich am Tun prüfen... So steigen wir von äußerer Erfahrung zur inneren geistigen Anschauung empor, zu Bewußtsein und Klarheit.
Zitiert nach: Josef Hederer: Pädagogik. Überlegungen zur Erziehung. München 1981, S. 133

Obwohl Fröbel der nachgehenden Erziehung den Vorrang gibt – die natürliche Entfaltung soll so wenig wie möglich gestört werden –, anerkennt er das „relative Recht" der vorschreibenden Erziehung.

Zwei grundsätzliche Möglichkeiten verbindet Fröbel mit der vorschreibenden Erziehung:
a) Sie unterstützt logische Denkoperationen, z.B. das Erkennen von Kausalzusammenhängen, von Richtig und Falsch.
b) Sie läßt das vollkommene Musterhafte, das Wesen einer Form, als einer vom Menschen gemachten Gestalt erfassen und vom bloßen Abbilden abstrahieren.

Das Verhältnis von nachgehender und vorschreibender Erziehung ist „doppelseitig", es muß sich als „überdachtes Nebeneinander" gestalten.

Fröbels Spielgaben sind so konzipiert, daß sie in sich ein Ganzes bilden und, vom Einfachen zum Schwierigen folgend, in drei Grundkategorien eingeteilt werden können:

1. Gebrauchs- oder Lebensformen (Haus, Mauer, Brücke, ...),
2. Erkenntnisformen,
3. Schönheitsformen (ornamentale Gebilde).

Das Kind soll stets vom Ganzen ausgehend zu handeln beginnen:
Erste Gabe ist der Ball, das vollkommen Ganze, ein Symbol des Kosmos.
Zweite Gabe ist die hölzerne Kugel von der Größe des Balls und ein hölzerner Würfel, dessen Kanten so lang sind wie die Achse der Kugel.
Die Behandlung der Kugel erfordert mehr Kraft, Bestimmtheit und Vorsicht als die des Balls. Sie entspricht also dem inzwischen etwas älter gewordenen Kind.
Dritte Gabe ist der in acht gleich große Kuben zerlegte Würfel. Er entspricht dem kindlichen Trieb, alles zu zerlegen, um das Innere zu betrachten.
Mit Hilfe des Grundsatzes „Jede Entwicklungsstufe muß in der vorhergehenden schon angedeutet sein", kommt Fröbel zu folgender Überlegung: In der dritten Gabe, ja schon im Würfel der zweiten, ist die Tafelform angedeutet.
Diese muß nun die vierte Gabe in ihren einzelnen Teilen als bleibend geben. An Stelle der acht Würfel der dritten Gabe müssen also acht unter sich gleiche Tafeln treten. Bei der fünften Gabe nicht nur einmal, sondern zweimal nach jeder Richtung durchschnitten – so entstehen 27 Teilwürfel. Von diesen sind einige diagonal geteilt.
Das Kind lernt aus der fünften Gabe (mit Schrägung und schiefer Ebene) besonders die Mannigfaltigkeit aus der Einheit entwickeln.
Die sechste Gabe ergänzt die vierte durch die Säule.
Die Gaben müssen vermittelt werden, weil nur der Erwachsene „das Ganze" erfassen kann, das ihnen immanent ist. Der Erzieher muß dem Kind seine Hilfe anbieten, damit es das Ziel erreicht: im Sichtbaren das Unsichtbare wahrnehmen können.

Die Form, in der geistige Gehalte vom Kind aufgenommen werden, ist das Verstehen des Symbols.
Symbol ist für Fröbel jede Objektivation – natürliche oder menschlich gestaltete, die durch Äußeres Inneres sichtbar macht.
Natur ist Symbol. Der Mensch kann Symbole schaffen, kann sein inneres Wissen von sich selbst im äußeren Symbol gestalten.
In der Anschauung des sinnlich gegebenen Gegenstandes ahnt der Mensch zunächst nur den tieferen Sinn, ohne ihn gedanklich fassen zu können.
Es ist Aufgabe der Erziehung, das Kind zur allmählichen Erhellung dieses Sinnes zu führen.
Ein Symbol ist nur Symbol, wenn es Ahnungen wecken kann, Anschauung ohne Ahnung ist leere Hülle.
Alles kann Symbol sein, aber einzelne Symbole werden von Fröbel besonders betont, weil sie am ehesten „durchsichtig" und für die Entwicklung besonders bedeutsam sind:
Geometrische Körper (Kugel, Ball, Würfel, Walze: Spielgaben) symbolisieren die mathematische Grundordnung, die Gesetzlichkeit und Ganzheit des Kosmos.

Pflanzen symbolisieren die Gesetzmäßigkeit des Wachstums (Pflanze – Mensch – Kinder„garten").
Die Lilie stellt ein persönliches Lebenssymbol Fröbels dar.
Sie ist Symbol für das Kind in seiner unverdorbenen Reinheit, Symbol für erkannte Kindheit und bewußte Menschheit.

Neben den Gaben und der ihnen innewohnenden Symbolik stehen die Koselieder, die dazu „bestimmt sind, im innigen Umgang von Mutter und Kind die Glieder und Sinne zu üben und darüber hinaus in ahnungsvoll symbolischer Art das Kind in das Lebens- und Weltverständnis einzuführen" (Bollnow 1977, S. 180).
Fröbel schreibt über seine „Mutter-, Spiel- und Koselieder":

■ Ich habe in diesem Buche das Wichtigste meiner Erziehungsweise nieder-gelegt; es ist der Ausgangspunkt für eine naturgemäße Erziehung, denn es zeigt den Weg, wie die Keimpunkte der menschlichen Anlagen gepflegt und unterstützt werden müssen, wenn sie sich gesund und vollständig entwik-keln sollen.
Zitiert nach: Otto Friedrich Bollnow: Die Pädagogik der deutschen Romantik. Stuttgart 1977, S. 179

Die Bedeutung der Koselieder ist vielschichtig: Sie unterstützen auf emotionaler Ebene die Kommunikation zwischen Mutter und Kind, ermöglichen das Erfassen der Umwelt, sie stützen das Erkennen äußerer Naturvorgänge und fördern die sprachliche Entwicklung und dienen zugleich als motorische Übung.
Hier wird grundgelegt, was für den Kindergarten bestimmend wird:
Nicht die Vermittlung abstrakter Begriffe, sondern die Auseinandersetzung mit konkretem Material soll zur Erfahrungsverarbeitung anregen. Erst danach folgen das Zeichnen oder das Verbalisieren von Lösungsmöglichkeiten.

■ Nach Fröbel erfüllt der Kindergarten drei Funktionen:
1. In ihm werden Kinder im Vorschulalter durch angemessene Beschäftigun-gen und durch Spiele allgemein gefördert und somit für die Schule und die weiteren Lebensstufen vorbereitet.
2. Der Kindergarten selbst ist eine Ausbildungsstätte für junge Männer und Frauen, in der sie für ihre Erziehungsaufgabe ausgebildet werden.
3. Ferner soll geeignetes Spielmaterial entwickelt und die fachliche Diskus-sion durch die Herausgabe einer Zeitschrift gefördert werden.
Fröbel sah im Kindergarten die unterste Stufe eines einheitlichen Bildungs-systems.
Aus: Wilma Grossmann: Zur Geschichte der Vorschulpädagogik. In: Rainer Dollase (Hrsg.): Handbuch der Früh- und Vorschulpädagogik. Band 1. Düsseldorf 1978, S. 27 f.
(Vgl. dazu I 4.2, S. 37.)

■ Arbeit und Beschäftigung sind Ausgangspunkte der Bildung. Für das Kind bedeutet Beschäftigung Spiel. Folglich ist dem Spiel die größte Aufmerksam-keit zu widmen.

„Spielen, Spiel ist die höchste Stufe der Kindesentwicklung, der Menschenentwicklung in dieser Zeit. Denn es ist freitätige Darstellung des Innern. Spiel ist das reinste geistigste Erzeugnis des Menschen auf dieser Stufe und ist zugleich Vorbild und Nachbild des gesamten Menschenlebens. Es gebiert darum Freude, Freiheit, Zufriedenheit, Ruhe in sich und Frieden in der Welt. Die Quellen alles Guten ruhen in ihm."

In einem Brief an einen Mitarbeiter fordert Fröbel, die Spiele „müssen von den möglichst einfachen und ersten in der Erscheinung – von dem Ball, wie die Pflanze aus dem Kern, das Tier aus dem Ei – ausgehen" (zit. nach Blättner, S. 171).

Die Beschäftigung des Kindes mit den Spielgegenständen muß von der Mutter oder der Kindergärtnerin mit Erklärungen unterstützt werden.

Aus: Josef Hederer, Marlis Köth: Zur Praxis- und Methodenlehre. Teil 1: Institutionenkunde. München o. J., S. 40

All' all', mein Kind, all' all'.
Ein Handgelenk–Uebungsspiel.

„Wie mag das Kind sich doch das All-all deuten? –
Sinn muß drin sein, sonst ließ sich's nicht bescheiden.
    Was jetzt es sah,
    Ist nicht mehr da;
    Was oben war,
    Ist unten;
    Was da jetzt war,
    Geschwunden;
    Wo ist's denn hingekommen?
    Ein Jemand hat's genommen.
Sieh, Eines ist in beiden,
Drum läßt sich's Kind bescheiden."

All-all! mein Kind, all-all!
Das Süppchen ist nun all.
Ei! wo ist's denn hingekommen? –
Mündchen hat's zu sich genommen,
Züng'chen hat's zurück gedruckt,
Kehlchen hat's hinabgeschluckt,
Mäglein hat es schön verdaut,
Noch vom Zähnlein nicht gekaut.
    Drum ist mein Kind auch wohlgemuth,
    Und weiß und roth, wie Milch und Blut!

Die wendende Bewegung der Hand, bald mehr wagrecht, bald mehr senkrecht, als eine verneinende Bewegung und eine solche, die dahin deutet, daß von einer gewissen Sache nichts mehr vorhanden oder eine gewisse Person nicht mehr gegenwärtig ist, ist allgemein bekannt. Dieß Spielchen wie es zwar in seiner Bewegung gleichfalls das Handgelenk des Kindes nur in einer andern Armlage ausbildet, ist mit seinen sich hier daran anschließenden Darstellungen und Betrachtungen ganz entgegengesetzt dem vorigen: dort war ein weit verbreitet Gegenwärtiges, hier ist ein Mangel; wie dort ein Ausdauerndes, so hier ein allgemeines Aufhören; wie dort lebendiges Hinweisen auf die Gegenwart, so hier allgemeiner Ausdruck des Dagewesenseins, der Vergangenheit, durchweg Hinweisen auf ein Früher oder Vorhin im Vergleich mit einem Jetzt; überall war etwas da, was jetzt nicht mehr ist: das Süppchen ist all' – der Teller ist leer – das Licht abgebrannt – kein Salz ist mehr da.

Aus: Friedrich Fröbel: Mutter-, Spiel- und Koselieder. Berlin 1984

1844 veröffentlichte Fröbel dieses Büchlein unter dem Titel: „Kommt, laßt uns unsern Kindern leben! Mutter- und Koselieder, wie auch Lieder zu Körper-, Glieder- und Sinnenspielen. Zur frühen und einigen Pflege des Kindheitslebens. Ein Familienbuch von Friedrich Fröbel". Das Büchlein enthält 50 Spiellieder. Die Zeichnungen, ganz im Geist der Romantik, schuf Friedrich Unger (1811–1858), die Lieder vertonte Robert Kohl (1813–1880).

Der kleine Gärtner.

„Willst Du des Kindes Sinn für
 Lebenspfleg' entfalten,
So mache, daß es indg' für Lebens-
 pflege walten;
Willst Du Dein Kind für innre
 Lebenspfleg' bereiten,
Verschaff ihm, wo Du kannst, der
 Lebenspflege Freuden."

Komm, wir wollen in den Garten,
All' die Pflänzchen dort zu warten:
Wollen sie gar schön begießen,
Daß die Knöspchen sich erschließen.
Die Knöspchen sich entfalten nun;
Sie grüßen Dich mit süßem Duft,
Womit sie durchwürzen die ganze Luft.
Belohnend ist es, wohlzuthun!

Aus: Friedrich Fröbel: Mutter-, Spiel- und Koselieder. Hrsg. von Johannes Prüfer. Leipzig 1927.

Meist sind die Spiellieder oder Gedichtchen in einen Rahmen aus Rankengeflecht eingebaut.
Die Zeichnungen entfalten das Motiv: eine unerschöpfliche Quelle zum Anschauen und
Erzählen.
Am oberen Rand ist häufig das Hand- und Fingerspiel, das geübt werden soll, abgebildet. Die
klein gedruckten Verse über dem Spiellied erläutern der Mutter die pädagogische Intention.

Die Gedanken Fröbels sind in unseren Kindergärten bis heute richtungweisend. Sie wurden ergänzt und weitergeführt durch seine eigene Familie, vor allem durch seine Großnichte Henriette Schrader-Breymann (1827–1899). 1874 gründete sie das Pestalozzi-Fröbel-Haus. Es stellt eine Verbindung dar von sozialpädagogischen Einrichtungen wie Kindergarten, Hort, Kurse für Mütter und ist zugleich Ausbildungsstätte für Kindergärtnerinnen und Jugendleiterinnen.

Schrader-Breymann vertrat noch stärker als Fröbel die Familienerziehung. Sie ergänzte seine Kindergartenpädagogik, indem sie naturkundliche Beobachtungen und Übungen einführte. Von ihr wurden „Monatspläne" empfohlen, durch die eine „thematische Konzentration des Stoffes" erreicht werden sollte (Hederer/Köth). Ihr Konzept wurde vor allem in den Kindergärten der Großstädte nachvollzogen, oft mißverstanden und – vor allem – einseitig, d. h. ohne Rücksicht auf die jeweilige Situation einer Kindergruppe, angewandt.

1869.

Auf dem Berge.

Weit in das Land die Ström ihr Silber führen,
Fern blau Gebirge duftig hingezogen,
Die Sonne scheint, die Bäume sanft sich rühren,
Und Glockenklang kommt auf den linden Wogen,

Hoch in den Lüften Lerchen jubilieren,
Und, soweit klar sich wölbt des Himmels Bogen,
Von Arbeit ruht der Mensch rings in die Runde,
Atmet zum Herrn auf aus Herzensgrunde. Eichendorff.

Ludwig Richter: Auf dem Berge. Gemälde aus dem Jahr 1869

Ludwig Richter (1803–1884), Zeitgenosse Friedrich Fröbels, gilt neben Moritz von Schwind und Karl Spitzweg als bedeutender Vertreter der deutschen Romantik. Seine Zeichnungen sind in zweifacher Hinsicht wichtig: als bildnerische Aussage und als zeitgeschichtliche Dokumente zum Verständnis von Kindheit.

In seinen Lebenserinnerungen erzählt Ludwig Richter über seine Kinderjahre:

■ Eine meiner frühesten Erinnerungen ist ein Besuch bei Großpapa Müller, der ein kleines Kaufmannslädchen und ein Haus mit sehr großem Garten auf der Schaferstraße besaß ... Dies kleine Müllerlädchen mit seiner Kundschaft, die in einem armen Stadtviertel eine recht bunt-charakteristische ist, hat gewiß auf mein künstlerisches Gestalten in späteren Jahren viel Einfluß gehabt; unbewußt tauchten diese Geister alle auf und standen mir Modell.

Feierabend. Erinnerungen an Ludwig Richters Meißner Zeit sprechen aus diesem Bilde. Die Kinder belustigen sich mit Ringel-Ringel-Reihe-Tanz, Mutter und Großmutter sehen dem munteren Spiele der Kleinen zu, im Stillen sich zurückversetzend in ihre eigenen Kinderjahre. Vom alten, das Stadtbild überragenden Turm, der im Abendsonnenschein glänzt und den die Schwalben im schnellen Fluge umkreisen, läuten die Glocken den Abend ein.

Ludwig Richter: Feierabend. Holzschnitt aus dem Jahr 1867, enthalten in Richters Holz-schnittsammlung „Gesammeltes. Neuer Strauß fürs Haus. Beschauliches und Erbauliches".

Dies waren nun die Eindrücke aus der Menschenwelt; der Garten bot anderes. Noch bis heute berührt mich der Anblick der Blumen, aber nur der bekannten, welche ich in der Jugend sah, ganz eigentümlich und tief. In der Farbe und Gestalt, im Geruch und Geschmack mancher Blumen und Früchte liegt für mich eine Art Poesie, und ich habe die Früchte mindestens ebensogern nur gesehen, als gegessen. Der Garten hatte Rosenbüsche in Unzahl. Wie oft guckte ich lange, lange in das kühle, von der Sonne durchleuchtete Rot eines solchen Rosenkelches, und der herausströmende Duft mitsamt der himmlischen Rosenglut zauberte mich in ein fernes, fernes Paradies, wo alles so rein, so schön und selig war! Ich wußte freilich nichts von Dante; jetzt aber meine ich, er habe wohl auch in solche Rosenglut geschaut und kein besser irdisch Bild für seine Paradiesvision sich erdenken können, und in den Kelch setzt er die Reinste der Reinen.

Es stand am Ende des Gartens ein uralter Birnbaum, zwischen dessen mächtigen Ästen ich mir einen Sitz zurecht gemacht hatte. Manche Stunde verbrachte ich träumerisch in dem grünen Gezweig, um mich die zwitschernden Finken und Spatzen, mit welch letzteren ich zur Zeit der Reife die Birnen teilte, die der alte Baum in Unzahl trug. Von diesem verborgenen Aufenthalt überblickte man den ganzen Garten mit seinen Johannis- und Stachelbeersträuchern, den Reihen wild durcheinander wachsender Rosen, Feuerlilien, brennender Liebe, Lack und Levkoien, Hortensie und Eisenhut, Nelken und Fuchsschwanz – wer nennt alle ihre Namen! Dann zur Seite die Gemüsebeete, und über die Gartenmauer hinüber die gelben Kornfelder und die fernen Höhen von Roßtal und Plauen! Das war nun mein Bereich, wo ich mich einsam oder in Gesellschaft von Spielgenossen oder tätig beim Begießen der Gurken, des Kopfsalats, der Zwiebeln und Bohnen beschäftigte. Ob sich bei solchem Treiben auf einem für das Kindesalter geeigneten reichen Schauplatze Phantasie und Gemüt nicht noch besser ausbilden sollten, als in den jetzt beliebten Kleinkindergärten, wo systematisch gespielt wird, stets mit bildender Belehrung und von liebevoller Aufsicht umgeben?

Aus: Karl Löffler: Ludwig Richter, Moritz von Schwind, Carl Spitzweg Album. Leipzig o. J., S. 12

Maria Montessori (1870–1952)

Wesentliche Impulse für die Elementarpädagogik setzt die italienische Ärztin Maria Montessori (1870–1952). Montessori betrachtet Erziehung als „Hilfe zum Leben". Sie orientiert sich an der realen Umwelt und nicht – wie Fröbel – an der Naturphilosophie. Sie vertritt die Ansicht, daß die Umgebung des Erwachsenen keine lebensbringende Umwelt für das Kind sei, sondern eher eine Anhäufung von Hindernissen.

Im Zentrum der Pädagogik Montessoris steht das „Phänomen der Polarisation der Aufmerksamkeit". Hier erschließt sich ihr das Kindsein in zweifacher Hinsicht, einmal als eigenständige Form des Menschseins, zum anderen als Leitbild für Menschsein generell. Das wahre Kind und seine bessere Natur ist ihre „Entdekkung", um die sich ihre pädagogische Bemühung aufbaut.

Das Kind muß, im Gegensatz zum Tier, das zukünftige gesellschaftsadäquate Erwachsenendasein im Kontakt mit der Umwelt selbst aufbauen.

Montessori bezeichnet das Kind als geistigen Embryo, der, um die spezifisch menschliche Grundstruktur aufzubauen, eine postnatale Embryonalzeit durchzumachen hat. Wie der Embryo über biologische Entwicklungsmöglichkeiten verfügt, so ist er auch mit einer starken inneren Aufbaudynamik ausgestattet. Diese innere Aufbaudynamik ist nicht nur Lebensimpuls, sondern spezifisch menschlich, ist geistiger Impuls, ist absorbierender Geist.

Das Kind ist Baumeister des Menschen, der durch schöpferische Energie den zukünftigen Menschen aufbaut – eine Aufgabe, die jedes Individuum für sich selbst leisten muß. Sein Bauplan, seine Richtlinien der Entwicklung sind ihm immanent. Mit Bauplan meint Montessori Potentialitäten, die durch die Umwelt gefördert oder unterdrückt werden können.

Während sogenannter sensibler Perioden drängen die Potentialitäten zum Aufbau. Sensible Perioden sind Zeiten besonderer Lernbereitschaft, die sich für eine bestimmte, aber vorübergehende Zeit auf einzelne spezifische Kulturinhalte richten. So kann es zur Ausbildung typisch menschlicher Verhaltensweisen kommen.

Tiere besitzen diese ihre artspezifische Kompetenz instinktmäßig.

(Vgl. I 3.1 Wie wir das Kind sehen, so gestalten wir seinen Weg, S. 23 ff.!)

Montessori ist überzeugt, daß es eine innere normale Struktur im Menschen gibt, die zwar durch kulturspezifische Inhalte realisiert werden muß, selbst aber nicht Produkt der jeweiligen Kultur ist.

Basis für diese Überzeugung ist der Glaube an eine kosmische Ordnung, an einen Schöpfer, der dem einzelnen seinen Platz in dieser Ordnung – als Baumeister seiner Umwelt – zuteilt.

Aus der Bedeutung der sensiblen Perioden zieht Montessori folgende Konsequenzen:

1. Erziehung ist prinzipiell Dienst am Kind.
2. Die Erwachsenen übernehmen Verantwortlichkeit für eine curriculare Erziehung.

Im Erziehungsprozeß handelt es sich einmal primär um das Selbstwerk des Kindes, das ihm keiner abnehmen kann.

Zum anderen gibt es aber den Machtanspruch des Erziehers (Urversuchung), der häufig jede Eigeninitiative im Kind zum Erliegen bringt und das Kind damit zur Überzeugung seiner Unfähigkeit führt.

Das bedeutet: Es muß eine grundlegende Haltungsänderung des Erziehers erfolgen, damit er bereit ist zur Dienstleistung, wenn das Kind um Hilfe bittet. Nur durch eine solche Haltung der Liebe kann das Kind seine wahre Natur zeigen und sich dem Erzieher verständlich machen.

Menschliches Leben kann sich nur in der Welt entwickeln. Die Welt des Menschen ist aber nicht Natur, sondern Kultur als vom Menschen geschaffene Umwelt, ist „Super-Natur".

Der Mensch hat also zunächst weder eine ihm zugeordnete Umwelt noch einen Instinktapparat, der ihm helfen könnte, sich in ihr zurechtzufinden.

Dafür ist er offen, ist „Herr und Meister" seiner eigenen Existenz, nicht kraft Vererbung, sondern als Entwicklungsaufgabe. Weil Menschwerdung durch soziale Vermittlungsprozesse erfolgt, beginnt Erziehung schon bei der Geburt.

Am Anfang stellt die Mutter den sozial vermittelten Lebensraum dar. Neben Nahrung, Wärme und Schutz braucht das Kind psychische Stimuli: Zärtlichkeit und Zuspruch.

Ein zweiter Schritt ist die Zuwendung der geistigen Aufnahmefähigkeit auf „menschliche Gegebenheiten der Umgebung": Indem sich das Kind die Umwelt zu eigen macht, baut es den Menschen in sich auf, der dem Leben in dieser Umgebung angepaßt ist.

Für Montessori ist dies die besondere Funktion der Kindheit innerhalb der Ontogenese des Menschen.

Das Kind kann seine Umwelt nicht selbst schaffen. Es ist darauf angewiesen, daß der Erwachsene sie zu seiner individuellen Entwicklung passend gestaltet.

Diese vorbereitete Umwelt darf nicht als „heile Welt" verstanden werden, sondern als Ausgangspunkt, als Vorbereitung auf die Gesellschaft, in der das Kind später als Erwachsener leben muß, die es gestalten soll.

Auf einer urtümlichen Lebensstufe konnte dies nach Auffassung von Montessori in der Familie geschehen.

Durch die Ausdifferenzierung der Kultur wird in einer komplizierten, abstrakten Zivilisation dem Kind sein sozialer Lebensbereich entzogen. Es wird zum „vergessenen Bürger".

Vorbereitete Umwelt ist demnach ein der kindlichen Entwicklung entsprechender Lebens-, Erfahrungs- und Betätigungsraum, wie ihn der Erwachsene in seiner Kultur besitzt.

Vorbereitete Umwelt muß den sensiblen Perioden mit ihren entsprechenden Bedürfnissen entgegenkommen, entsprechen. Sie muß den Sachanspruch der Kultur bzw. der soziokulturellen Realität erfüllen (Gesetze der Sprache, Mathematik u. a.).

Für die Inhalte des Angebotes (Curricula) müssen die Erwachsenen die Verantwortung übernehmen. Montessori tut dies vor dem damals unangefochtenen Hintergrund der christlichen Tradition, unter Berücksichtigung wissenschaftlicher Erkenntnisse und dem „Phänomen der Polarisation der Aufmerksamkeit", das sie in entscheidender Weise in ihre pädagogische Arbeit miteinbezog.

An diesen drei Gesichtspunkten richtete sie eine vorbereitete Umwelt aus; wobei sie betont, daß die passende Gestalt nicht theoretisch bestimmt werden kann, sondern aufgrund langwieriger Versuche nach und nach entstehen muß.

1907 eröffnet sie das „Kinderhaus" für Drei- bis Sechsjährige im Armenviertel von San Lorenzo in Rom. Neben pädagogischen und sozial-fürsorgerischen Aufgaben bemühte sie sich vor allem darum, die Mütter der Kinder für Erziehungsfragen zu interessieren und in ihre Erziehungsarbeit zu integrieren.

Ihr Ziel ist es, die Unabhängigkeit und Selbständigkeit des Kindes zu fördern. Eine dem Kind angepaßte Umwelt erspart viele Disziplinierungsmaßnahmen, fordert zu Rücksicht und Selbstvertrauen auf.

Ähnlich der „gestalteten Umwelt" entwickelt sie Materialien, anhand derer das Kind selbständig lernen, Fehler erkennen und korrigieren kann.

Weitere Zielpunkte ihrer Pädagogik sind die Förderung der Aufmerksamkeit und der Konzentration. Demzufolge sind ihre Materialien keine Spielsachen, sondern sorgfältig abgestimmte Lernhilfen, die der Sinnesschulung dienen sollen.

Diese Materialien entwickelt Montessori in großer Fülle; sie sprechen die einzelnen Sinne an, indem sie eine Eigenschaft (Länge, Farbe ...) isolieren und durch tätigen Umgang erfahrbar machen, außerdem regen sie zu ordnenden Handlungen an: Paaren, Reihen, Kontrastieren.

Dieses eigentlich didaktische Material zielt darauf, daß dem Kind „grundlegende geistige Orientierung" vermittelt wird, mit deren Hilfe es diffuse Vorstellungen klären kann und/oder neue Wirklichkeitsbereiche erobert.

Didaktisches Material soll weder Ersterfahrungen vermitteln noch konkrete Kulturinhalte. Montessori spricht von „materialisierter Abstraktion".

Mit Hilfe des Materials soll das Kind – nach kurzer Einführung – zur Polarisation der Aufmerksamkeit gelangen, die sein Wesen ausmacht.

Der Einsatz der Materialien ist nur sinnvoll, wenn sie auf die richtige Weise erschlossen werden. Die Wahl soll aufgrund eigener Aktivitäten zum manuellen Umgang erfolgen.

Voraussetzung für das Gelingen der pädagogischen Arbeit ist für Montessori *die Freiheit*.

Nur im Rahmen von Freiheit ist spontane Aktivität möglich, sie mündet durch die vorbereitete Umwelt in Disziplin.

„Freiheit und Disziplin sind zwei Seiten einer Medaille."

Das Spiel wird von Montessori zwar charakteristisch für die Altersstufe der Sechsjährigen bezeichnet, von ihr aber eher als Spielerei, als gedankenloses, unnützes Tun abgetan.

Wo ein Kind sich spontan und hingebungsvoll mit seinem Objekt/Material auseinandersetzt, spricht Montessori von Arbeit und hebt diesen Begriff scharf ab vom Arbeitsbegriff im Produktionsprozeß.

Hier sollte nicht übersehen werden, daß gerade dieser von Montessori gemeinte Arbeitsbegriff weitgehend identisch ist mit dem Spielbegriff Fröbels.

Erziehung ist also für Montessori „Hilfe zum Leben". Der Mensch kann sich nicht selbst verwirklichen:

■ Wir nennen diese fundamentale Anstrengung der Selbstverwirklichung Inkarnation... Unsere Hilfe in der Erziehung muß diesem Prozeß der Inkarnation helfen.

Zitiert nach: Josef Hederer: Pädagogik. Überlegungen zur Erziehung. München 1981, S.136

Diese Hilfe findet während der gesamten Entwicklungszeit – nicht nur in der Schule – statt.

Ähnlich wie Rousseau sieht Montessori eine Gefahr für das Kind, wenn es den Einflüssen der Erwachsenenwelt ausgesetzt wird.

Die Umgebung ist der kindlichen Entwicklung entsprechend zu gestalten. Sinnes-übungen, manuelle Betätigung und entsprechende Materialien unterstützen den Inkarnationsprozeß.

Montessori geht in ihrer Pädagogik von der realen Situation aus. Ihrer Erziehungs-auffassung liegt kein philosophisches System zugrunde (im Gegensatz zu Comenius und Fröbel).

Ihre Pädagogik ist bedeutsam geworden und wird nicht nur in den sogenannten Montessori-Kindergärten und Montessori-Schulen verwirklicht.
Viele Elemente finden sich innerhalb der Richtlinien zur Vorschulpädagogik:
Folgende Forderungen sind heute weitgehend realisiert:
– Kindergartenplätze für alle Kinder bereitzustellen,
– Gruppen von maximal 25 Kindern zu bilden,
– jeder Gruppe eine pädagogische Fachkraft zu geben,
– Staat und Kommunen an der Finanzierung zu beteiligen,
– den Eltern das Recht auf Mitsprache zuzugestehen.
Die erzieherische Konzeption Montessoris ist jedoch noch nicht voll ausgeschöpft.

■ Die Arbeit der Erzieherin ist es, die Kinder zur Normalisierung, zur Kon-zentration zu führen. Sie ist wie der Schäferhund, der hinter den Schafen hergeht, wenn sie sich zerstreuen, und der alle Schafe hereinleitet. Die Erzieherin hat zwei Aufgaben: die Kinder zur Konzentration zu führen und danach ihnen in der Entwicklung zu helfen. Die fundamentale Hilfe in der Entwicklung, besonders bei Kindern von drei Jahren, ist das Nichteingreifen. Einmischung hemmt Aktivität und hemmt die Konzentration. Aber wenden Sie die Regel der Nichteinmischung nicht an, solange die Kinder noch die Beute ihrer verschiedenen Unarten sind. Lassen Sie sie nicht auf die Fenster-bänke klettern, auf die Möbel usw. In diesem Stadium müssen Sie eingreifen. Hier muß die Lehrerin ein Polizist sein. Der Polizist muß die ehrenhaften Bürger gegen die Störenfriede verteidigen. Die Erzieherin muß nicht nur darauf verzichten, sich einzumischen, wenn ein Kind sich konzentriert; sie muß dafür sorgen, daß es nicht gestört wird. Tun Sie, was Sie wollen, mit dem Rest Ihrer Klasse, irgend etwas, das Sie in der Ausbildung gelernt haben, oder irgend etwas, das Ihnen Ihr gesunder Menschenverstand ein-gibt. Es ist nicht wichtig, weil dieses Stadium nicht wichtig ist…, und nach einer gewissen Zeit wird etwas aus der verborgenen Seele des Kindes hervor-kommen, und es wird sich konzentrieren und ein neues Leben haben. Es wird sich normalisieren.
Aus: Paul Oswald, Günter Schulz-Benesch: Maria Montessori: Schrifttum und Wirkkreis. Grund-gedanken der Montessori-Pädagogik. Freiburg, 9. Aufl. 1989, S. 5.

Die pädagogische Bewegung

Zu Beginn des 20. Jahrhunderts vollzieht sich mit der pädagogischen Bewegung eine grundlegende Änderung im pädagogischen Denken.
Wurde das Kind bisher als Objekt der Erziehung gesehen, das sich den Zielsetzun-

gen der Gesellschaft unterzuordnen hat, soll es nun als Subjekt behandelt werden. Die Entfaltung seiner je eigenen Persönlichkeit wird Gegenstand und Ziel der pädagogischen Bemühung.

Herman Nohl schreibt dazu:

■ Herbart hat einmal gesagt: ohne die Einstellung von Locke und Rousseau auf das Individuell-Persönliche eines bestimmten Zöglings wäre das wahre Wesen der Erziehung nie zutage gekommen. So mußte der Standpunkt genommen werden, wenn das Eigentümliche der Pädagogik gegenüber der Sittenlehre sein bestimmtes Gepräge zeigen sollte. „Was kann aus dem einzelnen zur Erziehung dargebotenen Subjekt werden oder nicht werden?", das sei die wahre pädagogische Frage, die dem Begriff der Pädagogik entspreche. Wenn man das interpretiert, so heißt es: stand die Pädagogik bis dahin im Dienst objektiver Aufgaben, wo das Individuum nur der an sich unwesentliche Träger solcher objektiven Ziele war, wie Staat, Kirche, Wissenschaft, Stand und Beruf, so nahm sie jetzt zum ersten Mal mit vollem Bewußtsein der Tragweite einen radikalen Wechsel des Blickpunktes vor und stellte sich in das Individuum und sein subjektives Leben. War bis dahin das Kind das willenlose Geschöpf, das sich der älteren Generation und ihren Zwecken anzupassen hatte und dem die objektiven Formen eingeprägt wurden, so wird es jetzt in seinem eigenen spontanen produktiven Leben gesehen, hat seinen Zweck in ihm selber, und der Pädagoge muß seine Aufgabe, ehe er sie im Namen der objektiven Ziele nimmt, im Namen des Kindes verstehen. In dieser eigentümlichen Umdrehung, die man sich in ihrer vollen Bedeutung vor Augen stellen muß, liegt das Geheimnis des pädagogischen Verhaltens und seines eigensten Ethos. Wenn Sokrates, statt Bücher zu schreiben, lieber in die lebendige jugendliche Seele schreiben und zugleich doch nur Hebammendienste an ihr leisten wollte, so war das echt pädagogisch, und die Entwicklung von Rousseau, Pestalozzi und Fröbel bis zu der heutigen Jugendkunde und Jugendbewegung, Berthold Otto und Montessori meint immer dasselbe. Diese Umdrehung hat damals die Welt des Kindes erst entdeckt, und von dieser Grundeinstellung her ergaben sich die wichtigsten pädagogischen Begriffe, wie die Entwicklung der Individualität, Selbsttätigkeit und Selbstverwaltung, der Selbstwert jedes Moments im Zusammenhang des fortschreitenden Lebens, die Ausbildung des ganzen Menschen. In dieser Einstellung auf das subjektive Leben des Zöglings liegt das pädagogische Kriterium: was immer an Ansprüchen aus der objektiven Kultur und den sozialen Bezügen an das Kind herantreten mag, es muß sich eine Umformung gefallen lassen, die aus der Frage hervorgeht: welchen Sinn bekommt diese Forderung im Zusammenhang des Lebens dieses Kindes für seinen Aufbau und die Steigerung seiner Kräfte, und welche Mittel hat dieses Kind, um sie zu bewältigen? Insofern ist also jede Pädagogik Individualpädagogik. Diese Drehung von der objektiven Kultur zur Lebendigkeit des Subjekts gilt aber nicht bloß dem Einzelindividuum gegenüber, sondern auch gegenüber dem Volk als Gesamtindividualität. Auch hier ist das pädagogische Ziel nicht Verbreitung des Wissens um des Wissens willen oder die Entwicklung der Leistungskraft für wirtschaftliche Zwecke, sondern immer der lebendige Mensch und die Erweckung eines gesunden adligen geistigen Lebens in allen Volksgenossen, das dann ganz von selbst auch der Quell von Leistungen sein wird.

Aber hier tut sich gleich die Grundantinomie des pädagogischen Lebens vor uns auf, die die Grundantinomie auch des ethischen Lebens ist und auch die *Grenze* der Pädagogik sehen läßt. Hier ist das Ich, das sich aus sich und seinen Kräften entwickelt und sein Ziel zunächst in sich selbst hat, und dort sind die großen objektiven Inhalte, der Zusammenhang der Kultur und die sozialen Gemeinschaften, die dieses Individuum für sich in Anspruch nehmen und ihre eigenen Gesetze haben, die nicht nach Wille und Gesetz des Individuums fragen. Pädagogisch gewendet heißt das: das Kind ist nicht bloß Selbstzweck, sondern ist auch den objektiven Gehalten und Zielen verpflichtet, zu denen es hin erzogen wird, diese Gehalte sind nicht nur Bildungsmittel für die individuelle Gestalt, sondern haben einen eigenen Wert, und das Kind darf nicht bloß sich erzogen werden, sondern auch der Kulturarbeit, dem Beruf und der nationalen Gemeinschaft. Von hier aus ergibt sich „die Doppelendigkeit aller Erziehung", wie Fröbel das einmal nennt, ihr nachgehendes und ihr vorschreibendes Wesen; seit Schleiermacher bewegt sich die Pädagogik bewußt in dieser Spannung, und wir werden sehen, *wie diese Polarität nun alle einzelnen pädagogischen Verhältnisse und Leistungen durchdringt.* Es bleibt aber dabei, daß das individuelle Moment, wie Schleiermacher das nennt, gegenüber dem universalen *für den Erzieher* den entscheidenden Ton zu tragen hat: *er ist verantwortlich für das Subjekt.*

Der geistige Prozeß besteht darin, daß sich immerfort aus dem lebendigen Grunde des Subjekts in seinem Dasein mit anderen Subjekten Formen herausheben, die, an sich bedeutungsvoll und gültig, zur Norm des Lebens werden: Kunst, Wissenschaft, Recht, sie lösen sich von den Subjekten ab und erlangen eine eigene Existenz und unabhängige Autorität. Die Kultur hat sich verobjektiviert und den Subjekten gegenübergestellt, die jetzt ihrem Werk dienen sollen. Aber „die Kultur dauert nur, wenn sie beständig aus der Quelle der erlebenden Subjekte gespeist wird. Ist dieser Zufluß unterbrochen und die Kultur vom schöpferischen Bewußtsein abgeschnürt, so vertrocknet und verödet sie bald" (Ortega y Gasset). *Es ist die große Leistung der Pädagogik im Haushalt des geistigen Lebens, daß sie die von Generation zu Generation regelmäßig einsetzende Verobjektivierung immer wieder aufhebt in der neuen Jugend,* so daß die „Bücher leben" und die Kultur spontane Bildung wird.

Aus: Herman Nohl: Die pädagogische Bewegung in Deutschland und ihre Theorie. Frankfurt/M. 1983, S. 126–128

6.2 Erziehungsverständnis in Bildern und Texten

(Vergleichen Sie zu dieser Thematik II.2 Sprichwörter und Bilder dokumentieren das Erziehungsverständnis, S. 111)

Unterricht in einer Latein-schule. Holzschnitt aus dem Jahr 1592. Die Schüler waren in drei Haufen eingeteilt: Der erste Haufen lernte das Lesen und Schreiben mit Hilfe einer gedruckten lateinischen Fibel. Der zweite Haufen erwarb einen ersten lateinischen Wortschatz, während sich der dritte mit lateinischen Schriftstellern beschäftigte.
Auf unserem Holzschnitt tritt ein Haufen vor dem Lehrer zum „Verhör" an, ein Gehilfe ist in „gebürlicher weiß" dabei, die „Rutten straffen" zu vollziehen.

Jan Steen: Die Dorfschule. Dublin, National Gallery of Ireland: Der niederländische Maler Jan Steen (1626–1679) führt uns in eine Dorfschule des 17. Jahrhunderts. Der Schulmeister bedient sich des „Pritschholzes" als pädagogisches Mittel.

Wandernde Menagerie in der Schule. Holzstich nach einem Gemälde von W. Schütze, um 1874. Privatbesitz.
Eine wandernde Menagerie brachte Leben in den grauen Schulalltag des 19. Jahrhunderts, der durch mechanisches Memorieren und steriles Buchwissen gekennzeichnet war.

Alle 14 Tage 1 Nummer. Halbjährlich 75 Pfg. (Kr 1,20). Durch jede Buchhandlung beziehbar. Direkt von Donauwörth halbjährlich mit Verpackung u. Porto Mk. 1,55, in Oesterreich=Ungarn Kr. 2,90. Einzelnummer 10 Pfg. (16 Hl.) u. Porto.

Titelblatt des „Schutzengels". Im Jahr 1875 gründete der Volksschullehrer und Volksschrift-steller Ludwig Auer (1839–1914) die Kinderzeitschrift „Schutzengel". Er versuchte darin, über Dichtung und Prosa die kleinen Leser ethisch und religiös zu erziehen. Die Zeitschrift erwies sich als erfolgreich; sie war im gesamten deutschen Sprachraum bei katholischen Familien verbreitet.

Franz Schuhwerk: Mutter und Kind bei der Hausarbeit. Holzstich, Augsburg 1918.

Co Westerik: Schulmeister mit Kind. 1961, Öl auf Leinwand. Naarden, Holland, Sammlung Agnes und Frits Becht.
Die Werke des Niederländers Co Westerik (geb. 1924) werden gerne dem magischen Realismus zugeordnet. Das Gemälde löst beim Betrachter Betroffenheit aus.

■ Eckige Kinder

Meine Damen und Herrn! Ich habe jetzt endlich die Lösung. Und zwar: Eckige Kinder! Ja – Sie haben schon richtig gehört. Eckige Kinder!

Keine runden oder ovalen oder flachen. Nein – eckige! Die sind nämlich viel leichter zu stapeln. Und rollen nicht so leicht herunter. Sie werden ja sicherlich schon gehört haben, daß in letzter Zeit die Zahl der Kinder, die immer überall herunterrollen, wieder in erschreckendem Maße gestiegen ist. Kaum hat man eines irgendwo hingelegt und sich für ein paar Sekunden umgedreht – schwups – schon fällt es aus der Rolle. Und tut sich dabei vielleicht auch noch weh. Und deshalb sage ich: Eckige Kinder sind das einzig Wahre! Rationell, pflegeleicht, verpackungsfreundlich und vor allem: anständig! Diese Kinderrollbarkeit muß endlich aufhören. Außerdem – so paradox das klingt – eckige Kinder können nirgends anecken. Vor allem dann nicht, wenn man sie richtig und ordentlich auf Kante ausrichtet. Dann stehen sie da, Kante an Kante, Ecke an Ecke, und rühren sich nicht. Und erst die Platzersparnis bei der Lagerung. In den Kindergärten und Schulen. Es ist nämlich erwiesen:

Runde Kinder brauchen mehr Platz als eckige! Ist ja auch ganz klar. Nicht umsonst gibt es – beispielsweise im Transportwesen – keine runden Kisten. Weil das zuviel Platz wegnimmt. Und dann noch etwas – und das ist eigentlich der wichtigste Punkt meines Anliegens:

Runde Kinder wachsen viel zu schnell und unkontrolliert. Nach allen Seiten oder nur nach einer... Sie wissen schon, wie es ihnen halt gerade paßt. Das geht nicht! Das muß aufhören! Das muß wieder in geordnete Bahnen gelenkt werden! Und darum spreche ich es heute – jetzt und hier – ganz klar und deutlich aus: Eckige Kinder sind eine unabdingbare Notwendigkeit, um die nicht länger herumgeredet zu werden braucht. Das muß einmal gesagt werden. Auch wenn das vielleicht heutzutage unpopulär sein mag. Nur eckige Kinder ergeben später einmal zackige Staatsbürger, die sich einordnen können. Und solche brauchen wir. Das Runde an sich – ich meine – das Runde an sich, nicht? Das ist ja schon irgendwie suspekt. Kurven und Krümmungen, da weiß man doch schon, was man davon zu halten hat. Das führt dann wieder zu Anarchie und Revolution, zu Aufsässigkeit und Widerstand. Es heißt schließlich nicht umsonst: Früh krümmt sich, was ein Häkchen werden will. Und solche Häkchen haben wir ja schon zur Genüge! Nein, nein und nochmals nein! Wir haben ja gesehen, wo solche runden Sachen hinführen! Nicht wahr? Und schließlich kann man nicht so einfach alles, was aus der Vergangenheit – bitte, ich meine dieses Wort ganz wertfrei, ja –, also aus der Vergangenheit kommt, als schlecht abtun! Als man zum Beispiel noch glaubte, daß die Erde eine Scheibe sei, da hatten es die Leute doch schon irgendwie einfacher und waren nicht so verunsichert. Das muß man auch einmal so sehen. Es gibt nämlich sozusagen irgendwie ganz einfach Erkenntnisse, die sind nicht gut für die Menschen. Und schon gar nicht für Kinder. Und Kinder sind ja auch Menschen. Und außerdem: unser höchstes Gut! Und das muß geschützt werden! Das sag' ich doch schon immer!

92

Die Kinder und der edle Wein, die wollen gut gelagert sein! möchte ich da ganz bewußt poetisch werden dürfen!

Eckige Kinder sind ein Garant für eine bessere Zukunft. Und für eine freundlichere Umwelt. Eine eckige sozusagen! Da ist es denn eben nicht mehr möglich, daß einer nicht die Kurve kriegt! Weil es dann keine Kurven mehr gibt. Das ist logisch.

Eckige Kinder bedeuten Sicherheit! Absolute Sicherheit. Und die brauchen wir heute mehr denn je! Eben! Ich danke Ihnen für Ihre geschätzte Aufmerksamkeit!

Georg Danzer: Eckige Kinder. In: Gisela Klempt-Kozinowski, Helmut Koch, Luise Scherf, Heike Wunderlich (Hrsg.): Die Frauen von der Plaza de Mayo. Lesebuch Menschenrechte. Baden-Baden 1984, S. 69 ff.

Die pädagogische Verantwortung für das Subjekt, für den einzelnen, gestaltet Erziehung „als Vorwegnahme und Herbeiführung neuartiger Lebensformen im zu erziehenden Menschen (und) will zu noch unerschlossenen Lebensmöglichkeiten befreien" (Weber 1974, S. 72).

■ Bei der wechselseitigen Beeinflussung von Gesellschaft und Erziehung erwächst der Pädagogik eine doppelseitige und konfliktreiche Aufgabe, die sich ganz allgemein mit dem Begriffspaar „Anpassung und Widerstand" bezeichnen läßt... Die Erziehung hat also jene Lernhilfen zu bieten, die den einzelnen einerseits befähigen, den berechtigten soziokulturellen Anforderungen der modernen Welt zu entsprechen. Sie hat ihm aber andererseits auch jene Gegenkräfte zu verleihen, die er benötigt, um sich dem totalen Anpassungsdruck entziehen, in die gesellschaftlichen Konflikte aktiv einschalten und am sozialen und kulturellen Wandel verantwortlich mitwirken zu können.

Auch in pädagogischer Hinsicht darf weder die Konformität noch die Autonomie absolut gesetzt werden.

Aus: Erich Weber: Pädagogik. Eine Einführung. Band 1: Grundfragen und Grundbegriffe. Donauwörth 1974, S. 77

Der rasche Wandel „des Welt- und Zeitbewußtseins" (Andreas Flitner) verunsichert viele Erzieher. Die politischen und sozialen Erschütterungen unserer Epoche erreichen auch die Erziehung. Sie machen ihren Boden unsicher und ziehen das Selbstbewußtsein der Erzieher in Mitleidenschaft.

Alle Erziehung (sogar die programmatische Nicht-Erziehung) geht ja doch von der Hoffnung aus, daß es besser werden möge, daß in den Kindern ein neuer Anfang, neue Möglichkeiten uns gegenübertreten und daß aus unserem eigenen Leben das Bessere, das Vernünftigere und Humane in ihnen zur Geltung kommen kann (Andreas Flitner 1985, S. 145)

(Vgl. dazu auch I.3.1 Wie wir das Kind sehen, so gestalten wir seinen Weg, S. 23 ff. und I.3.2 „Was Kinder brauchen" – Anforderungen an den Erzieher, S. 26 ff.

■ Unsere Kinder wachsen in unserer Kultur und Gesellschaft auf, sie müssen darin leben und sich bewegen können, und sie wollen es auch. Alles, was sie lernen, das mehrt und stärkt zunächst ihre gesellschaftliche Tüchtigkeit. Aber mehrt und stärkt es auch ihre Person, ihr eigenes Wollen und Denken, ihr „Selbstsein" oder ihr „Ich"? Das ist die zentrale Frage für die Erziehung. Ihre Aufgabe und Berechtigung kann keinesfalls nur darin liegen, was sie als Anpassung für die Gesellschaft leistet, im Einüben der Rollen und im Übermitteln der Ordnung und Tradition: Das alles könnte die Gesellschaft mit ihren Institutionen, Ordnungen und Zwängen auch selber zustande bringen... Das Wichtigste für die Qualität der Erziehung ist also die Weise, wie Eltern und Erzieher dem Kind helfen, sich selbst zu finden und die eigene Person lernend zu entfalten.

Aus: Andreas Flitner: Konrad, sprach die Frau Mama... Über Erziehung und Nicht-Erziehung. München 1985, S.151

▷ Die pädagogischen Konzepte von Fröbel und Montessori sind für den Elementarbereich heute noch richtungweisend. Bitte notieren Sie dazu Ihre eigenen Erfahrungen aus Ihren Praktika!

Obwohl innerhalb der Erziehungswissenschaften das Erziehungsverständnis, das Kind als Subjekt zu sehen, nachdrücklich betont wird, geschieht es immer wieder, daß das Kind doch als Objekt behandelt wird.

▷ Bitte notieren Sie dazu Ihre eigenen Beobachtungen!

▷ Erstellen Sie eine zusammenfassende Übersicht über die Entwicklung der Elementarpädagogik innerhalb der unterschiedlichen Epochen, und versuchen Sie bitte, die bis heute gültigen Grundeinsichten herauszuarbeiten! Das kann in Form einer Graphik geschehen, in Einzel- oder Gruppenarbeit.

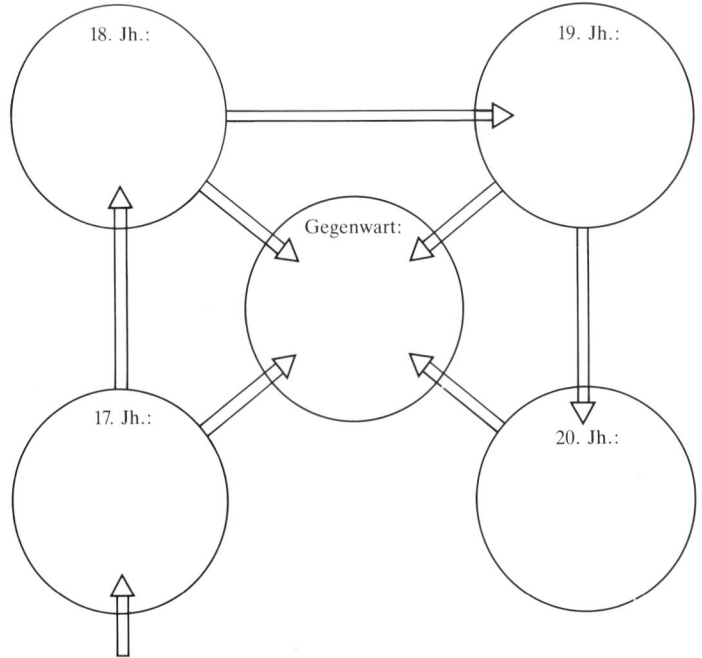

Literatur zu I

Allgemeine Bestimmungen über die Kleinkinder-Bewahr-Anstalten. München, 17. Oktober 1839. Stadtarchiv Augsburg 2/1066

Berger, Peter, Conrady, Bettina: Im reichsten Land Europas für jedes 4. Kind ein Platz im Kindergarten. In: Welt am Sonntag Nr. 30 vom 23. Juli 1989

Blättner, Fritz: Geschichte der Pädagogik. Heidelberg: Quelle & Meyer 1951

Bollnow, Otto Friedrich: Die pädagogische Atmosphäre. Heidelberg: Quelle & Meyer 1964

Bollnow, Otto Friedrich: Die Pädagogik der deutschen Romantik. Stuttgart: Klett-Cotta 1977

Böhm, Winfried: Wörterbuch der Pädagogik. Stuttgart: Kröner 1988

Bronfenbrenner, Urie: Soziale Umweltzerstörung. In: Neue Sammlung 21 (1981)

Buber, Martin: Über das Erzieherische. In: Martin Buber. Werke, Band 1: Schriften zur Philosophie. München: Kösel 1962, S. 767–808

Bund-Länder-Kommission für Bildungsplanung: Bildungsgesamtplan, Band 1. Stuttgart 1973

Coleman, James S.: Die Zukunft für Kinder und Jugendliche. In: Schweitzer, Friedrich, Thiersch, Hans (Hrsg.): Jugendzeit – Schulzeit. Weinheim, Basel: Beltz 1983, S. 56–77

Coleman, James S.: Die asymmetrische Gesellschaft. Vom Aufwachsen mit unpersönlichen Systemen. Weinheim, Basel: Beltz 1986

Deutscher Bildungsrat, Bildungskommission: Bericht '75. Stuttgart: Klett 1975

Diakonisches Werk der Evangelisch-Lutherischen Kirche in Bayern (Hrsg.): Zum Thema: Familie. Eine Arbeitshilfe. Nürnberg 1988

Ehrhardt, Angelika: Mit Kindern leben – in Institutionen? In: Theorie und Praxis der Sozialpädagogik. Hrsg. von der Evangelischen Bundesarbeitsgemeinschaft für Sozialpädagogik im Kindesalter. 19 (1983), Heft 5, S. 251–254

Erning, Günter (Hrsg.): Quellen zur Geschichte der öffentlichen Kleinkindererziehung. Kastellaun: Henn 1976

Erning, Günter, Neumann, Karl, Reyer, Jürgen (Hrsg.): Geschichte des Kindergartens. Bd. 1: Entstehung und Entwicklung der öffentlichen Kleinkindererziehung in Deutschland. Von den Anfängen bis zur Gegenwart. Bd. 2: Institutionelle Aspekte, systematische Perspektiven, Entwicklungsverläufe. Frankfurt/M.: Lambertus 1987

Erning, Günter, Neumann, Karl, Reyer, Jürgen (Hrsg.): Geschichte des Kindergartens 1 und 2; Bilder aus dem Kindergarten. Frankfurt/M.: Lambertus 1987

Fischer, Aloys: Erziehung als Beruf. In: Kreitmaier, Karl (Hrsg.): Aloys Fischer. Leben und Werk. Band 2. München o. J.: Bayerischer Schulbuchverlag, S. 31–71

Flitner, Andreas: Konrad, sprach die Frau Mama . . . Über Erziehung und Nicht-Erziehung. München: Piper 1985

Flitner, Wilhelm: Allgemeine Pädagogik. Stuttgart: Klett, 11. Aufl. 1966, auch in: Erlinghagen, Karl, Flitner, Andreas, Hermann, Ulrich (Hrsg.): Wilhelm Flitner, Gesammelte Schriften. Band 2: Pädagogik. Paderborn: Schöningh 1983, S. 123–310

Flitner, Wilhelm: Erziehung. In: Galling, Kurt u. a. (Hrsg.): Die Religion in Geschichte und Gegenwart. Band II. Tübingen: Mohr & Siebeck, 3. Aufl. 1958, S. 631–638

Flosdorf, Peter (Hrsg.): Theorie und Praxis der stationären Jugendhilfe. Band 1: Konzepte in Heimen der Jugendhilfe. Freiburg: Lambertus 1988

Fröbel, Friedrich: Mutter-, Spiel- und Koselieder. Berlin: Volkseigener Verlag 1984

Groothoff, Hans-Hermann: Funktion und Rolle des Erziehers. München: Juventa 1972

Grossmann, Wilma: Zur Geschichte der Vorschulpädagogik. In: Dollase, Rainer (Hrsg.): Handbuch der Früh- und Vorschulpädagogik. Band 1. Düsseldorf: Schwann 1978, S. 19–39

Haus der Bayerischen Geschichte (Hrsg.): Hefte zur Bayerischen Geschichte und Kultur. Band 1/2: Augsburg auf dem Weg ins Industriezeitalter. München: Oldenbourg 1985

Hederer, Josef: Pädagogik. Überlegungen zur Erziehung. München: Olzog 1981

Hederer, Josef, Köth, Marlis: Praxis und Methodenlehre. Teil 1: Institutionenkunde. München: Bardtenschlager o. J.

Hederer, Josef, Tröger, Walter (Hrsg.): Pädagogik für Erzieher. III. München: TR Verlagsunion, 3. Aufl. 1977

Heitkamp, Hermann: Sozialarbeit im Praxisfeld Heimerziehung. Neuwied: Luchterhand 1984

von Hentig, Hartmut: Vorwort zu: Philipp Ariès: Geschichte der Kindheit. München, Wien: Hanser 1975, S. 7–44

Herzka, Heinz Stefan: Schule im Widerspruch. Vortrag, gehalten am 31. 8. 1985 in Landau. Veröffentlicht in: Erziehungswissenschaftliches Fort- und Weiterbildungsinstitut der evangelischen Kirchen Rheinland-Pfalz (Hrsg.): Didaktischer Service. Landau 1985

Hofmeier, Johann: Religiöse Erziehung im Elementarbereich. Ein Leitfaden. München: Kösel 1987

Hoof, Dieter: Handbuch der Spieltheorie Fröbels. Untersuchungen und Materialien zum vorschulischen Lernen. Braunschweig: Westermann 1977

Institut für Frühpädagogik und Familienforschung (Hrsg.): Nachrichtendienst 3, Nr. 10, 3. Jahrgang, München 1987

Kellmer Pringle, Mia: Was Kinder brauchen. Stuttgart: Klett 1979

Königliches Staatsministerium des Inneren für Kirchen- und Schulangelegenheiten: Entwurf Allgemeiner Bestimmungen über Errichtung und Betrieb von Kleinkinderbewahranstalten. 1905. Stadtarchiv Augsburg 29/194

Klempt-Kozinowski, Gisela, Koch, Helmut, Scherf, Luise, Wunderlich, Heike (Hrsg.): Die Frauen von der Plaza de Mayo. Lesebuch Menschenrechte. Baden-Baden: Signal 1984

Langeveld, Martinus J.: Schule als Weg des Kindes. Braunschweig: Westermann 1960

Langeveld, Martinus J.: Studien zur Anthropologie des Kindes. Tübingen: Niemeyer, 3. Aufl. 1968

Langeveld, Martinus J.: Einführung in die theoretische Pädagogik. Stuttgart: Klett, 6. Aufl. 1966

Lenzen, Dieter (Hrsg.): Pädagogische Grundbegriffe. Band 1: Aggression – Kulturpädagogik. Reinbek: Rowohlt (rororo Enzyklopädie, 487) 1989, S. 705–709

Löffler, Karl: Ludwig Richter, Moritz von Schwind, Carl Spitzweg Album. Drei deutsche Malerpoeten. Leipzig: Georg Kummer's Verlag o. J.

Mollenhauer, Klaus: Vergessene Zusammenhänge über Kultur und Erziehung. München: Juventa 1983

Mollenhauer, Klaus: Einführung in die Sozialpädagogik. Probleme und Begriffe der Jugendhilfe. Weinheim, Basel: Beltz, 6. Aufl. 1976

Müller-Kohlenberg, Hildegard: Heimerziehung. In: Roth, Leo (Hrsg.): Handlexikon zur Erziehungswissenschaft. München: Ehrenwirth 1976, S. 219–221

Nohl, Herman: Die pädagogische Bewegung in Deutschland und ihre Theorie. Frankfurt/M.: Schulte-Bulmke 1983

Oswald, Paul, Schulz-Benesch, Günter: Maria Montessori: Schrifttum und Wirkkreis. Grundgedanken der Montessori-Pädagogik. Freiburg: Herder, 9. Aufl. 1989

Prüfer, Johannes (Hrsg.): Friedrich Fröbel: Mutter-, Spiel- und Koselieder. Leipzig: Wiegant 1927

Reyer, Jürgen: Entstehung, Entwicklung und Aufgaben der Krippen im 19. Jahrhundert in Deutschland. In: Zeitschrift für Pädagogik 28 (1982), Heft 5, S. 715–736

Reyer, Jürgen: Wenn die Mütter arbeiten gingen . . . Eine sozialhistorische Studie zur Entstehung der öffentlichen Kleinkindererziehung im 19. Jahrhundert in Deutschland. Köln: Pahl Rugenstein 1983

Röbe, Heinrich J.: Die Verantwortung der Pädagogik für das Kind. Eine gemeinsame Aufgabe für Wissenschaft und Schule. In: Röbe, Edeltraud (Hrsg.): Schule in der Verantwortung für Kinder. Langenau, Ulm: Armin Vaas 1988, S. 157–173

Röbe, Heinrich J.: Der Hort – die bessere Familie? Gedanken zur Erziehung im Hort. In: Bayerischer Landesverband katholischer Kindertagesstätten e. V. (Hrsg.): Rundbrief 1988, S. 195–206

Süßmuth, Rita: Wandlungen und Struktur der Erwerbstätigkeit und ihr Einfluß auf das Familienleben. In: Nave-Herz, Rosemarie (Hrsg.): Wandel und Kontinuität der Familie in der Bundesrepublik Deutschland. Stuttgart: Enke 1988

Weber, Erich: Autorität im Wandel. Autoritäre, antiautoritäre und emanzipatorische Erziehung. Donauwörth: Auer 1974

Weber, Erich: Pädagogik. Eine Einführung. Band 1: Grundfragen und Grundbegriffe. Donauwörth: Auer 1974

Wirth, Johann Georg: Über Kleinkinderbewahr-Anstalten. Eine Anleitung zur Errichtung solcher Anstalten sowie zur Behandlung der in denselben vorkommenden Lehrgegenstände, Handarbeiten, Spiele und sonstigen Vorgänge. Augsburg 1838

II. Pädagogisch verantwortetes Handeln

1. Erziehend sind wir in eine Situation gestellt

1.1 Jede Begegnung von Mensch zu Mensch schafft eine Situation

Janusz Korczak hat folgende Gedanken zur Heimerziehung gesammelt:

■ Der du als Gast zufällig daherkommst, sieh dir einmal die Kinder an, die abseits stehen.
Irgendwo im Schatten eines, das finster dreinblickt, einen Finger mit einem Läppchen umwickelt. Zwei ältere, die ironisch lächelnd miteinander flüstern und euch mit aufmerksamen Blicken verfolgen. Einige sind so beschäftigt, daß sie den fremden Besuch gar nicht bemerken. Ein anderes tut absichtlich so, als lese es, damit man es nicht mit den üblichen Fragen belästigt. Wieder ein anderes benutzt die Gelegenheit, wenn der Erzieher beschäftigt ist, und macht sich aus dem Staube, um ungestraft etwas anstellen zu können.
Da ist auch eines, das wartet ungeduldig, bis du kommst, denn es möchte den Erzieher etwas fragen. Ein anderes kommt gerade deswegen näher heran, weil es gesehen werden will. Ein drittes lauert darauf, um als letztes ganz allein bei euch zu sein; denn es weiß, daß der Erzieher dann wieder einmal sagen wird: „Das hier ist unser Sänger, das unsere kleine Hausfrau und das ein Opfer einer tragischen Geschichte." Unter dem gleichen Kittel schlagen hundert verschiedene Herzen, und jedes einzelne ist für dich schwierig, bedeutet andere Mühen, andere Sorgen und Befürchtungen. Hundert Kinder – hundert Menschen, die nicht irgendwann einmal, sondern schon jetzt, schon heute Menschen sind. Keine Liliputwelt, sondern eine richtige Welt mit ihren Werten, Tugenden, Lastern, Bestrebungen und Wünschen, die durchaus nicht klein und gering, sondern wichtig sind, und nicht unschuldig, sondern eben menschlich.
Anstatt zu fragen, ob sie einen liebhaben, frag lieber, woher es kommt, daß

sie gehorchen, Ordnung halten, den Stundenplan beachten und miteinander auskommen.

Aus: Janusz Korczak: Wie man ein Kind lieben soll. Hrsg. von Elisabeth Heimpel und Hans Roos. Göttingen, 2. Aufl. 1969, S. 162

▷ Längst bevor erzogen wird, baut sich ein kompliziertes Netz der Beziehungen zwischen Erzogenem und Erzieher auf.

In der Reflexion über Ihre eigene Erziehung werden Sie solche erwartungsvollen Situationen sich vergegenwärtigen können: erster Schultag, neue Lehrkraft, zum ersten Mal in der Kindergartengruppe . . .

Ernst Lichtenstein beschreibt diese Augenblicke. Er hebt sie als eine besondere Situation heraus:

■ Bevor der Erzieher sich als „dieses Individuum", dieser Einzelne mit seinen Absichten und Zwecken aus dem Verhältnis heraushebt, bevor der Zögling mit dieser Anlagestruktur, spezifischen Bildsamkeit und Wesensart sichtbar wird, ja bevor ein Lehrinhalt als Bildungsgut normierend wirken kann, ist bereits ein Gewebe von Kontakten, eine Feldstruktur gegenseitiger Beziehungserfassungen, Anmutungsqualitäten, Kundgebungen und Antwortreaktionen da, die in dem Erziehungsvorgang selbst akzentuiert und integriert werden. Eine ganzheitliche Situation von Erwartungsspannungen und Aufforderungsqualitäten, von spezifischer „Nähe" (zugehen auf . . ., handeln mit . . .) und spezifischer Entrücktheit und „Distanz" (Unterschiedenheit an Geltung, Autorität, Gegenübersein), eine spezifische Verkehrs- und Ansprachesituation liegt bereits vor den einzelnen Akten des Erziehers, bereits in der Begegnung von Mensch zu Mensch . . .

Aus: Ernst Lichtenstein: Vom Sinn der erzieherischen Situation. In: Albert Schnitzer (Hrsg.): Der pädagogische Bezug – Grundprobleme schulischer Erziehung. München 1983, S. 78

▷ Die Einsicht in diesen „ersten Augenblick" der Erziehung gibt Ihnen Hinweise auf viele Augenblicke erzieherischen Handelns: Wesentliches hängt nicht am erlernbaren Wissen.

1.2 „Ich kann so gut mit Kindern umgehen, deshalb habe ich den Erzieherberuf gewählt"

Möglicherweise standen am Anfang Ihres Berufswunsches gute Erfahrungen mit sich im Verhältnis zu Kindern. Diese Erfahrungen haben sich gehäuft und wurden Ihnen immer bewußter. Ohne es so recht zu begreifen, waren Sie als Erzieherin oder als Erzieher erfolgreich (und das ganz ohne Ausbildung). Erziehung geschah durch Sie zunächst ungeplant, intuitiv.

■ Erziehend sind wir in eine Situation gestellt. Diese ist uns entweder durch unseren Stand im Leben, in den Ordnungen des beruflichen Daseins gegeben, und es gilt, sie zu erkennen und zu erfassen. Oder wir drängen uns aus innerer Neigung hinein und suchen sie, ihren Sinn in der Einbildung antizipierend[1] auf. Als Vater und Mutter („unser Kind"), als Lehrer („meine Klasse"), als Meister („dieser Lehrling soll von dir lernen!"), als ältere Geschwister („Du bist die Große"), als ältere Generation („die nach uns kommen, sollen uns ersetzen!") ist uns die Situation vorgegeben...
Ernst Lichtenstein: Ebd., S. 78

Für die Erziehung ist die Begegnung zwischen Erzogenem und Erziehendem entscheidend. Deshalb wird von dieser Begegnung deutlicher als „erzieherischer Situation" und manchmal auch vom „pädagogischen Bezug" gesprochen.
Natürlich ist nicht jede Beziehung zwischen einem Kind und einem Erwachsenen, zwischen einem Jüngeren und einem Älteren sofort ein Erziehungsverhältnis.

Aber:

■ Erziehung ist ein bestimmtes Verhältnis der Mitmenschlichkeit und zuerst danach zu befragen: Was geschieht mit uns, was entscheidet sich mit uns in der Situation der erzieherischen Begegnung?
Ernst Lichtenstein: Ebd., S. 78

„Erziehung geschieht nicht abstrakt und nach vorher aufgestellten Grundsätzen. In konkreter Lage hat sich verantwortliches Handeln zu bewähren", betont Ernst Lichtenstein. Das bedeutet, daß Erzieher und Heranwachsender eine Verbindung eingehen, in der die Umstände wie auch die Gegenwart und die Zukunft und dazu die jeweils andere Person einbezogen werden. Dieses Verhältnis ist „substantiell nicht faßbar" (E. Röbe 1977, S. 231), sondern nur anthropologisch, d. h. nur im besonderen, menschlichen Beziehungsgeflecht, bestimmbar. Ein Erzieher wird *der* Erzieher im Austausch mit *diesem* Kind, und *diese* Kinder wachsen heran aus der Begegnung mit *dieser* bestimmten Erzieherperson. Raum und Zeit, der andere Mensch und die eigenen Gedanken erfordern einen ständigen Bezug aufeinander. Sie sind vom Erzieher auf ihre Wechselwirkungen zu reflektieren, so daß ein Geben und Nehmen und Bewirken entsteht: Erziehend sind wir in eine Situation gestellt.

1.3 Handeln wächst aus der erzieherischen Situation

Selbstverständlich gibt es den ganz unbefangenen Umgang, der aus der Freude an der Gegenwart lebt. Nur: Jede dieser Begegnungen trägt in sich die Möglichkeit,

---

1 antizipierend: vorwegnehmend

sich zu verwandeln: Was geschieht, wird wahrgenommen; auf einmal ist eine Entscheidung zu treffen. Die Begegnung kann in die „fordernde Erziehungssituation" umschlagen. Ein Kind braucht Hilfe, um sich selbst ausdrücken zu können mit seinen Bedürfnissen und Ängsten. In einem anderen Augenblick geht das Gespräch oder das Spiel oder eine andere Handlung ganz unmerklich über in eine „unterstützende" oder auch eine „gegenwirkende" Tätigkeit. Und damit ist die intentionale Erziehungssituation bereits geschaffen. (Vgl. dazu I 2.3 Umgang und Erziehung, S. 20 ff.)

In ihrem Kinderbuch „Sonntagskind" erzählt Gudrun Mebs von einem Mädchen aus einem Kinderheim, das eine sogenannte „Sonntagsmutti" erhält. Das Kind möchte nun wenigstens an den gemeinsamen Sonntagen diese erste und einzige Bezugsperson Ulla, eine Kinderbuchautorin, ganz allein für sich haben. Das Mädchen berichtet:

■ Sie spielt, als würde sie an was ganz anderes denken. Nicht ans Spiel und auch nicht an mich. Das sehe ich ihr an. Was hat sie denn? Dauernd gewinne ich, das macht überhaupt keinen Spaß, weil sie so dämlich spielt. Ich höre einfach auf... Auf mich kann sie doch gar nicht sauer sein, heute war doch nichts, nichts Schlimmes. Und da dämmert mir was! Ich bin nicht schuld, sondern der Telefonierer. Vorher war sie lieb, und hinterher ist sie komisch. Blöder Telefonierer! Ich krieg' eine Wut. Ich nehme den Würfel und schmeiße ihn auf den Boden und meine Spielfiguren hinterher... Da schaut die Ulla endlich auf, da merkt sie endlich, daß ich hier bin... Und da lege ich los. Daß ich nicht will, daß sie so lange telefoniert, und für den aufgeräumten Bücherturm hat sie mich auch nicht gelobt, und gespielt hat sie ganz miserabel, und ich hab' überhaupt nicht spielen wollen, und überhaupt hab' ich sie doch was gefragt, und sie hat nicht geantwortet... Und überhaupt...
Die Ulla hört zu. Sie hält meine Hand fest... Und dann sagt sie, daß sie traurig ist. Weil das Telefon uns gestört hat. Es war der Christian, ihr Freund. Er wollte mit ihr Kaffeetrinken gehen, und sie kann doch nicht, weil ich da bin, und sie möchte ja auch, daß ich da bin, aber dem Christian, dem paßt das nicht, der möchte sie lieber alleine für sich haben, und nun weiß sie auch nicht, wie das alles so ist. Oder wird.
So ist das. Jetzt weiß ich Bescheid, das hätte sie mir aber doch auch gleich sagen können. Meine Wut ist weg... Sie tut mir leid. Weil der Christian so blöd ist und sie ärgert. Das darf der nicht... Ich gehe zu ihr hin und sage ihr, sie soll sich nichts draus machen, sie hat ja jetzt mich. „Ja eben", sagt die Ulla und lacht ein bißchen schief, und dann wird sie wieder fröhlich. Schlagartig. So ist das bei ihr.
Sie räumt das Spiel weg, ich helfe ihr dabei, und dann machen wir uns einen Kakao. Gemeinsam. Einen richtigen, nicht bloß so einen, wo man nur das Pulver in die Milch rühren muß. Wir schütten richtiges Kakaopulver mit Zucker zusammen, Ulla gießt einen Schwapp Milch dazu, und ich rühre, bis es einen braunen Brei gibt, den kippen wir in einen Topf mit heißer Milch und rühren beide herum, damit's nicht anbrennt.

Es brennt aber doch an, weil nämlich grad beim Rühren das Telefon klingelt. Schon wieder. Ich halte schnell die Ulla am Bademantel fest. Sie soll nicht zum Telefon gehen. Das ist sicher wieder der Christian, und der ärgert sie doch bloß. „Nicht telefonieren", sage ich und halte sie fest und vergesse das Rühren, und die Ulla vergißt es auch, und da läuft der Kakao über, und es zischt und stinkt, und das Telefon klingelt wie verrückt.

Ich halte die Ulla am Bademantelzipfel. Der Kakao ist kaputt, das ist mir egal. Hauptsache, sie geht nicht ans Telefon. Die Ulla seufzt tief auf: „Verflixt nochmal", reißt den Topf vom Herd und kippt das Angebrannte in den Ausguß. Ans Telefon geht sie nicht.

Ich muß grinsen. Soll er doch klingeln, bis er schwarz wird. Die Ulla bleibt bei mir.

„Doofer Christian", sage ich laut, da ist das Telefon still.

„He!" sagt die Ulla und droht mit dem Topf, „nun aber mal stopp!"

„Ist doch wahr", sage ich, und die Ulla grinst...

Jetzt müssen wir Kakao aus der Dose trinken! Den mach' ich alleine. Das kann ich längst. Da brennt nichts an, auch wenn Telefone stören. Wir hocken uns an den Tisch...

Aus: Gudrun Mebs: Sonntagskind. Aarau, Frankfurt/M., Salzburg, 5. Aufl. 1985, S. 73 f.

▷ In der geschilderten Situation finden Sie Gespräch, Spiel und gemeinsame Arbeit. Daneben sind aber auch mehrere Übergänge von dieser Begegnungssituation in intentionale Erziehungssituationen. Sie können diese Augenblicke herausfinden und kennzeichnen.

▷ Möglicherweise hätte sich Ulla auch anders verhalten können.
   Was könnte ihr aber bei den gewählten Reaktionen wichtig gewesen sein?

Dazu Ernst Lichtenstein:

■ Es zeigt sich..., wie die Erziehungssituation, sobald sie entstanden ist, sofort beide Partner unter ein Drittes, einen zu verwirklichenden Sinn des Verhältnisses stellt, von dem her Freiheit und Verbundenheit sich neu und entwicklungsfähig artikulieren... Klärt sich die Erziehungssituation dann nach Nähe und Distanz zu einem Gefüge stabilisierter und normierter Beziehungen und Beziehungserfassungen ab, so ergeben sich die Spielregeln, nach denen dies Verhältnis durchgetragen wird, von selbst. Der erzieherische Bezug wird ja nicht hergestellt, er ist auch kein methodisches Mittel, sondern der Grund, auf dem Erziehung wächst und allererst annehmbar wird.

Ernst Lichtenstein: A. a. O., S. 79

1.4 Kind und Erzieher: Beide brauchen die echte erzieherische Situation

1.4.1 Die Gestaltung der erzieherischen Situation

In einem Lexikonartikel zum Begriff „Erziehung" nennt Groothoff die Vorgänge, die als Erziehung bezeichnet werden können. Dann aber weist er darauf hin, daß alle Planung und Zielsetzung auf dem erzieherischen Verhältnis aufbauen muß. Groothoff führt aus: Unter Erziehung versteht man das *Handeln* der älteren an der jungen Generation, dessen Zweck es ist, zwischen Jugend und Lebenswelt (Gesellschaft und Kultur) zu *vermitteln* und die Jugend zur Bewältigung ihrer zukünftigen je einzelnen und zugleich gemeinsamen Lebensaufgabe zu *befähigen*.

Unter dem Erziehungsziel der Mündigkeit als „verantwortlichem Verhalten gegenüber anderen und sich selbst" kann und darf der Erzieher aber mit seiner Person nicht prägen wollen, sondern nur *anleiten* und *beraten*. Damit entfernt sich Erziehung von Planung und Durchsetzung eines Erzieherwillens gegenüber dem Kind. In der erzieherischen Situation und deshalb nur mit dem Kind gemeinsam kann die erhoffte Entwicklung stattfinden.

Das aber ist nur möglich, wenn man sein erzieherisches Handeln auf die Entwicklung seines Zöglings auslegt, wozu aber nicht nur gehört, daß man etwas von solcher Entwicklung versteht, sondern auch, daß man immer neue pädagogische Analysen versucht, die den einen wie den anderen wie auch beider Gesamtsituation einbezieht. In der Erziehung geht es ungeachtet der Verschiedenheit beider Teile um ein *dialogisches Verhältnis*.

(Vgl. Hans-Hermann Groothoff: Erziehung. In: Lexikon für Eltern und Erzieher. Stuttgart 1973, Spalte 102, S. 127

1.4.2 Was Kinder brauchen

Die Gestaltung der jeweiligen Situation als für das Kind positiv erlebbare Situation hat Kellmer Pringle in einer englischen Untersuchung zu Erziehungsfragen herausgestellt (vgl. dazu I 3.2 „Was Kinder brauchen", S. 26 ff.).
Sie nennt vier Grundbedürfnisse des Kindes. In der Orientierung an diesen Grundbedürfnissen bewegt sich, ihrer Meinung nach, jede befriedigende Gestaltung eines erzieherischen Verhältnisses. Sie nennt
– das Bedürfnis nach Liebe und Geborgenheit,
– das Bedürfnis nach neuen Erfahrungen,
– das Bedürfnis nach Lob und Anerkennung,
– das Bedürfnis nach Verantwortung.

▷ Viele befriedigende, aber auch unbefriedigende Situationen im Elternhaus, im Kindergarten, in der Schule oder in einer anderen Institution hängen mit der Erfüllung bzw. Nichterfüllung dieser Bedürfnisse zusammen. Langeweile und Unlust, Begeisterung für eine Sache und Freude in einer Gemeinschaft hängen gleichermaßen von den genannten Faktoren ab. Können Sie das überprüfen?

1.4.3 Die Signaturen der erzieherischen Situation

Ernst Lichtenstein nennt eine befriedigende erzieherische Beziehung eine „echte erfüllte erzieherische Situation" (S. 84). Sie wird geprägt von der „Echtheit", die zwischen Erzieher und Kind gestaltet wird. Echtheit entsteht durch
- Gegenwärtigkeit,
- Vertrauen,
- Wahrhaftigkeit,
- dialogische Verbundenheit.

Gegenwärtigkeit

■ ... wenn die erzieherische Situation etwas tut, so setzt sie uns in Gegenwart, fordert unseren Einsatz heraus, zwingt uns zur Entscheidung und zum Handeln und verbietet uns zugleich die Beliebigkeit, bindet uns an das Hier und Jetzt und macht es uns unmöglich, uns aus der Verantwortung zurückzuziehen... In diesem erzieherischen In-Situation-Sein nimmt uns keine Bildungslehre und keine Psychologie die Entscheidung aus dem unmittelbaren Betroffensein durch die gegenwärtige Lage des anderen ab. Unser Handeln „am" anderen ist dann nur echt, wenn es dieser nicht wiederkehrenden und so unvorhersehbaren Situation entspricht und gerecht wird. Die Nötigung zum echten „entsprechenden" Handeln verlegt uns die Flucht in die Vergangenheit, in das Ersatzhandeln aus Gewohnheit, Schema, Routine, aber auch die Flucht in die Zukunft, das Vorher-Fertigsein mit einem Menschen, das „Über-ihn-im-Bilde-Sein", das starre Festhalten an Plänen, Musterbildern und Wunschvorstellungen, die wir uns von ihm machen, und schließlich auch die Flucht in den zeitlosen Raum der „Prinzipien", in dem sich wundervolle Systeme bauen lassen, die aber dann gefährlich werden, wenn sie das Leben zwingen wollen, sich nach ihnen zu richten.
Aus: Ernst Lichtenstein: Vom Sinn der erzieherischen Situation, a. a. O., S. 84

▷ Stellen Sie aus Ihren Erfahrungen zusammen,
  – was in Gesprächen über ein Kind gesagt wird,
  – wie Ihnen Kinder einer neuen Gruppe vorgestellt wurden,
  – welche Ratschläge Ihnen über Unsicherheiten hinweghelfen sollten!

▷ Vergleichen Sie Ihre Ergebnisse mit den negativen Abgrenzungen, die Lichtenstein gibt! Suchen Sie dann auch nach Hinweisen, die Ihnen zur „Gegenwärtigkeit" innerhalb Ihrer Praxis verholfen haben!

Vertrauen

■ Wenn wir erziehen, begeben wir uns in eine Situation der Partnerschaft mit einem Menschen wie wir... Dann aber ist die Voraussetzung aller Erziehung *Vertrauen.* Trauen heißt „Zuversicht hegen" und geht auf die Wurzel

zurück, die auch in Treue steckt, meint also auch etwas Bindendes. Zuversicht haben, daß einem von Menschen Gutes kommt..., ist der Grund der Mitmenschlichkeit, und Erziehung ist eine Verdichtungsform der Mitmenschlichkeit... Wo nicht Vertrauen hinter allen erzieherischen Bezügen, auch den strafenden, im Hintergrund steht, Trauen und Sich-Anvertrauen, Vertrauenswürdigkeit des Erziehers und Vertrauensbedürftigkeit des zu Erziehenden, muß Erziehung ein wirkungsloses Gegeneinander, ein latenter Kriegszustand, ein gegenseitiges Sich-Aufreiben am anderen werden, weil ihr die Bindungskraft fehlt.
Aus: Ernst Lichtenstein: Ebd., S. 84 f.

Vertrauen wird vom Erzieher abgefordert.
Vertrauen wird beim jungen Menschen aufgebaut.

„Ich will ja nur dein Bestes!"
Ein häufig gehörter Satz. Durch die Überlegungen zum Vertrauen, das der Erzieher setzt, bekommt dieser Satz ein neues Licht.
Ein Einwand: Vertrauen wird doch oft enttäuscht.

Dazu Lichtenstein:

■ Jedes Vertrauen aber ist ein Wagnis... Es ist... ungesichert und dem Mißbrauch ausgesetzt. Aber es hat eine paradoxe Logik: Denn indem ich durch Bekundung des Vertrauens die Möglichkeit des Verstoßes gegen die gute Erwartung von dem anderen gar nicht erst in Rechnung stelle, schalte ich diese Möglichkeit auch tatsächlich aus dem Repertoire der seelischen Bereitschaften des anderen aus. Sie ist in unserem Verhältnis nicht mitgedacht, also existiert sie nicht...
Aus: Ebd., S. 85

Vertrauen zeigt sich in den Entscheidungsmöglichkeiten, die bereitgestellt werden.

Eine von Vertrauen getragene Beziehung erlaubt es, ganz ohne Druck (Repression) die Wahl zwischen sinnvollen Handlungsalternativen freizugeben. Vertrauen läßt zu, daß Verantwortung übernommen wird.
Wo kein Vertrauen ist, müssen häufig Erziehungsmittel an seine Stelle treten.

Scheinbar sind manche Mittel zunächst wirksam. Doch auf die Dauer werden sie wirkungslos, und das Kind erscheint als „böse". Ursache dafür ist fehlendes Vertrauen. Denn zum „guten" Handeln fehlt ihm die nötige, vom Vertrauen getragene Sicherheit und Geborgenheit.

Daraus wird deutlich, weshalb ein Bündel von „harmlosen" Erziehungsmitteln wirkungslos bleiben muß:

- Der Appell an den Willen kann sich am passiven Widerstand totlaufen, wenn Eigenwesen und Ehre übersehen werden.
- Der Anspruch auf Einsicht kann versagen, wenn der Jugendliche nicht in dem Recht seiner Reifestufe ernstgenommen wird.
- Dem Anspruch auf Liebe wird sich der junge Mensch entziehen, wenn man ihn nicht ihn selbst sein lassen will.
- Hinter dem werbenden Appell des Führer-Erziehers können dessen eigene unerfüllte Wünsche entdeckt werden. (Vgl. dazu Lichtenstein, a. a. O., S. 85).

Wahrhaftigkeit / Aufrichtigkeit

Mit dem Kennzeichen der Wahrhaftigkeit macht Lichtenstein deutlich, daß der Erzieherberuf nicht „gelernt" werden kann im Sinn von bloßer Wissensaneignung. Aus Wissen entsteht noch keine echte Erziehung. Erziehung als Beruf benötigt die Bildung der Persönlichkeit: die Klärung und Verinnerlichung der eigenen Vorstellungen.

■ Ein Vertrauensverhältnis kann nur bei wirklicher *Aufrichtigkeit* des Erziehers entstehen. Es wird unwirksam, wenn es als vorgegeben, unernst, gespielt oder als schwächliche Gutmütigkeit durchschaubar wird. Liegt in dem Vertrauen ein höherer Anspruch, den der Erzieher an den Zögling stellt, so ist Wahrhaftigkeit die schwere Forderung, die der Erzieher in erster Linie an sich selbst zu stellen hat. Denn keine Fremderziehung ist ohne Selbsterziehung und keine erzieherische Situation, in der sich der Erzieher nicht gleichzeitig auch selbst erzieht... Die Ziele, die der Erzieher in der Erziehung zu verwirklichen sich anschickt, können nur dann erzieherische Ziele sein, wenn sie mit seiner eigenen echten Überzeugung übereinstimmen, d. h., wenn sie zugleich eigenerworbene Lebensentscheidungen bedeuten.
Aus: Ebd., S. 86

Das Kennzeichen der Aufrichtigkeit ist die „rationale, kritische Komponente" (E. Röbe 1977, S. 235) unter den Merkmalen des erzieherischen Verhältnisses. Der Erzieher hat sich in der Situation und im Moment seines Handelns bewußt zu sein über

- seine eigene Zielsetzung
- die Bedingungen, Wirkungen und Nebenwirkungen seines Tuns (auch über die von seiner Person ausgelösten).

Gleichzeitig und daneben hat er zu überprüfen, ob er
- selber auf diese Ziele ausgerichtet ist und
- diese Ziele mit den Bedürfnissen der Heranwachsenden und ihrer Situation verbinden kann.

▷ Wahrhaftigkeit und Aufrichtigkeit des Erziehers zeigen sich immer am besten, wenn ein Wechsel stattfindet.

Haben Sie innerhalb der Familienerziehung Neuorientierungen des Erziehungsstiles und der Erziehungsmethoden erlebt?

Zeitschriftenartikel oder Fernsehsendungen oder auch Diskussionen können der Auslöser dafür sein.

▷ Welche Erfahrungen haben Sie mit der Dauer solcher Neuorientierungen gemacht? Kinder und Eltern haben häufig dabei unterschiedliche Einstellungen und Wahrnehmungen!

▷ Eine Erzieherin im Kindergarten wurde von Eltern schon häufig um Rat gefragt, damit sich Erziehungsprobleme lösen. Sie stellt fest: „Meistens sind meine Ratschläge wie an die Wand gesprochen."

Dialogische Verbundenheit

Mit dem Ausdruck von der „dialogischen Verbundenheit" ist gemeint, sich selbst vom andern her erleben können.

Ernst Lichtenstein entnimmt den Hinweis auf die dialogische Verbundenheit dem Werk Martin Bubers (1878–1965), eines jüdischen Religionsphilosophen.

Buber sieht das Wesen des Menschen durch den Dialog geprägt. Glaube ist für ihn wesentlich Dialog mit Gott und mit dem Nächsten. Mitmenschlichkeit ist für ihn die Begegnung mit dem „Du".

In der Rede „Über das Erzieherische", die Buber 1925 gehalten hat, bezieht er diesen Dialog auch auf das Verhältnis zwischen Erzieher und Kind. Weil Buber meint, daß in diesem Dialog zwischen Erzieher und Kind beide Seiten jeweils so innerlich betroffen sind, daß auch Änderungen des eigenen Wesens möglich werden, kann – in philosophischer Sprache – von einer „existentiellen" Betroffenheit geredet werden.

Dazu Lichtenstein:

■ Ich sprach von der *dialogischen Verbundenheit* als der vierten Signatur[1] der erzieherischen Situation... Das Wort stammt von Martin Buber, und Buber hat in seiner Rede „Über das Erzieherische" wohl zum erstenmal den Sinn der erzieherischen Situation in seinen existentiellen Bezügen auszulegen gesucht. Zugrunde liegt der dialogischen Verbundenheit zunächst der einfache phänomenale Tatbestand, daß keine Erziehung als menschliche Umgangssituation von absoluter Einseitigkeit sein kann... Die Situation wird in ihrer Entwicklung stets durch beide immer neu gestaltet. Das Verhalten des Erziehers ist immer auch sinnvoll an dem Verhalten des Zöglings orientiert, und in jeder Erziehung ist ein lebendiges Miteinander des Gebens und Nehmens, des Kundgebens und Verstehens, des Bewirkens und Empfangens, ein Geflecht gegenseitiger Beziehungsverknüpfung...
Aus: Ebd., S: 86 f.

---

1 Signatur: Kennzeichen

Gemeint ist damit nicht nur die oberflächliche Feststellung, daß jeder auf jeden „reagiert". Lichtenstein sieht eine besondere Möglichkeit und Fähigkeit des erwachsenen Menschen: Er kann sich bemühen, das Denken des Kindes, dessen „innere Logik" und „Argumentation", zu erfassen. Daraus entsteht ein Dialog.

■ Dazu gehört, daß ich den anderen in seinem Gegenüber, in seinem Sosein ernst nehme und gleichzeitig umfasse, daß ich ihn nicht als Objekt von mir fernrücke und entfremde und doch sein Anderssein als meine Grenze und seinen Anspruch an mich als den seinigen vernehme.... der Erzieher erfährt darin... das Erzogenwerden des Zöglings mit, also den gemeinsamen Vorgang gewissermaßen von beiden Enden der Situation her; der Zögling jedoch vermag das Erziehen des Erziehers nicht in gleicher Weise von drüben her zu erfahren. Vermöchte er es, so wäre das erzieherische Verhältnis von innen her gesprengt, oder es wandelte sich zu Freundschaft. Wo es aber aktuell ist, da muß der Erzieher allerdings immer sein Tun auch von der Gegenseite aus erfahren und auf sich zurückkommen lassen. Er muß die Wirkung seiner eigenen Erziehungshandlung zurückempfinden können und den Anruf der Not, des Bedürfnisses, die Bereitschaft des ihm anvertrauten Menschen spürend vernehmen, um antwortend entsprechen zu können.
Aus: Ebd., S. 87

Dieser Dialog ist nicht immer hörbar. Er setzt eine hohe Bereitschaft des Erziehers voraus, sich in das Kind hineinzuversetzen, die Wahrnehmung des Kindes zu erfassen und sich selbst kritisch zu sehen. In diesem „Dialog" geschieht die Selbstwahrnehmung des Erziehers von dem ganz ernstgenommenen Kind her.

Hilfen zu diesem Dialog können Fragen aufschließen wie:

- Kann das Kind alles mitdenken, was ich mir denke, oder bin ich dem Kind „voraus"?
- Wie sieht mich das Kind in diesem Augenblick?
- Wie erlebt das Kind diese Umgebung?
- Welches Ziel hat das Kind?
- Welches Ziel habe ich?

▷ Bitte erinnern Sie sich an Bubers Aussage, daß sich der Erzieher sein Tun vom Kind her vergegenwärtigen muß (vgl. dazu S. 13)!

■ Der Erzieher, der die Erfahrung der Gegenseite übt und ihr standhält, erfährt in einem beides: seine Grenze an der Anderheit und seine Gnade in der Verbundenheit mit dem andern. Er verspürt von „drüben" das Annehmen und das Verwerfen des eben Herankommenden... Indem der Erzieher so Mal um Mal gewahr wird, was dieser Mensch in diesem Augenblick braucht und was nicht,... aber auch..., was er, der „Erzieher", von dem Gebrauchten zu geben vermag, was nicht..., weist ihn die Verantwortung für diesen ihm zugeteilten und anvertrauten Lebensbereich... auf die Selbsterziehung hin.

Selbsterziehung aber kann ... nicht dadurch geschehen, daß einer mit sich selber, sondern dadurch allein, daß er, wissend um was es geht, sich mit der Welt befaßt.

Aus: Martin Buber. Über das Erzieherische. In: Werke. Band 1: Schriften zur Philosophie. München 1962, S. 806

■ Familienerziehung, Schulerziehung, Heimerziehung, Werkstatterziehung sind pädagogische Rahmensituationen, die ihren pädagogischen Sinn, ihre Möglichkeiten und Begrenzungen erst in der konkret gelebten Situation offenbaren. Und seit die Verschiedenartigkeit der menschlichen Lebensstufen in das pädagogische Bewußtsein getreten ist und wir wissen, daß keine einen existentiellen Vorrang vor der anderen genießt, ist uns auch die Wandlungsfähigkeit der erzieherischen Situation in ihrer Zeitgestalt vor das Gewissen getreten... Letztlich aber schafft jeder einzelne Schüler mit seinem einzelnen Lehrer, sofern sich nur eine echte pädagogische Beziehung entwickeln kann, auch eine neue und besondere erzieherische Situation, die so bei anderen nicht wiederkehrt.

Aus: Ernst Lichtenstein, a. a. O., S. 88

Das Gespräch – eine erzieherische Grundsituation

Eine Situation aus einer Montessori-Schulklasse ist ein Beispiel für einen kurzen, aber das Kind in seiner Selbstbestimmung ernst nehmenden Dialog:

■ **Miteinander reden**
„Die wollen mir keine Rechenkärtchen geben!" beschwert sich Georg bei mir.
„Wer, die?"
„Na, die Birgit und die Ula."
„Und warum nicht?"
„Das weiß ich auch nicht. Die geben mir keine!"
„Hast du sie gefragt, warum nicht?"
Georg gibt zu, daß er auf die Idee gar nicht gekommen ist. „Frag sie doch mal", rede ich ihm zu, und er zieht los. Als ich mich kurz darauf nach ihm umsehe, sitzt er an seinem Platz, die Rechenkärtchen vor sich auf dem Tisch.
„Frag doch mal, warum", rate ich Bert, der sich beklagt, daß Jürgen ihn geschlagen hat, und Astrid, die jammert, weil Marco ihr Bild an der Tafel ausgeputzt hat. Natürlich war irgendein Anlaß da, daß Jürgen Bert geschlagen hat, aber wenn dann der viel kleinere Junge plötzlich vor dem großen steht und ganz ehrlich fragt: „Du, warum hast du mich eben geschlagen?" – wer kann da noch länger Feind sein? Und Astrid erfährt von Marco, daß er ihr Bild ausgeputzt hat, weil er selbst eins an die Tafel malen wollte. Das sieht sie ein. „Na ja, dann male ich eben morgen ein neues", tröstet sie sich.
Dieses „na ja" ist nicht das Nachgeben aus Resignation. Es ist die Antwort aus Einsicht. Die Kinder lernen auf diese Weise, mit der Situation fertig zu werden.

Nichts vergiftet die Atmosphäre in einer Klasse (und auch zu Hause) mehr als die ständige Drohung: „Warte, ich sag's dem Fräulein (bzw. dem Vater)!" Selbstverständlich darf der ins Unrecht Gesetzte zu mir kommen und sich beklagen. Ich höre ihm zu, und dann rate ich ihm: „Frag doch mal, warum sie dir keine Rechenkärtchen geben, warum er dir die Tafel ausgeputzt hat…" Er geht und fragt und merkt plötzlich, daß er mit dieser einfachen Frage den anderen anrührt. Er erhält die Kärtchen, weil der andere vor dieser Frage merkt, daß er den Bittenden nicht einfach wegschieben kann.

Manchmal fällt es mir schwer, nicht direkt einzugreifen. Man ist immer wieder versucht, den Kindern Entscheidungen abzunehmen. Es geht dann alles viel schneller, reibungsloser, so wie wir es haben wollen. Wir vermeiden Unordnung und Verzögerung.

Aus: Hildegard Amelunxen: Der Regenbogen hat einen Knoten. Beiträge aus einer Sendereihe des W.D.R. Hrsg. v. Hans Elsner. Köln 1972, S. 32 f.

Thomas Gordon ergänzt den Gesprächsansatz des einfühlenden, nicht wertenden Verstehens durch die Aufforderung zu „Ich-Botschaften" der Erwachsenen an die Kinder. Seine Ziele sind das Erhalten von Vertrauen, Geborgenheit und Annahme, Selbstentscheidung der Kinder und Gesprächsmöglichkeiten über unterschiedliche Wertvorstellungen.

Störungen der Kommunikation können entstehen, wenn zwischen Aussagen und Gefühlen Unterschiede bestehen, der Sprecher in seiner Nachricht nicht authentisch erscheint oder verborgene, abweichende Nachrichten übermittelt werden.

Auch Carl Rogers legt in seinem Konzept der Humanistischen Psychologie Wert auf solche Gesprächshaltungen. Dabei geht es Rogers um die Möglichkeit der Persönlichkeitsentwicklung. Der eine Gesprächspartner, der die Gesprächshaltung aktiv ausübt, ist dabei jeweils in der Rolle des Helfers. Er trägt Sorge für

– einfühlendes, nicht wertendes Verstehen,
– Achten, Wärmen, Sorgen,
– Echtsein, Ohne-Fassade-Sein, inneres Übereinstimmen

(Vgl. hierzu Reinhard Tausch, Annemarie Tausch: Gesprächspsychotherapie. Göttingen, 8. Aufl. 1981, S. 29).

Durch Thomas Gordon und Carl Rogers werden Gesprächsregeln formuliert, die das Anliegen der echten erzieherischen Situation erfassen.

Eine rein technische Handhabung dieses Instrumentariums wird freilich die so entscheidene Beziehungsebene verfehlen.

■ Aktives Zuhören fördert – gleichsam als „Nebenprodukt" – eine herzliche Beziehung zwischen Elternteil und Kind… Wenn jemand einem anderen einfühlsam und genau zuhört, kommt er dazu, diesen Menschen zu verstehen, seine Art der Weltbetrachtung anzuerkennen – in gewisser Weise wird er dieser Mensch für die Spanne Zeit, in der er sich an seine Stelle versetzt. Indem man sich in den anderen Menschen „hineinversetzt", ruft man stets Gefühle der Verbundenheit, der Zuneigung und Liebe hervor. Sich in einen anderen hineinzufühlen heißt, ihn als Einzelperson zu sehen, jedoch bereit zu sein, sich ihm anzuschließen oder neben ihm zu stehen. Es bedeutet, ihm für eine kurze Spanne Zeit auf dieser Lebensreise ein „Gefährte zu werden". Zu einer solchen Handlung gehören tiefe Liebe und Zuneigung.

Aus: Thomas Gordon: Familienkonferenz. Hamburg, 4. Aufl. 1974, S. 63

2. Sprichwörter und Bilder dokumentieren das Erziehungsverständnis

Eltern und Großeltern verwenden in der Erziehung oft Sprichwörter. Sie erinnern sich aus ihrer eigenen Kindheit und Erziehung wieder daran.
Solche Sprichwörter sagen alle etwas über Erziehung aus, über das Bild der Erwachsenen vom Kind.

Das Bäumchen muß man biegen, solange es jung ist.

*

Was ein Häkchen werden will, krümmt sich beizeiten.

*

Was Hänschen nicht lernt, lernt Hans nimmermehr

*

Wer einmal lügt, dem glaubt man nicht, wenn er auch die Wahrheit spricht.

*

Wie man die Kinder gewöhnt, so hat man sie.

Ilse Lichtenstein-Rother hat sich mit einem Sprichwort und dem darin enthaltenen Erziehungsverständnis genauer auseinandergesetzt:

■ *Beispiel: Wo gehobelt wird, da fallen Späne*

Dieses Sprichwort versetzt uns in eine Schreinerwerkstatt: Es zeichnet ein einfaches, eindeutiges Bild: Der Schreiner steht an der Hobelbank; er hat das Brett oder eine Leiste fest eingespannt, setzt den Hobel an und hobelt Span um Span ab, bis die Oberfläche des Holzes glatt ist, das Profil der Leiste seiner Vorlage entspricht. Der Schreiner hat vor sich das rohe Material, er bearbeitet es so lange, bis störende Kanten, bis Unebenheiten weggehobelt sind und die Einzelteile werkgerecht passen.
Wenn wir ein solches Sprichwort unvoreingenommen prüfen und auf seinen pädagogischen Gehalt hin untersuchen, müssen wir es uns zunächst im zeitgeschichtlichen Rahmen vergegenwärtigen. Herkunft und Gebrauch dieses Sprichwortes verweisen auf Ordnung, Recht und Brauchtum in der Zunft der Schreiner:
Wurde ein Lehrjunge nach der Lehrzeit losgesprochen und in die Bruderschaft der Gesellen aufgenommen, wurde er symbolisch noch einmal „gehobelt": ein großer Hobel wurde über seinen Rücken gezogen, damit gehörte er zum Kreis der „Gehobelten".
In unserem Sprichwort wird das Hobeln des Holzes auf den Menschen übertragen, dem alle Ecken und Kanten, alles Rohe, abgehobelt wird. Geschieht das nicht, bleibt er roh, ungesittet, ungeschliffen, unerzogen, unangepaßt: ein ungehobelter Mensch. Bei Hans Sachs heißt es „ein ungehobelt grober

püffel". Damit gebraucht Hans Sachs erstmals die Redewendung als Metapher; die Sprache des Handwerks, die Erfahrung mit dem Hobeln des Holzes, wird auf das Ergebnis der Erziehung übertragen. Der Gehobelte ist ein Mensch, der sich einpaßt, der gute Manieren hat, den Erwartungen seines Standes entspricht.

Ein Lehrjunge lernte als angehender Schreiner natürlich sein Handwerk und auch Hobeln – vor allem aber wurde er selbst gehobelt. Wurde ein Junge von einem Meister angenommen und damit in dessen Hausstand und Werkstatt aufgenommen, hatte er viele Pflichten.

Nach einem Handwerksprotokollbuch aus dem Jahr 1720 gehörten zu den Pflichten eines Lehrjungen:

- „Der Lehrjunge soll seinen Meister und Gesellen aufzuwarten verbunden sein." – Er hat allen zu dienen.
- „So er aber über verhoffen dem Meister muthwilligerweise etwas versäumen oder freye Montage machen sollte, soll er für jeden Tag vier Wochen nachlernen." – Eine wahrlich harte Maßnahme.
- „Wann er auf die Arbeit gestellt wird, soll er die Hände, wenn ihm eyner begehrt, nicht kleben lassen und auf solche Weise sich und dem Meister keinen Schimpf machen; widrigenfalls soll er des Handwerks gänzlich verlustig seyn." – Er muß also willig und emsig jedem zur Verfügung stehen, will er nicht ausgeschlossen werden.
- „Er soll der erste auf der Arbeit und der Letzte davon seyn, das Handwerkszeug aber vor sich in acht nehmen. So aber durch seine Unachtsamkeit etwas davon weg käme, soll er solches bezahlen."
- „Er soll sich fleißig zur Kirchen halten und den Gottesdienst nicht muthwillig versäumen" – denn er soll ein ehrbarer, gesitteter Mensch werden.
- „So ihm vom Meister oder Frauen was befohlen würde, soll er nicht murren oder sauer sehen, sondern es gern und willig thun: Und so er diesen vorgeschriebenen Punkte nachlebt, gebührend nachlebt, soll er nach verflossenen drei Lehrjahren frey-, loß- und lediggesprochen werden und zu einem ehrlichen Gesellen gemacht werden."
- „Verläßt aber ein Lehrjunge vorzeitig die Lehre, oder wird er von seinem Meister weggeschickt, darf er keine andere Lehre beginnen, von keinem anderen Meister aufgenommen werden, ehe und bevor er sich nicht mit dem vorigen Handwerk vertragen und Richtigkeit gemacht hat."

Angesichts so strenger Regeln gewinnt das Sprichwort auch den Sinn: Das Hobeln mußt du schon aushalten, auch wenn es weh tut, auch wenn du meinst, dir geschieht Unrecht, es ist zu hart, zu schwer; denn: wo gehobelt wird, da fallen eben Späne – heißt es dann erklärend, entschuldigend, rechtfertigend oder tröstend, etwa in dem Sinne: Lehrjahre sind eben keine Herrenjahre.

Dieser Erziehungsweg ist gekennzeichnet durch das regelbestimmte Hineinwachsen in einen Stand.

Der Weg war klar gegliedert: Er beginnt in dem hierarchisch geordneten

Gefüge des Hausstandes eines Meisters. Der Meister ist nicht nur Meister seines Faches, sondern repräsentiert zugleich die Einstellungen und Verhaltensweisen, die in der Zunft gelten. Die Miteinanderlebenden und Miteinanderarbeitenden gehören zum gleichen Stand. Die für den Stand geltenden Manieren regeln den täglichen Lebens- und Arbeitsverlauf, den Umgang miteinander, die Stellung der verschiedenen Gruppen, ihre Rechte und Pflichten.

Die Anerkennung und Übernahme der Regeln des Handelns und Verhaltens begründen nicht nur die innere Ordnung in Haus und Werkstatt, sondern ebenso Ansehen und Geltung des Standes wie des einzelnen in der Öffentlichkeit. Die festen Regeln, die Zugehörigkeit zu einer ehrbaren Gruppe geben den Handwerkern Sicherheit, Rückhalt, Schutz.

▷ Welches Verständnis von Erziehung und Erziehungspraxis ist in der bildhaften Aussage dieses Sprichworts enthalten?

■ Stellen wir uns die Situation, übertragen auf die Erziehung, noch einmal vor: Da ist dann der zu Erziehende, das noch rohe Holz, das Material, das in die Hobelbank eingespannt ist, damit es stillhält und sorgfältig bearbeitet, geschliffen, gehobelt werden kann. Über ihm steht der Meister, den Hobel in der Hand. Er setzt ihn dort an, wo ihm ein Glätten, ein Bearbeiten notwendig erscheint. Er hört erst auf zu hobeln, wenn sein Werk seinen Vorstellungen, seinen Gütekriterien entspricht.

Auf Erziehung in Familie oder Schule bezogen heißt es dann:
„Kinder haben nur zu reden, wenn sie gefragt sind."– Die Erwachsenen haben das Sagen!

„Keine Widerworte!" „Halt den Mund!" – Was Erzieher sagen, gilt, richte dich also danach!

„Wenn du noch einmal aufmuckst, bekommst du die doppelte Anzahl Schläge, verschwindest du in deinem Zimmer, gehst du ins Bett..." – Also paß dich lieber an, duck dich, verhalte dich so, wie ich es erwarte, wie ich es verlange.

Wenn Erzieher so reden, wird ihr Erziehungsverständnis deutlich: Das Kind ist Material, das von den Eltern, vom Lehrer entsprechend geformt, bearbeitet werden muß. Worte und Schläge, Belohnung oder Entzug der Zuwendung sind das Werkzeug, der Hobel. Der Erzieher hat hierbei ein ganz bestimmtes Bild vom Verhalten des Kindes vor Augen. Es soll vor allem zuhören und aufnehmen, was die Erwachsenen zu sagen haben. Verhält es sich nicht entsprechend, folgt das Hobeln, das Zurechtweisen, das Abschleifen unerwünschten Verhaltens.

Wagt ein Kind, in einer solchen Situation zurückzufragen: „Warum darf ich das nicht?", dann lautet die Reaktion oft „Darum!" oder „Weil ich es nicht will!" oder „Sei nicht so frech!" Das Kind darf keine eigene Meinung, keinen eigenen Willen äußern, oder nur dann, wenn es dazu aufgefordert wird. Es wird zum Objekt der Erziehung.

Reagieren Eltern *tatsächlich* heute noch so? Es ist wohl selten geworden, daß bei Tisch Kinder nicht reden dürfen – aber das, was das Verhältnis zwischen Erzieher und Kindern oder Jugendlichen in diesen Redewendungen kennzeichnet, ist keineswegs überwunden.

Was ist denn daran falsch? Bedeutet nicht Erziehung den anderen formen, Wildwuchs beschneiden, hat der Erwachsene nicht die Verantwortung dafür, daß Kinder und Jugendliche lernen, das Rechte zu tun, zu gehorchen, sich nach geltenden Normen zu richten?

Sicher gehört das zur Erziehung. Aber der Weg, die Methode, die in dem Bild deutlich wird, ist fragwürdig. Wir wissen aus wissenschaftlichen Untersuchungen: Erzieher orientieren ihre Methoden nicht immer an durchdachten Zielen und kontrollieren sie nicht daran. Die Erziehungsmethoden bestimmen und verändern dann zwangsläufig die Ziele – oft unbemerkt.

Kinder, die wieder und wieder wie *Material* behandelt werden, *verhalten* sich schließlich auch wie Material: Sie warten, bis man ihnen sagt, was sie tun sollen; sie verhalten sich passiv, unsicher, unterwürfig. Manche allerdings reagieren die gebremste Aktivität in aggressivem oder destruktivem Verhalten ab; sie zerstören, quälen, werden aufsässig.

Eine solche Erziehungspraxis ist mehr verbreitet, als man annehmen möchte, sei es, weil Erzieher einfach wieder so erziehen, wie sie selbst erzogen wurden, sei es, weil sie sich der tatsächlichen Wirkungen ihres Verhaltens nicht bewußt sind, oder daß Ziele und Wege nicht wechselseitig aufeinander bezogen sind.

Ilse Lichtenstein-Rother: Wo gehobelt wird, da fallen Späne. In: Manfred Brauneiser (Hrsg.): Was Hänschen nicht lernt ... Pädagogische Banalitäten auf dem Prüfstand. München 1978, S. 24–40

■ Was ein Kind gesagt bekommt

Der liebe Gott sieht alles.
Man spart für den Fall des Falles.
Die werden nichts, die nichts taugen.
Schmökern ist schlecht für die Augen.
Kohlentragen stärkt die Glieder.
Die schöne Kinderzeit, die kommt nicht wieder.
Man lacht nicht über ein Gebrechen.
Du sollst Erwachsenen nicht widersprechen.
Man greift nicht zuerst in die Schüssel bei Tisch.
Sonntagsspaziergang macht frisch.

Zum Alter ist man ehrerbötig.
Süßigkeiten sind für den Körper nicht nötig.
Kartoffeln sind gesund.
Ein Kind hält den Mund.

Aus: Bertolt Brecht: Gedichte. Sämtliche Werke, Band 9. Frankfurt/M. 1967

▷ Sagen die Sprichwörter und Brechts Gedicht das Gleiche über das Kind, über das Verhältnis Erwachsener-Kind? Versuchen Sie bitte, beides zu charakterisieren!

Peter Paul Rubens:
Kinderbild, um 1600

■ Das kleine Kind von Peter Paul Rubens (1577–1640) ist ein Muster für die Kleidung der Hätschelkinder der oberen Schichten während mehrerer Jahrhunderte: fest den Fallhut um den Kopf gebunden, am Gängelband geführt, ein Schürzchen über Hemd und dickem Röckchen, tappelt es unbeholfen seinem Ziel entgegen.

Der Fallhut
Ein wichtiges Mittel zum Schutz der Kinder war der seit dem 16. Jahrhundert übliche *Fallhut:* ein unter dem Kinn festgebundener, kranzartiger Wulst aus dickem Stoff oder Pelz, zuweilen wie ein Sturzhelm mit einer Kappe versehen – ein ungemein lästiger Zwang für das Kind, der bis 1800 wohl in allen Schichten und auf dem Lande noch länger gebräuchlich war...
Die Kinder schienen völlig an diese Marterhelme gewöhnt, die sie wohl so lange trugen, bis ihre Stirnen über den Gefahrenbereich der Tischkanten und Türknöpfe hinausgewachsen waren. Diese Situation ist besonders deut-

lich auf dem Bild von Daniel Chodowiecki (1726–1801) zu erkennen, auch die Lässigkeit der Erwachsenen gegenüber dem Tun der Kinder. Solche Schutzvorrichtungen behüteten aber nicht nur die Kinder, sondern bewahrten auch die Eltern, Gouvernanten und Ammen vor allzu großer Mühe und Sorgfalt.

Aus: Ingeborg Weber-Kellermann: Die Kindheit, Frankfurt/M. 1979

Fallhut aus einem schwedischen Museum. 19. Jahrhundert

Daniel Chodowiecki: Küchenszene

■ Der Anblick grauer Kindergesichter in ungelüfteten Räumen hinter gefährlichen Maschinen hat die Öffentlichkeit seit der Mitte des 19. Jahrhunderts mehr und mehr beunruhigt. Die Rekrutierungsbehörden der preußischen Armee notierten den schlechten Gesundheitszustand der Kinder aus Industrieorten. Die Ärzte neigten jetzt dazu, Krankheiten auch als Symptome sozialer Mißstände zu betrachten. In dem hochindustrialisierten Sachsen spezialisierte sich der junge Direktor des Orthopädischen Instituts an der Universität Leipzig auf Probleme der Volksgesundheit. Er rief eine Bewegung ins Leben, die unter dem Stichwort „Schreberverein" noch heute seinen Namen trägt. In den „Schrebergärten" sollte der Arbeiter einen Ausgleich in frischer Luft für die einseitige Tätigkeit an der Maschine finden und zugleich seine Ernährung aufbessern. Schreber propagierte die Aufstellung

Vorschriftsmäßige Haltung in der Schulbank

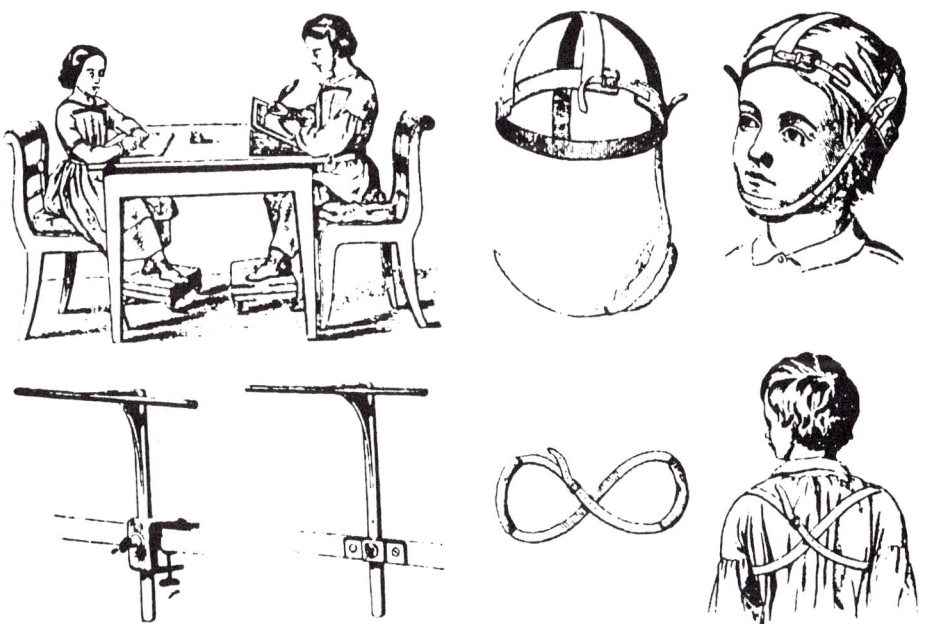

Die „Schreberschen Geradhalter", von dem Arzt Daniel Gottlieb Moritz Schreber (1808–1861) entwickelt, sollten kindlichen Haltungsschäden beim Schreiben vorbeugen.

von Turnrecks und entwarf Anweisungen für die Heilgymnastik. Seine „Ärztliche Zimmergymnastik" war ein angesehenes und auflagestarkes Buch. Er experimentierte besonders mit der Korrektur von Haltungsschäden bei Kindern.

Nach Rousseauschem Muster riet er zur Einübung des gleichmäßigen Gebrauchs beider Hände bei jeder manuellen Arbeit und zu Wechselschlaf auf beiden Körperseiten. Die Apparaturen, die er unter der Bezeichnung „Schreberscher Geradhalter" zur Vorbeugung kindlicher Haltungsmängel beim

Schreiben entwarf, erscheinen uns heute als überflüssige Folterinstrumente. Sie sind jedoch in traditionsreichen Familien noch vor kurzem in Gebrauch gewesen. Das späte Biedermeier sah in ihnen ein willkommenes Mittel, dem Schönheitsideal der Zeit näherzukommen. Straff und stramm stehen, kerzengerade sitzen, jedes Zeichen der Gelöstheit und Entspannung meiden, das war Mannesideal und nicht nur beim Militär. Die Krümmungen eines Rocksängers von 1970 hätte man damals abscheulich gefunden.

Aus: Marie-Louise Plessen, Peter von Zahn: Zwei Jahrtausende Kindheit. Köln 1979

Das Verständnis von Erziehung früherer Jahrhunderte – ist es überwunden?

Der Vater einer Schulanfängerin hält im Jahr 1966 in seinem Tagebuch fest:

■ Die Lehrer wissen sich zu helfen   18. Mai

Bettina geht jetzt vier Wochen in die Schule. Ich habe das Gefühl, daß ihre Begeisterung von Tag zu Tag geringer wird. Vor allem das Stillsitzen fällt ihr schwer. Und zum Bewegen ist im Raum auch gar kein Platz. Für zwanzig Kinder wäre er vielleicht noch annehmbar. Aber für vierzig ist er eine Zumutung. Vollgestellt mit Möbeln. Schon nach einer Stunde habe ich neulich eine gewisse Platzangst verspürt. Und die Kinder müssen drei Stunden darin sitzen. Und haben in dem Alter einen viel größeren Bewegungsdrang.
Aber auch die Lehrerin scheint Schwierigkeiten zu haben. Schwierigkeiten, die vierzig bei der Stange zu halten.
Bettina erzählte heute, daß sie zwischendurch immer wieder „Übungen" machen. *Ohrläppchenhalten.* Damit sie wieder ruhiger werden! Auf Kommando müssen dann alle die Ellbogen aufstützen und die Ohren festhalten. Und dann ganz ruhig sitzen bleiben. Bis die Lehrerin ihnen wieder das Loslassen erlaubt. Und in der Zwischenzeit hält sie weiter Unterricht.
Mir fällt ein, was mir gestern Peters erzählt hat. Ein Kollege im Büro, dessen Ältester auch ins erste Schuljahr geht und dessen Lehrerin noch wirkungsvollere Methoden hat. Sie *klebt den Unruhigsten einfach die Hände fest.* Auf dem Pult mit Tesaband. – Peters erzählt es laut lachend: Die ist gut! Die weiß sich zu helfen! Die wird mit den Kindern fertig!

Aus: Helmut Creutz: Haken krümmt man beizeiten. Schultagebuch eines Vaters. München, 2. Aufl. 1983, S. 15

Das Kind – Objekt der Erziehung?

Theodor Litt beschreibt das Verhältnis eines Menschen zu einem Objekt so:

■ Die Beziehung des Ich zu dem „Es" ist diejenige, die in dem Gegenüber von „Subjekt" und „Objekt" ihre logische Vollendung erreicht. Das Objekt ist dasjenige Seiende, das durch die Methoden des geordneten Denkens „erkannt" und dann auf Grund und nach Anleitung dieser Erkenntnis so „bearbeitet" wird, wie die vom Subjekt gesetzten Zwecke es verlangen. Die Durchführung dieser Zwecke gelingt immer dann am vollkommensten, wenn die Erkenntnis es fertig bringt, die Beschaffenheit und das Verhalten des Objekts in Form von „Gesetzen" zu bestimmen. Denn die Gesetzeserkenntnis gestattet die sichere Vorausberechnung des Effekts, der durch ein bestimmtes Handeln am Objekt herbeigeführt werden wird. So nimmt diese Relation im Handeln der *Technik* ihre Endgestalt an.

Aus: Theodor Litt: Führen oder wachsen lassen. Stuttgart, 15. Aufl. 1976, S. 111 f.

Erziehung – eine Technik?

Eine tief wurzelnde und im Fortgang der Entwicklung immer stärker hervortretende Neigung bringt den Menschen dahin, die Ich-Du-Relation zugunsten der Ich-Es-Relation zu verkümmern, wohl gar zum Verschwinden zu bringen. Auch das Verhältnis zum menschlichen Mitwesen gilt als das Verhältnis zu einem zu erkennenden und zweckmäßig zu bearbeitenden Objekt. Der Grund für diese Verkehrung ist leicht einzusehen. Im Ausbau der Ich-Es-Relation sind dem Menschen schätzbare Früchte ohne Zahl in den Schoß gefallen; sie hat ihn in den Stand gesetzt, mit ständig wachsender Sicherheit durch sein Handeln die gewünschten Erfolge herbeizuführen. Wie naheliegend ist da das Verlangen, alle Formen des Handelns, also auch die auf den Mitmenschen bezüglichen, in die Formen der Subjekt-Objekt-Relation übergeführt zu sehen! So entwickelt sich die „Erkenntnis", die den Menschen nach seiner Beschaffenheit und seinem Verhalten so genau wie möglich, schließlich in Gesetzesform, zu bestimmen bedacht ist, und in ihrem Gefolge die auf „Anwendung" dieser Erkenntnis beruhende „Technik" der Menschenbearbeitung.

Nun fehlt es unter den Handlungsformen, in denen der Mensch dem Menschen nahetritt, nicht an solchen, die zu dieser Gestaltung des Verhältnisses in besonders hohem Maße einladen. Überall da, wo es darauf ankommt, den oder die Menschen für eine bestimmte Sache zu gewinnen oder zu einem bestimmten Verhalten zu bewegen, fühlt man sich gedrängt, das menschliche Gegenüber wie ein Objekt zu visieren, das man auf Grund planender Vorausberechnung in eine bestimmte Verfassung zu bringen hat.

Aus: Ebd. S. 112

▷ Überdenken Sie bitte noch einmal die Beispiele, bzw. beobachten und beschreiben Sie Situationen aus dem Erziehungsalltag, in denen Kinder zum Objekt in der „Erziehung" werden! „Erziehung als Technik der Menschenbearbeitung" muß jedoch nicht immer nur massive Einwirkungen beinhalten!

▷ Was muß an die Stelle von Objekterkenntnis und Objektbearbeitung treten, wenn wir von Erziehung sprechen? Was unterscheidet pädagogisch verantwortetes Handeln von technischem Handeln?

(Vgl. dazu auch II.5.: Die Frage nach Erziehungsmitteln, S. 146 ff.)

3. Leben und Lernen in sozialen Bezügen[1] – soziale Erziehung im Kindergarten

3.1 Anfänge und Grundlagen sozialen Lernens

Es besteht weitgehend Einigkeit darin, daß die zentrale Aufgabe des Kindergartens im Bereich der sozialen Erziehung liegt.

Mit dem Eintritt in den Kindergarten macht das Kind eine Reihe neuer sozialer Erfahrungen, weil es Beziehungen aufnehmen und beantworten muß zu neuen Erwachsenen, zu anderen Kindern, weil es jetzt in einen festen Tageslauf einbezogen ist, weil es neue Räumlichkeiten und Regelungen erfassen und darin leben lernen muß.

Auf welchen Grundlagen der sozialen Erfahrungen, der sozialen Entwicklungen des dreijährigen Kindes kann der Kindergarten aufbauen?

1. Grundlage für die soziale Entwicklung des Kindes ist zunächst das sozial-emotionale Grunderlebnis der Verbundenheit, der Gemeinsamkeit mit der Mutter, dem Vater, das Angenommensein, die Geborgenheit in der verläßlichen Zuwendung und Besorgung sowie die Anpassung an das Sozialverhalten der Eltern und Geschwister.

   „Die Fähigkeit des Menschen, soziale Beziehungen herzustellen, wird in der Mutter-Kind-Beziehung erworben" (Spitz 1967, S. 141).

   „Die Mutter", so schreibt der Kinderarzt Nitschke, „schafft in ihrer sorgenden Liebe für das Kind einen Raum des Vertrauenswürdigen, Verläßlichen, Klaren. Was in ihm einbezogen ist, wird zugehörig, sinnvoll, lebendig, vertraut, nahe und zugänglich" (Nitschke 1962, S. 13).

Der andere, das ist für das Kind zuerst und vor allem die Mutter.

■ Vertrauen heißt immer: vertrauen auf ein Du, enthält also einen Akt der Kommunikation, der Begegnung mit einem Du; es gründet sich auf eine wechselseitige liebende Beziehung besonderer Art. Das Besondere liegt darin, daß das Du, dem ich vertraue – hier also die Mutter – ein viel größeres, mich ganz umfassendes Du ist. Es weiß alles und kann alles, es ist vorausgehend und versteht alles. Aber, obwohl es soviel größer und reicher ist, bleibt dieses mütterliche Du nahe und ohne Anspruch, denn liebend schenkt es sich dem Vertrauenden ganz. Für das Kind ist dieses mütterliche Du von je da, ihm erschließen sich gleichzeitig Welt und Du im immer erneuerten Geschenk der mütterlichen Zuneigung.

Auch die Dinge, nicht nur die Menschen offenbaren ihr Wesen, ihre Ordnung, ihren verborgenen Sinn. Daher eben stammen die Kräfte der Einsicht,

---

1 Diese Formulierung ist den „Richtlinien für die Erziehung in Vorschulklassen, Freie und Hansestadt Hamburg, 1975" entnommen (vgl. dazu S. 125 ff.).

die dem Kind den Zugang zur Welt, zu den Menschen und zu den Dingen ermöglichen.

Aus: Alfred Nitschke: Das verwaiste Kind der Natur. Tübingen 1962, S. 13 f.

> Die zärtliche, liebevolle Zuwendung, der affektive, gefühlswarme Austausch ist Grundlage für die Liebesfähigkeit; die verläßliche Besorgung aller Bedürfnisse, die Geborgenheit in der Liebe der Mutter gibt dem Kinde Sicherheit und Vertrauen, sich mit den Dingen und mit den anderen einzulassen.

- Das Kind erlebt den anderen aber nicht nur im Besorgen und in der liebevollen Zuwendung, sondern es lernt auch allmählich, den Erwartungen der anderen zu entsprechen, Kontakt zu beantworten und selbst Kontakt aufzunehmen. Dieses Miteinander, das Zusammenspiel von Anrede und Antwort, verknüpft sich immer mehr mit einer Verständigung über Zeichen, über Blicke, Gesten, Laute, Worte. Der andere wird erfahren als Zuwendung und als Anspruch, in der Kommunikation und im Miteinanderhandeln, in der Interaktion.

- Aber auch der Umgang mit Dingen und das Erkunden der Umwelt läßt das Kind Erfahrungen machen mit anderen Personen: die Klapper fällt aus dem Wagen, ein anderer muß sie für das Kind aufheben. Oft wird daraus ein Spielen mit dem anderen, wieder und wieder läßt das Kind ein Ding fallen in der Erwartung, daß der andere mitspielt.

- Beginnt das Kind seine Umwelt zu erkunden, locken viele unbekannte Dinge – aber das eine gehört dem älteren Bruder, der seinen Besitz verteidigt, das andere dem Vater. Das Kind macht die Erfahrung der Begrenzung durch die Interessen der anderen. Das Kind möchte schaukeln, möchte auf der Wippe wippen: Dazu braucht es den anderen als Partner.
  Immer wieder erfährt es: Die sachlichen Gegebenheiten müssen auf das Miteinandersein bezogen werden.

> Sachlernen und soziales Lernen greifen von Anfang an ineinander. Viele Lernprozesse verlangen den Kontakt mit anderen, erfolgen durch andere, gemeinsam mit anderen; das Handeln und Verhalten wird durch andere ausgelöst oder hat Folgen für andere.
> Grundlage für die soziale Entwicklung des Kindes ist also zunächst das sozial-emotionale Grunderlebnis der Verbundenheit, der Gemeinschaft, des Angenommenseins, der Geborgenheit.

Heinrich Roth faßt die Untersuchungsergebnisse dazu so zusammen:

■ Kinder, die sich im Alter von zwei bis drei Jahren wenig aus der Trennung von der Mutter machen, weil sie zu ihr keine intensive emotionale Bindung entwickelt haben, sei es wegen häufiger Abwesenheit oder infolge des wenig fürsorgenden Verhaltens der Mutter, sind zwar in der Tat unabhängiger von solchen Bindungen, sie sind aber gleichzeitig auch gleichgültiger und uninteressierter gegenüber *allen* Beziehungen. Kinder, die keine personalen Liebesbeziehungen zu einer Bezugsperson entwickeln konnten, zeigen offenbar auch insgesamt weniger soziale Bindungsfähigkeit und soziales Interaktionsinteresse. Sie sind auch nicht etwa unabhängiger im Sinne von mehr Risikobereitschaft. Selbst diese Verhaltensdispositionen entwickeln sich dort eher, wo sich das Kind eines Rückhaltes in der Geborgenheit bei der Mutter sicher ist.

Soziales Lernen, das sich in einem Verhalten zeigt, auf den anderen einzugehen, Rücksicht zu nehmen, auf Gegenseitigkeit zu handeln, mitzufühlen, aus Liebe zu dem anderen auf etwas zu verzichten, mildernde Umstände gelten zu lassen usw., setzt offenbar voraus, daß man über emotionale Bindungen an geliebte Personen die Voraussetzungen für ein solches Verhalten gelernt hat. Nur aus solchen *sozial-emotionalen Grunderlebnissen,* die in der Regel zuerst im Umgang mit der Mutter erfahren werden, erwächst ein Sozialverhalten, das sich dann unter Kameraden und Freunden und schließlich in einem kooperativen Verhalten des Menschen als einem Glied der Gesellschaft überhaupt bewährt.

Aus: Heinrich Roth: Pädagogische Anthropologie. Band 2: Entwicklung und Erziehung. Hannover 1971, S. 315

Für die Erziehung zu einem selbständigen Sozialverhalten in konkreten Lebenssituationen ist zweitens erforderlich der Aufbau einer dauerhaften Grundhaltung sozialen Mitgefühls und eine Steigerung der sozial-emotionalen Sensibilität, die die Fähigkeit einschließt, vom anderen her zu fühlen, zu denken und zu handeln.

Dieser Aspekt des sozialen Lernens hängt entscheidend davon ab, wie das Kind die Begrenzung durch den anderen erfährt, wie das Zusammenleben geordnet und geregelt und wie die erforderliche Rücksichtnahme durchgesetzt wird.

Dazu ein Beispiel von Gordon, einem amerikanischen Erziehungsberater:

■ Gisela, vier Jahre alt, wollte, daß ihr Vater jeden Abend, wenn er von der Arbeit nach Hause kam, sofort mit ihr spielte. Der Vater jedoch war nach der Arbeit meistens müde von der Fahrt auf den überfüllten Straßen und brauchte Erholung. Gewöhnlich wollte er gleich nach der Heimkehr die Zeitung lesen und etwas trinken. Gisela kletterte ihm dann häufig auf den Schoß, brachte die Zeitung durcheinander und unterbrach ihn ständig mit Bitten und Betteln.

Aus: Thomas Gordon: Familienkonferenz. Hamburg, 4. Aufl. 1974, S. 193

Manchmal wies er die Tochter zurück und weigerte sich, mit ihr zu spielen; aber zufrieden war er mit dieser Lösung nicht. Manchmal gab er dann dem Betteln und Drängen nach, war dabei aber meistens verstimmt. Schließlich versuchte er einen dritten Weg:

■ Er legte Gisela den Konflikt dar und schlug vor, daß sie eine für beide angenehme Lösung zu finden versuchten. Innerhalb weniger Minuten einigten sie sich auf eine Lösung: Vater versprach, mit Gisela zu spielen, vorausgesetzt, sie wartete, bis er die Zeitung gelesen und einen Drink gehabt hatte. Beide hielten sie sich an ihre Abmachung, und Gisela sagte später zu ihrer Mutter: „Daß du Vati nur ja nicht während seiner Ruhepause störst." Als einige Tage darauf eine ihrer Spielgefährtinnen Vater bat, sich mit ihnen zu unterhalten oder mit ihnen zu spielen, sagte ihr Gisela mit Nachdruck, daß Vater während seiner Ruhepause nicht gestört werden dürfe.
Aus: Ebd., S. 193

Mit dieser Lösung des Konflikts ist für Gisela ein ganz wesentlicher Lernprozeß eingeleitet worden:
Zwischen das unmittelbare Bedürfnis des Kindes, den Vater für sich zu beanspruchen, sobald er nach Hause kommt, ist die Rücksichtnahme auf die Bedürfnisse des Vaters geschaltet worden. Die Reaktionen und Verhaltensweisen des Kindes werden nun nicht mehr nur durch die eigenen Bedürfnisse gesteuert, sondern in ein ausgewogenes Verhältnis zu denen des Vaters gebracht. Dieses Denken und Handeln vom anderen her, das Fühlen vom anderen her, die Rücksichtnahme auf den anderen, ist ein wesentlicher Bereich der Erziehung zu sozialem Mitgefühl, zur sozialen Sensibilisierung.
Dieser Lernprozeß würde wohl kaum zustandekommen, wenn der Vater einfach durchgesetzt hätte: „Wenn ich nach Hause komme, will ich meine Ruhe haben, da mag ich nicht spielen." Damit hätte er sich nicht anders verhalten als das unbedacht fordernde Kind, nur er hätte mehr Möglichkeiten, seinen Willen durchzusetzen. Bei Gordons Vorschlag ist das Kind am Finden eines Weges beteiligt, der beiden gerecht wird, es entscheidet sich – zusammen mit dem Vater – für eine Lösung, identifiziert sich damit, ist damit auch motiviert, sie einzuhalten, zumal der Vater der Vierjährigen dieses einsichtige Verhalten zutraut.
Das Kind hat auch erfahren, wie Konflikte sinnvoll gelöst werden können.
Obwohl diese Situation einsichtig geregelt ist und Gisela sich täglich übt im Einhalten der Vereinbarung, dürfen wir nicht erwarten, daß damit nun auch bereits alle ähnlichen Situationen vom Kind gemeistert werden können.
Das von Gisela geübte Verhalten ist zunächst nur angelernt: Erst später – vor allem auch bei Mitwirkung von Kindergarten und Schule – kann aus den sozial-normierten Verhaltensweisen ein sozial-einsichtiges, selbst reguliertes Verhalten werden.
In der Familie gibt es durch das enge Zusammenleben viele täglich wiederkehrende Situationen, wo Rücksichtnahme aufeinander, Beachtung der Interessen der anderen, Respekt vor dem Lebensraum jedes einzelnen notwendig und hilfreich sind. Entscheidend ist, daß diese Verhaltensweisen für alle gleicherweise gelten und daß *einsichtiges, selbstgesteuertes* soziales Verhalten angebahnt wird.

■ Soziales Verhalten entwickelt sich nur in unmittelbarem Umgang mit anderen... Überall, wo Menschen zusammenleben, ist der Lebensraum des einzelnen begrenzt. Die jeweilige Begrenzung schafft aber zugleich den

Freiraum, in dem man sich ungehindert bewegen und seine Identität finden kann. Unter sozialem Verhalten verstehen wir die Bereitschaft, anderen einen eigenen Lebensraum zuzugestehen: die Eltern den Kindern, die Kinder den Eltern und die einzelnen jeweils unter sich. Es kann darüber hinaus bedeuten, dem anderen zu seinem Recht zu verhelfen. Das ist in einer Familie zunächst ausschließlich Sache und Pflicht der Eltern... Später werden dann die heranwachsenden Kinder entsprechend in der Lage sein, auch ihrerseits für andere einzutreten.

Aus: Albert und Dorothee Stüttgen: Kindererziehung. Zürich, Köln 1975, S. 71, 68, 69

Aber auch in sehr günstigen Familienverhältnissen ist das Zusammenleben nicht konfliktfrei.

■ Von Natur aus strebt jedes Kind danach, seinen eigenen Lebensraum auch auf Kosten anderer auszudehnen. Das muß unter anderem deshalb hier besonders betont werden, um eine weitverbreitete Familienideologie auszuschließen, nach der ein auf Dauer begründetes „natürliches" Zusammengehörigkeitsgefühl unter Geschwistern bestehen soll... Unter Geschwistern ist eher ein gespanntes Konkurrenzverhalten „natürlich", das ständig in offene Auseinandersetzung umzuschlagen droht, wenn ein entsprechender erzieherischer Einfluß der Eltern fehlt.
Wenn aber soziales Verhalten innerhalb der Familie nicht als von Natur gegeben angenommen werden darf, so kann es auch mit dem Familienverband keine angeblich natürliche Begrenzung haben... Deshalb kann und sollte das Verhältnis der Familienmitglieder untereinander... als Vorstufe verstanden werden zu einem nicht begrenzten, auf gegenseitiger Anerkennung gründenden Zusammenleben mit anderen Menschen überhaupt und insofern als offen zu allen Seiten hin.

Aus: Ebd., S. 72

Damit ist zugleich gesagt:

> Die wichtigsten Lernprozesse in der Erziehung zu sozialem Verhalten gründen und enden nicht in familialen Bindungen und nicht in Sympathie. Immer geht es vor allem um den anderen, mit dem das Kind lebt, Erfahrungen macht, dessen Anspruch, dessen Anderssein es akzeptieren und achten lernt, von dem es geachtet und akzeptiert wird, akzeptiert werden will.

Der Kreis der Personen wird immer größer, die Erfahrungen werden differenzierter, die Handlungsmöglichkeiten einsichtiger und in ihren Motiven und Bedingungen durchsichtiger – aber sie ändern sich nicht im Prinzip. Immer geht es um die Entwicklung sozialen Mitgefühls und um die damit korrespondierenden Verhaltensweisen und Einstellungen. Es geht um wenige, klare Orientierungen des Handelns und Verhaltens.
Eine sehr wesentliche Erweiterung der Erfahrungen mit anderen erfolgt, wenn das

Kind Kontakte und Beziehungen zu Gleichaltrigen aufnimmt. Zwischen dem dritten und fünften Lebensjahr ist das möglich und sollte von den Eltern gefördert werden – vor allem dann, wenn das Kind keinen Kindergarten besucht.

Immer wieder beobachten wir, wie häufig und heftig sich viele Kinder zunächst streiten, wie jedes Kind versucht zu dominieren, die anderen zu beherrschen, das Spiel zu bestimmen, alle Spielsachen an sich zu reißen. Es gibt aber auch bereits Freundlichkeit, hilfsbereite Zuwendung, Sympathiebezeugung, wechselseitige Über- oder Unterordnung. Ohne Lenkung und Hilfe der Erwachsenen wird die für die Spielgruppe wichtige Koordination der Tätigkeiten und Ziele und die Kooperation in diesem Alter selten gelingen. Hier liegt die nicht zu unterschätzende Möglichkeit des Kindergartens, die Sozialbeziehungen der Drei- bis Fünfjährigen durch Spielsituationen und vorsichtige Hilfen so zu lenken, daß das in der Familie Gelernte nun auch in der Kindergruppe aufgenommen wird.

3.2 Die Stellung sozialen Lernens im Spiegel von Richtlinien

In der Zeit der Weiterentwicklung des Bildungswesens wurden für den Vorschulbereich vor allem Curricula für soziales Lernen entwickelt. Es gibt zwei verschiedene Ansätze (vgl. S. 46 f.): den Situationsansatz, in dem Sachlernen und soziales Lernen eng verbunden sind, und einen zweiten, in dem soziale Lernprozesse vor allem in Situationen des gemeinsamen Lebens und Lernens einbezogen sind. Dabei sind der Aufbau von sozialer Handlungskompetenz und Sachkompetenz miteinander verwoben, beide aber sind rückbezogen auf die Steigerung der Selbstkompetenz im Sinne der Persönlichkeitsbildung.

Eine deutliche Verschränkung dieser Aufgaben zeigen die Richtlinien der Hansestadt Hamburg:

■ Leben und Lernen in sozialen Bezügen[1]

1.3 Lernvoraussetzungen

Bei dem Entwicklungsstand Fünf- und Sechsjähriger kann davon ausgegangen werden, daß die Kinder
- sich für einen Teil des Tages von ihren Eltern lösen können;
- bereit sind, Beziehungen zu anderen Personen aufzunehmen;
- stark ich-bezogen sind; es fällt ihnen schwer, Gefühle und Ansprüche anderer Personen im eigenen Handeln angemessen zu berücksichtigen;
- Situationen und Handlungen noch nicht auf Ursache und Wirkung hin untersuchen können;
- in Ansätzen beziehungserfassend denken;
- mit unterschiedlichen sozialen Erfahrungen in die Schule kommen; es können keine einheitlichen Verhaltensweisen erwartet werden.

. . .

---

1 Die hier entwickelten Orientierungen gelten gleichermaßen für Kindergarten, Hort und Heim.

1.5 Zusammenarbeit mit den Eltern

Soziale Erziehung muß in besonderem Maße in Zusammenarbeit mit den Eltern verwirklicht werden. Wichtig ist, daß die Ziele und Inhalte sozialen Lernens den Eltern verständlich gemacht werden. Um Verunsicherungen, Entfremdungen und Rollenkonflikte zu vermeiden, sollten die jeweiligen Lernsituationen mit den Eltern besprochen werden, damit Erziehungsziele und -praktiken in Elternhaus und Schule weitgehend aufeinander abgestimmt werden können.

2 Lernziele

Die drei im folgenden dargestellten Lernzielbereiche
– Steigerung der Ich-Kompetenz
– Steigerung der Sozial-Kompetenz
– Steigerung der Sach-Kompetenz
stehen in einer Wechselbeziehung und müssen daher im Zusammenhang verfolgt werden.

Kinder, die selbständig sind und Zutrauen zu sich haben, sind fähig, Beziehungen zu anderen Personen aufzunehmen und sicher im Umgang mit ihnen zu werden. Durch positive soziale Erfahrungen mit anderen wird wiederum das Selbstvertrauen gestärkt. Der Zuwachs an Sach-Kompetenz wirkt sich sowohl auf die Ich-Kompetenz als auch auf die Sozial-Kompetenz aus: ein Kind, das mit Informationen umgehen kann, ist sich selbst und anderen gegenüber sicherer; dieses Kind hat dadurch zugleich wieder Kräfte frei, um eine gesteigerte Sachkompetenz zu erwerben.

Die angeführten Lernziele sind langfristig zu verfolgen. Im Verlauf der Vorschulklasse werden einige erreicht werden können, andere erst in Ansätzen. Da diese Lernziele auch noch für höhere Schulstufen richtungsweisend sind, ist für jedes Teilziel ein Beispiel aus der Vorschulklassenpraxis gegeben, das verdeutlichen soll, wie sich das entsprechende Ziel für fünf- und sechsjährige Kinder darstellt.

2.1 Steigerung der Ich-Kompetenz

2.1.1 Artikulation von Beobachtungen und Erfahrungen

Beispiele:

Bedürfnisse und Interessen erkennen und benennen;	Ein Kind kann verständlich machen, daß es lieber in dieser Gruppe als in einer anderen spielen möchte. Es bittet um etwas.
Probleme formulieren.	Ein Kind sagt zum Pädagogen, daß es mit einem bestimmten Kind spielen möchte, aber abgelehnt wird.

2.1.2 Selbststeuerung

Seine Bewegungen steuern;	Ein Kind geht leise durch den Raum. Es bewegt sich nach Musik.
Bedürfnisbefriedigung aufschieben;	Ein Kind wartet, bis es an der Reihe ist. Es wechselt sich mit anderen ab.
mit Aggressionen umgehen;	Ein Kind versucht, auf Konflikte nicht physisch, sondern verbal zu reagieren. Es läßt seine Wut nicht an Schwächeren aus.
die eigene Stellung bzw. Rolle in der Gruppe erkennen;	Ein Kind kann besonders gut mit der Schere umgehen und stellt sich als Helfer zur Verfügung.

Selbständigkeit erwerben;	Ein Kind findet sich in der schulischen Umgebung zurecht. Es kann sich allein an- und ausziehen. Es kann mit Materialien sachgerecht umgehen. Es führt seine Bauaufgabe ohne Hilfe anderer durch.
unabhängig werden von Fremdbestimmung.	Ein Kind entscheidet selbst, ohne den Pädagogen oder andere Kinder zu fragen, mit welchem Material es einen Turm bauen will.

2.1.3 Handlungs- und Entschlußfähigkeit

Bereitschaft zur Handlung zeigen;	Ein Kind greift eine Spielidee auf.
Bereitschaft zur Stellungnahme und Entscheidung zeigen;	Ein Kind entscheidet sich für das Spielen mit einer bestimmten Kindergruppe.
rationale Einsichten in Handlungen umsetzen;	Ein Kind hat selbst erfahren, daß es für das Spiel in der Gruppe hinderlich ist, wenn einer etwas Gebautes zerstört, und es unterläßt es.
Initiative entwickeln, Tätigkeiten selbständig wählen, planen und ausführen;	Ein Kind fordert andere Kinder zum Spiel auf.
eigene Fähigkeiten einschätzen;	Ein Kind kann abschätzen, ob es eine Tätigkeit allein bewältigen kann oder die Hilfe anderer benötigt.
begonnene Aufgaben zu Ende führen.	Ein Kind malt sein Bild erst zu Ende, bevor es das Spiel in der Puppenecke aufnimmt.

2.2 Steigerung der Sozial-Kompetenz

2.2.1 Kontaktfähigkeit

	Beispiele:
Beziehungen zu anderen Kindern aufnehmen;	Ein Kind fragt seine Mitschüler, ob es mitspielen darf.
Beziehungen zu Erwachsenen aufnehmen;	Ein Kind holt sich Material vom Hausmeister. Es fragt den Pädagogen um Rat.
notwendige Umgangsformen beherrschen;	Ein Kind bittet einen Mitschüler um ein Spielzeug.
Mitschüler als Bezugspersonen erkennen und anerkennen,	Ein Kind nimmt Hilfe vom Mitschüler an. Es gibt Informationen an Mitschüler weiter. Es akzeptiert beim Tanz jedes andere Kind als Partner.

2.2.2 Soziale Sensibilität

Sich in die Rolle eines anderen versetzen, sich in seine Lage einfühlen, seine Bedürfnisse erkennen und in das eigene Verhalten einbeziehen;	Ein Kind zeigt dafür Verständnis, daß ein Mitschüler lieber allein spielen möchte.
Mitgefühl und Rücksichtnahme entwickeln;	Ein Kind tröstet ein anderes Kind, das hingefallen ist. Es bewegt sich vorsichtig durch den Raum, wenn in der Klasse mit Klötzen gebaut wird.

Anderssein respektieren;	Ein Kind berücksichtigt, daß ein gehbehindertes Kind nicht schnell laufen kann.
Andersartige in die Gruppe aufnehmen;	Ein Kind ist bereit, mit einem ausländischen Kind in der Gruppe zu spielen.

2.2.3 Kommunikationsfähigkeit

Zuhören;	Ein Kind läßt andere Kinder und Erwachsene etwas zu Ende erzählen.
Mimik und Gestik verstehen;	Ein Kind erkennt am Gesichtsausdruck seines Nachbarn, daß er beleidigt ist.
auf andere Meinungen eingehen;	Ein Kind fragt, warum ein Mitschüler sein Bild nicht hübsch findet.
Argumente abwägen, beraten, Beschlüsse fassen.	Die Kinder verändern Spielregeln nach gemeinsamer Beratung.

2.2.4 Kooperationsbereitschaft

Gemeinsam Aufgaben planen und lösen;	Die Kinder überlegen, wie eine Geburtstagsfeier gestaltet werden soll.
sich gegenseitig helfen, Hilfe annehmen;	Ein Kind hilft einem anderen, den Mantel zuzuknöpfen. Es nimmt einen Mitschüler gegen Hänseleien in Schutz.
Bereitschaft zur Übernahme von Verantwortung;	Ein Kind ist bereit, kurzfristig ein Amt zu übernehmen.
die Abhängigkeit von anderen erkennen;	Ein Kind allein kann die Turnmatte nicht bewegen.
Leistungen anderer Kinder anerkennen und eigene Schwächen ertragen;	Ein Kind erkennt an, daß sein eigener selbstgebauter Wagen nicht so gut rollt wie der seines Nachbarn.
auf eigene Vorteile zugunsten von Gruppeninteressen verzichten; teilen;	Ein Kind teilt die Bausteine mit anderen.
sich einordnen, wenn die Situation es erfordert;	Ein Kind ist bereit, ein Spiel nach den verabredeten Regeln durchzuführen.
nicht immer im Mittelpunkt stehen wollen;	Ein Kind kann es ertragen, wenn der Pädagoge sich mit anderen Kindern beschäftigt.
Mißerfolge ertragen, verlieren können;	Ein Kind beteiligt sich an einem Gesellschaftsspiel, obwohl es schon häufig verloren hat.
eigene Interessen einbringen und vertreten;	Ein Kind versucht, andere von seiner Spielidee zu überzeugen.

2.2.5 Konfliktverarbeitung

Konflikte erkennen und ertragen;	Ein Kind läuft beim Streit um ein Spielzeug nicht weinend zum Pädagogen, sondern beschäftigt sich zunächst anderweitig und versucht später, das Spielzeug zu bekommen.
bereit sein, über einen Streit zu sprechen;	Ein Kind sagt seinem Mitschüler, warum es seine Puppe weggenommen hat.

Kompromisse schließen;	Ein Kind schlägt vor, daß es am nächsten Tag das Puzzle bekommen möchte; dafür kann das andere Kind heute damit spielen.
sich behaupten und verteidigen;	Ein Kind verteidigt sich gegen die ungerechtfertigte Beschuldigung, einen Schaden verursacht zu haben.
unabhängig vom Erwachsenen Lösungen finden und realisieren.	Ein Kind versucht, den Streit um eine Kasperpuppe im Gespräch mit anderen beizulegen, ohne den Pädagogen einzuschalten.

2.2.6 Umgang mit Regeln

Regeln miteinander festlegen und einhalten;	Die Kinder verabreden, daß sie sich gegenseitig in ihren Spielen nicht stören wollen.
Regeln als veränderbar kennenlernen;	Ein Kind erfährt, daß der Schulrasen im Sommer betreten werden darf, im Winter aber nicht.
Regeln auf ihre Notwendigkeit hin befragen;	Die Kinder sprechen darüber, ob die Frühstückspause täglich zur gleichen Zeit stattfinden muß.
Regeln nach Absprachen verändern.	Die Kinder beschließen gemeinsam mit dem Pädagogen, daß sie sich vor der Schultür nicht mehr aufstellen, da auch so ein reibungsloses Eintreten gewährleistet ist.

2.3 Steigerung der Sach-Kompetenz

2.3.1 Informationsgewinnung und -verarbeitung

	Beispiele: (Dargestellt am Beispiel: Verbotsschild „Lärmen im Haus verboten".)
Verschiedene Arten von Informationsgewinnung kennenlernen;	Die Kinder überlegen gemeinsam, woher sie Informationen über dieses Verbotsschild bekommen können: Befragung von Eltern, Hausbewohnern, Hausmeister.
bewußtes Aufnehmen von Informationen;	Die Kinder sammeln Informationen über dieses Verbotsschild: Wo ist es aufgehängt? Für wen gilt es?
gegenseitiges angemessenes Mitteilen von Informationen;	Die Kinder berichten, was sie erfahren haben.
Wesentliches von Zufälligem und Unwesentlichem unterscheiden;	Die Kinder stellen fest, daß die Art der Befestigung eines Schildes (angenagelt, aufgehängt) für die Aussage des Schildes ohne Bedeutung ist.
Verstehen, Ordnen und kritisches Analysieren von Informationen;	Die Kinder überlegen, wem dieses Schild nützt und wen es schützt.

Informationen überprüfen;	Die Kinder befragen Eltern, Hausbewohner und Hausmeister, ob das Schild notwendig ist.
Folgerungen ziehen aus der Analyse von Informationen;	Die Kinder haben erfahren, daß alte Leute zum Beispiel viel Ruhe benötigen; sie überlegen, wie sie zur Ruhe im Hause beitragen können.
Vor- und Nachteile der Folgerungen abwägen;	Die Kinder stellen fest, daß sie Spaß daran haben, im Treppenhaus zu hüpfen, singen, lachen, rufen – daß sich aber einige Leute dadurch gestört fühlen.
Lösungswege planen und überprüfen.	Die Kinder besprechen, daß sie in der Mittagszeit darauf achten könnten, sich im Treppenhaus ruhig zu verhalten; sie erproben ihren Vorschlag eine Woche lang.

3.3 Die Begründung der Notwendigkeit sozialen Lernens

Um die Bedeutung sozialer Lernprozesse voll zu verstehen, müssen wir diese damit gestellten Aufgaben und Herausforderungen des Menschen auch für uns selbst realisieren.

Heinrich Roth verdanken wir eine sehr eingehende Auseinandersetzung mit den sozialen Lernprozessen:

■ Jeder Umgang mit Sachen und Gütern ist auch ein Umgang *im sozialen Feld,* geschieht in Beziehung auf ein menschliches Du und kann einem anderen schaden oder dienen: von einem mündigen menschlichen Handeln kann man erst dort sprechen, wo in das Handeln auch soziale Steuerungen miteingehen.
Der Mensch muß fähig werden, gleichsam noch einen *sozialen Regulator* zwischen den Reiz (komme er von außen oder von innen) und die Reaktion einzuschieben, und zwar zum Zwecke einer den mitmenschlichen Bezügen seines Handelns gerechtwerdenden Steuerung seiner Reaktionen und Handlungen.
Aus: Heinrich Roth: Pädagogische Anthropologie. Band 2: Entwicklung und Erziehung. Hannover 1971, S. 482

Zur Begründung der Notwendigkeit, daß unsere Handlungsfähigkeit vor allem die Sozialperspektive sehr ernst nehmen muß, verweist er auf die Verkehrsmoral und auf die Verselbständigung von Sachkompetenz am Beispiel eines Geldschrankknackers, der äußerst sachkundig handelt, aber gegen das Gemeinwohl.

Roth hat eindringlich erörtert, daß unsere sozialen Verhaltensweisen erlernte sind und aufgebrochen werden müssen im Hinblick auf humanen Fortschritt; zugleich hat er uns die Einsicht vermittelt,

■ daß Gefühle, Emotionen und Affekte, die gemeinhin das Sozialverhalten von Menschen regulieren, rational erhellt, bewußt und der Beurteilung zugänglich gemacht werden können, wie die Einsicht, daß alles rational Erkannte und Aufgeklärte der emotionalen Zustimmung bedarf, wenn es als Gesinnung, Einstellung, Haltung im Verhalten des Menschen als dauerhafte Disposition verankert werden soll.

Von Erziehung muß in diesem Zusammenhang deshalb gesprochen werden, weil sie dies alles zu leisten hat und zu leisten vermag, denn auch Gefühle, Emotionen und Affekte sind „lernfähig", sie vermögen unseren Einsichten nachzuwachsen, aber dies geschieht nur dann, wenn sie dazu angehalten und „erzogen" werden. Die wichtigste Voraussetzung dafür ist, daß das Sozialverhalten durch Teilnahme an gemeinsamen Aktivitäten, durch entwicklungsgemäße Aufgabenstellung in allen Altersstufen eingeübt und gleichzeitig die Einsicht in die Regulations- und Normierungssysteme des sozialen, gesellschaftlichen und politischen Verhaltens mit Nachdruck bewußtgemacht und gefördert wird...

... Die Erweiterung der menschlichen Handlungsfähigkeit in den Sachbereichen ist ein Potential aller Menschen, Völker und Rassen. Wenn das gleichfalls bei allen Menschen vorhandene Potential zur Sozialeinsicht nicht durch bewußte sozialpolitische Bildung und Erziehung in gleicher Weise entwickelt wird, wird der Mensch an der von ihm selbst entfesselten, instrumental ins Unendliche erweiterten Handlungsfähigkeit im Sachbereich scheitern, weil kein Gefühl der Solidarität zwischen allen Menschen und keine gemeinsame Verantwortlichkeit Normen und Grenzen für das Handeln im Sachbereich setzt.

Aus: Ebd., S. 599, 600, 599

Versucht man, die Einsicht in Erziehung umzusetzen, geht es um das Aufspüren und Aufgreifen von Situationen im Miteinanderleben, soweit diese Muster für Lebenssituationen sind (einander helfen, andere trösten, mit Regeln umgehen, mit Sachgütern sorgsam umgehen, die Bedeutung von „Ordnung" erfahren...).

Zur Argumentation Roths muß eine weitere hinzukommen. Es handelt sich hier um Überlegungen des amerikanischen Wissenschaftlers Bronfenbrenner, dessen Ansatz einer ökologischen Forschung gerade für den pädagogischen Bereich von großer Bedeutung ist. Anläßlich der Verleihung der Ehrendoktorwürde durch die Universität Münster sprach Bronfenbrenner über die *soziale Umweltzerstörung* und die Notwendigkeit, für das Aufwachsen jedes einzelnen dauerhafte persönliche Beziehungen und gefühlsmäßige Bindungen aufzubauen. In dieser Erörterung macht er deutlich, daß wir nicht nur unsere natürliche Umwelt allmählich zerstören, sondern daß eben auch die soziale Umwelt dem Kind nicht mehr die Bedingungen des Aufwachsens, der Geborgenheit, der Bindungen vermittelt, die für die humane Entwicklung unverzichtbar sind.

Zu erinnern ist daran, daß immer mehr Kinder in unvollständiger Familie aufwachsen, den größten Teil des Tages sich selbst überlassen sind.

Bronfenbrenner entwickelt dann Vorschläge, die eine soziale Wende vorbereiten und ermöglichen sollen. Dazu einen kurzen Ausschnitt aus der Rede:

■ Mehr als bei irgendeinem anderen Lebewesen ist es beim Menschenkind – für sein Überleben und für seine Entwicklung – notwendig, daß es von älteren Mitgliedern der Gesellschaft versorgt wird und mit ihnen gemeinsame Dinge tut...
Es ist heutzutage möglich, daß ein junger Mensch von 18 Jahren die amerikanische High School verläßt, ohne daß er jemals ein Stück Arbeit geleistet hat, von dem ein anderer abhängt. Wenn dieser junge Mensch zur Universität geht, kann diese Erfahrung noch weitere vier Jahre verschoben werden, und wenn er (oder sie) weiterstudiert, um seinen Doktor zu machen, kann dies bis in alle Ewigkeit auf sich warten lassen. Genauso verhängnisvoll ist es, daß ein junger Mensch, weiblich oder männlich, die High School oder das College oder die Universität absolvieren kann, ohne jemals ein kleines Kind mehr als ein paar Minuten im Arm gehalten zu haben, ohne jemals einen Alten oder Kranken versorgt, einen Einsamen getröstet, einem Menschen in Not geholfen zu haben. Aber wir alle werden, früher oder später, Betreuung, Hilfe, Trost brauchen! Keine Gesellschaft kann bestehen, wenn ihre Bürger nicht die Regungen, Erfahrungen und Fertigkeiten erworben haben, die solche Fürsorge verlangt.
Aus: Urie Bronfenbrenner: Soziale Umweltzerstörung. In: Neue Sammlung 21 (1981), S. 182 f.

An solchen Beobachtungen und Überlegungen wird noch einmal deutlich, daß alle pädagogischen Institutionen sich heute als Lebensraum für Kinder und Jugendliche verstehen müssen. Das heißt auch, daß das, was im Zusammenleben mit anderen, durch Teilnahme am Leben, nicht mehr selbstverständlich zum Aufwachsen gehört, in die Obhut der Erzieher in Kindertagesstätten und Schule gelegt werden soll. Aber nicht als Belehrung über das, was man tun soll, sondern als Möglichkeit humanen – und das heißt auch sozialen – Miteinanderlebens.

Die Orientierung am Humanum, an der Demokratie als Staatsform, an der Alltagswirklichkeit als Bedingung des Aufwachsens in der Spannung zu dem, was ein menschenwürdiges Leben ausmacht, unsere Verantwortung als Erzieher für das Dasein und Selbstverständnis der nachwachsenden Generation muß uns bereit finden, das Lernen als Miteinanderlernen und Zusammenleben so zu gestalten, daß Erfahrungen mit einer solchen Lebensform gemacht werden können. Die Kindertagesstätten gestalten und begleiten die ersten Orientierungen und Schritte auf diesem Weg.

▷ Erinnern Sie sich!
Wie wir das Kind sehen, so gestalten wir seinen Weg, und dieser Weg prägt wiederum das Kind und wird an ihm ablesbar.
(Vgl. dazu I 3.1, S. 23 ff.)

4. Das Problem der Autorität in der Erziehung

4.1 Zur Diskussion um antiautoritäre Erziehung

Im Dezember 1969 erschien die deutsche Ausgabe von Alexander S. Neills „Theorie und Praxis der antiautoritären Erziehung". Es ist ein Bericht über die 1921 von Neill gegründete Internatsschule Summerhill (England), über 40 Jahre seiner Praxis, in der auf jeden Zwang, auf Lenkungs- und Disziplinierungsmaßnahmen verzichtet wurde. Wie Rousseau (1670–1741) hält er die menschliche Natur für gut; die Selbstregulierung der Kinder erfolgt nur mit Hilfe der Schulversammlung. „Im großen und ganzen existiert Summerhill jedoch ohne jede Autorität und ohne jeden Gehorsam. Jedes Individuum hat die Freiheit, das zu tun, was es will, so lange es die Freiheit des anderen nicht beeinträchtigt" (Neill 1969, S. 158).

Dieses Buch erschien in der Zeit der sogenannten Autoritätskrise, am Beginn einer breiten öffentlichen Diskussion um autoritäre Verhältnisse und Verhaltensweisen in Familie, Staat, Betrieben, in Institutionen und in der Erziehung.

Wie lebendig die Auseinandersetzung war[1], zeigen die Auflagenhöhen dieses Buches:

Dezember 1969:	30 000 Exemplare
Januar 1970:	60 000 Exemplare
Februar 1970:	90 000 Exemplare
Februar 1970:	110 000 Exemplare
März 1970:	140 000 Exemplare
April 1988:	1 080 000 Exemplare

Es handelt sich in den späten 60er Jahren um eine Bewegung verschiedener Ausprägungen und Initiativen:

- eine Studentenbewegung, deren Schwerpunkt im Politisch-Gesellschaftlichen lag;
- die sogenannte Frankfurter Schule (Adorno, Horkheimer u. a.) mit ihren grundlegenden Untersuchungen zum autoritären Charakter und einem neuen Wissenschaftsverständnis (kritische Theorie);
- die Errichtung von Kommunen als Kollektive von Erwachsenen und Kindern;
- die Veröffentlichung antiautoritärer Kinderbücher; diese stimulieren politischgesellschaftliche Aktivitäten und kritische Auseinandersetzung mit der Alltagswirklichkeit;
- die Einrichtung von „Kinderläden" als Kinderkollektive, die in der Erziehung auf „Autoritäres" verzichten, d. h.

---

1 Eine differenzierte kritische Analyse Summerhills und eine Zusammenfassung vorliegender Auseinandersetzungen mit diesem Konzept ist enthalten in: Erich Weber: Autorität im Wandel. Donauwörth 1974, S. 50–65

- auf frühe und repressive Reinlichkeits- und Ordnungserziehung,
- auf Verbote und Strafen,
- auf Gehorsam gegenüber Erwachsenen.

Die Kinder durften, ja sollten, ihre Bedürfnisse ausleben und durchsetzen, die kindliche Sexualität wurde bejaht, ja unterstützt.

4.2 Erziehung abschaffen? – Antipädagogik

Dieser Bewegung ist auch die *„Antipädagogik"* zuzurechnen; sie beinhaltet die Ablehnung aller Erziehung. Die Verfechter der Antipädagogik sehen in der Erziehungspraxis eine Degradierung des Kindes zum Objekt erzieherischer Ansprüche (von Braunmühl 1978, S. 14). „Es widerspricht jeder Psycho-Logik, relativ wehrlose Kleinkinder mit pädagogischen Manipulationen zu terrorisieren, dadurch Selbständigkeit zu verneinen und ein Selbst, das dastehen könnte, unmöglich zu machen..." (a. a. O., S. 16). Sie fordern die Abschaffung der Erziehung. Die Vertreter der Antipädagogik gehen davon aus, daß das Kind besser fühlt und weiß, was es braucht, was für es gut und wichtig ist. Das beinhaltet eine Absage an den Erziehungsanspruch der Erwachsenen als „Grundhaltung eines Menschen, der von sich sagt, er wisse besser als der andere (den er erziehen will), was für diesen gut sei, und er werde es durchzusetzen versuchen" (von Schoenebeck 1982, S. 12). Die Konsequenz heißt: unterstützen statt erziehen!
Grundsätzlich gilt für die Antipädagogen:

■ Jeder Mensch ist von Geburt an selbstbestimmt. Daraus ergibt sich die grundlegende Forderung, jungen Menschen Zugang zu allen Rechten und Privilegien zu verschaffen, die Erwachsenen zugänglich sind. Es soll eine staatliche Garantie geschaffen werden, die dafür sorgt, daß junge Menschen an der Ausübung von Rechten, die auch Erwachsene ausüben können, von niemandem mehr behindert werden.
Aus: Hubertus von Schoenebeck: Unterstützen statt erziehen. Die neue Eltern-Kind-Beziehung. München 1982, S. 12 f.

Die antipädagogische Organisation „Freundschaft mit Kindern" proklamierte diese Rechte der Kinder in einem „Deutschen Kindermanifest".
Dazu gehören beispielsweise:

■ Kinder haben das Recht auf körperliche Unversehrtheit. Es gibt keine Züchtigung (Art. 14). Kinder haben nicht weniger Rechte als Erwachsene. Kinder dürfen generell alles tun, was Erwachsene im Rahmen der Gesetze tun dürfen (Art. 1).
Kinder haben das Recht, sich von bisherigen Lebenspartnern zu trennen und neue Lebenspartner zu wählen (Art. 10).
Kinder haben das Recht, sich einen eigenen Vornamen zu geben (Art. 16), ihr Lernen selber zu bestimmen (Art. 19), ihren Aufenthaltsort zu wählen (Art. 21).

Die Proklamation enthält aber auch Sätze, die der Rechtssicherung des Kindes *diametral entgegenstehen.* Rechtssicherung heißt ja immer beides: *Schutz des persönlichen Anspruchs* gegenüber Beschränkungen und Eingriffen. Zugleich aber auch: *Schutz* vor solchen *Interessenten,* die sich die Schwächen des einzelnen zunutze machen können, um ihm, eventuell mit seiner momentanen Zustimmung, *zu schaden.* Die Proklamation fordert: Kinder haben das Recht, für ihr Leben und für ihre Taten die rechtliche Verantwortung zu übernehmen (Art. 3).

... Sie können Verträge schließen, über Eigentum verfügen, Geschäfte eröffnen ... und in jeder anderen Form rechtsverbindlich tätig sein (Art. 5).

Kinder haben das Recht, jedes Nahrungs- und Genußmittel, das Erwachsenen zugänglich ist, ungehindert aufzunehmen oder zu verweigern (Art. 15).

Kinder haben das Recht, gegen Entgelt zu arbeiten (Art. 9).

Kinder haben das Recht, ihr Sexualleben selbst zu bestimmen und Nachkommen zu zeugen (Art. 18).

Aus: Deutsches Kindermanifest. Zitiert nach: Andreas Flitner: Konrad, sprach die Frau Mama. Über Erziehung und Nicht-Erziehung. Darmstadt 1982, S. 42 f.

Andreas Flitner fragt:

■ Will man damit neuen Formen der Ausnutzung von Kindern Tür und Tor öffnen? Will man, daß Drogen, Alkohol und Pharmaka in die Hände und die Entscheidung von Kindern gelegt werden? Will man den Jugendarbeitsschutz aufheben und damit jede Art von materieller Ausbeutung Jugendlicher ermöglichen, als habe es so etwas wie gesundheits- und entwicklungszerstörende Kinderarbeit nie gegeben? Will man die Entwicklungstatsachen der Pubertät nicht einmal mehr so weit ernstnehmen, daß man das Recht zur Familiengründung (um der Jugend selber willen) für diese Zeit aussetzt? Und schließlich: Ist man nicht bereit und imstande, das Recht auf völlige Eigendisposition zusammenzudenken und abzuwägen mit dem Schaden, der aus kindlich-jugendlichen Entscheidungen für das ganze Weiterleben der Kinder selber erwachsen kann?

Daß es eine Schonzeit, ein „Moratorium" geben muß, eine Periode von Verantwortung entlasteter Entwicklung auch in den frühen Jahren nach Eintritt der Geschlechtsreife, in der nicht Handlungen vorwiegen und Rechtsgeschäfte abgeschlossen werden können, die das ganze spätere Leben festlegen und eventuell ruinieren, – gerade *das* ist doch ein *Grundrecht der Kinder und Jugendlichen,* das geschützt, vielleicht sogar weiter entfaltet werden muß als bisher. Hier in diesem „Kindermanifest" wird ein *individualrechtlicher,* auf den *momentanen* Lebensaugenblick bezogener Freiheits- und Rechtsbegriff verabsolutiert und weder ausgewogen gegen den Rechtsschutz, den der Lebenslauf des Kindes im ganzen verdient, noch in den Zusammenhang von gesamtgesellschaftlichen Folgen gestellt. Auch wenn man davon absehen könnte, daß es heute unerhört starke kommerzielle Mächte gibt, die auf die Schwächen des Kindes zielen, um ihm die Freiheit eigener Entscheidung zu rauben und es zu einem willigen Konsumenten zu machen, auch dann noch sind diese Formulierungen absurd. Man soll die Gegenwart nicht der Zukunft opfern, sagte schon Rousseau; aber darf man, um maßlos erweiterter Gegenwartsrechte willen, Kinder ihre Zukunftschancen zerstören lassen?

Aus: Ebd., S. 43

Die Rechte des Kindes haben für die Antipädagogen die Konsequenz, daß die Erwachsenen auf den Anspruch und die Verantwortung, Kinder zu erziehen, verzichten. Schoenebeck fordert, daß sie statt dessen „erziehungsfreie Unterstützung" praktizieren.

■ Grundelement der Unterstützung ist ihre Freiwilligkeit. Zwischen den Unterstützungspartnern gibt es einen eindeutigen Konsens: Der eine möchte unterstützt werden, und der andere ist bereit, Unterstützung zu gewähren. Allein schon dieses Element der Freiwilligkeit unterscheidet das Unterstützen kompromißlos vom Erziehen, das mit seinem Anspruch „Ich weiß, was für dich gut ist, und werde es durchzusetzen versuchen" Herrschaft des einen über den anderen in die Beziehung trägt. Wir Erwachsene können den Kindern unsere Unterstützung gewähren, wenn sie uns darum ersuchen. Bei jungen Menschen, die unsere Sprache noch nicht sprechen, ist ihre Bitte um Unterstützung oft schwer zu verstehen, aber auch sie teilen uns souverän mit, was sie von uns wollen. Neben der Reaktion auf eine Bitte um Unterstützung können wir auch von uns aus aktiv werden und etwas anbieten. Auch dies kennen wir aus dem Erwachsenenleben, und wir wissen nur zu gut, daß wir unseren Freunden nur etwas anbieten, nie aber mit wirklichem Erfolg aufdrängen oder „zu deinem eigenen Besten" überstülpen können... Das Unterstützen geschieht auf einer gleichberechtigten Basis. Der Autorität der Kinder steht unsere Autorität gegenüber. So wie die Kinder in der neuen Beziehung in ihren eigenen Angelegenheiten selbst entscheiden – und Unterstützung erbitten oder einfordern, Unterstützungsangebote annehmen oder ablehnen – entscheiden wir frei und ohne „Verantwortungsgefühle" des alten Schulmechanismus der Erziehung, ob wir die Kinder unterstützen und ob wir ihnen Unterstützungsangebote machen oder ob wir ihnen Unterstützung nicht gewähren (z. B. aus Überforderung, Angst, Zeitmangel, Ärger, Bedenken u. a.).

Aus: Hubertus von Schoenebeck, a. a. O., S. 18 f.

Von Schoenebeck nennt Beispiele, was er mit „erziehungsfreier Unterstützung" meint:

■ „Uns fehlen noch 50 Pfennig." Doris (13) und Bärbel (13) wollen sich Zigaretten kaufen. Wenn sie erwachsen wären, wäre es kein Problem für mich, ihnen die 50 Pfennig zu geben. Ab 16 dürfen sie offiziell rauchen – machen drei Jahre den Unterschied? Selbstverständlich nicht. Ich bin froh, daß ich mit ihnen allein bin und gebe ihnen das Geld. Ich erfülle eine Bitte, und dies ist selbstverständlich.

„Können wir die Zigaretten bei dir lassen? Wenn zu Hause gemerkt wird, daß wir welche haben, kriegen wir Ärger." Claudia (12), Jürgen (13), Silvia (11) und Moni (11) vertrauen mir ihre Zigaretten an. Als sie zu Hause sind, sehen mich die Zigaretten auf der Fensterbank an. Mache ich mit, wenn sie sich ihre Gesundheit ruinieren? Sie haben mir etwas anvertraut, und ich habe ihnen geholfen. So, wie ich meinen erwachsenen Freunden auch helfe. Natürlich kennen sie das Raucherrisiko, das ist überhaupt nicht das Problem. Es geht um die eigene Lebensführung, und da unterstütze ich sie, kompromißlos. Das Gerede von „gesundheitsgefährlich" mit dem Ton „aber ihr müßtet doch …!" ist dumm und mißachtet ihre Souveränität und Würde.

„Spendierst du uns eine Schachtel Zigaretten?" Susi (13) und Andy (13) haben Lungenschmacht. Aber ich habe keine Lust, ihr Rauchen so massiv zu fördern. Eine ganze Packung – da mache ich nicht mit. Ist das anders, als wenn ich ihnen das fehlende Geld für eine Packung gebe oder ihre Zigaretten bei mir zu Hause aufbewahre? Mein Gefühl signalisiert mir einen Unterschied, auf den ich mich verlasse. 50 Pfennig zuschießen ist eine freundschaftliche Geste, Zigaretten aufheben ist Vertrauenssache. Eine ganze Packung kaufen ist mir zu viel. Ich finde meine Grenze willkürlich, aber ich akzeptiere mein Gefühl. Und sie verstehen mich.

Es ist Zeit zum Zurückfahren. Claudy (7) will nicht ins Auto einsteigen. Sie ist das zweite Mal in der Gruppe dabei. „Hör mal, ich muß noch andere Kinder besuchen", sage ich. Die anderen steigen wieder aus und sehen sich an, was los ist. Claudy will nicht. Was tun? Da ich wirklich unter Zeitdruck bin, fahre ich schweres Geschütz auf: „Wenn du nicht einsteigst, habe ich keine Lust, wenn du in der Gruppe mitmachst. Wenn es drauf ankommt, will ich mich von euch nicht im Stich gelassen fühlen. Und ich habe versprochen, um sechs Uhr bei anderen Kindern zu sein." Die anderen reden auf sie ein. Aber Claudy will nicht. O.k., ich seh' ein, daß ich verloren habe und gehe wieder in meine Wohnung. Natürlich zwinge ich sie nicht mit Anfassen oder Anschreien. Stehen lassen kann ich sie auch nicht, wie sollte sie nach Hause kommen? Wenn sie älter wäre, würde ich ihr fünf Mark geben, die Bushaltestelle erklären und bei ihr zu Hause anrufen. So aber hat sie mich. Ich bin nicht einmal wütend. Sie hat eben gewonnen, aus. Aber ich weiß auch, daß ich keine Lust habe, mit so jemanden etwas zu unternehmen. Ich fühle mich nicht geachtet. Und ich habe auch keine Energie, nachzuforschen, was bei ihr los ist. Dafür sind einfach zu viele Kinder um mich rum, die ich neu kennenlerne. Da brauche ich erst einmal ein gutes Grundgefühl, eh ich mich weiter einsetzen kann. Sonst wird es Krampf. Ich merke, daß ich zu Claudy kein solches gutes Gefühl habe und daß wir nicht Freundschaft schließen werden. Es tut weh – aber das gibt es eben auch. Nach einer halben Stunde kommen die anderen und sagen, daß Claudy jetzt nach Hause will. „Kann sie das nächste Mal wieder mitmachen?" fragen die anderen. „Nein", sage ich.

Beate (12) ist mit Petra (13) und Belinda (14) zu Besuch. Wir verlängern um eine Stunde, um noch eine. Dann taucht die Idee auf, ins Kino zu fahren.

Prima Idee – ich werde sie einladen. „Das darf ich bestimmt nicht. Es wird zu spät", sagt Beate. Ich steige in die Erwachsenenwelt um und rufe ihre Mutter an. Ich stelle mich als ehemaliger Lehrer von Beate vor, das schafft erst mal Vertrauen. Ich erzähl ihr dann, wie schön es heute nachmittag ist und daß ich die Kinder ins Kino einladen möchte. „Um halb elf ist Beate zu Hause, ich fahre sie vorbei." Da morgen Sonntag ist und ich mich mächtig ins Zeug gelegt habe, ist ihre Mutter einverstanden.
Aus: Ebd., S. 40 f.

▷ Diese Beispiele zeigen deutlich den Unterschied zwischen Erziehung und Unterstützung, besonders im Verhalten und Selbstverständnis des Erwachsenen. Vergleichen Sie bitte die hier geschilderten Situationen mit den Kriterien einer Erziehungssituation (II.1 Erziehend sind wir in eine Situation gestellt, S. 97).

4.3 Autorität

Die lebendige, zum Teil leidenschaftliche, aber auch unsachliche Diskussion um das Autoritätsproblem hat einerseits zu alternativen Kindertagesstätten und Schulen, andererseits – nach anfänglich sehr großer Verunsicherung von Eltern und Berufserziehern – dazu geführt, daß bewußter zwischen autoritär und autoritativ unterschieden wird. Die kritische Auseinandersetzung mit Formen der Autorität ermöglichte eine größere Sensibilität für das Humanum, für die Würde des Menschen und des Kindseins, aber auch für den Mißbrauch von Ämtern, für die Gewalt in der Erziehung.

Zur begrifflichen Unterscheidung von „autoritär" und „reiner, idealtypischer Autorität" (Roland Reichwein):

■ *Autoritär* ist ... ein soziales Verhältnis, in dem ein Autoritätsanspruch der Autoritätsinhaber durchgesetzt und die Legitimationsfrage mit Scheinargumenten ausgeblendet oder mit Zwangsmitteln unterdrückt wird, der aber von den Autoritätsabhängigen dennoch kritiklos anerkannt wird, obwohl diese darunter unbewußt leiden.
Aus: Roland Reichwein: Autorität. In: Dieter Lenzen, Klaus Mollenhauer (Hrsg.): Enzyklopädie Erziehungswissenschaft. Band 1: Theorien und Grundbegriffe der Erziehung und Bildung. Stuttgart 1983, S. 325

■ *Reine, idealtypische Autorität.* Heute besteht in den Erziehungs- und Sozialwissenschaften Konsens darüber, daß Autorität nicht eine Eigenschaft von Personen, sondern die Qualität einer sozialen Beziehung zwischen ihnen bezeichnet (vgl. schon Stern 1925, S. 6). Treffend sind die Definitionen „Ansehensmacht" (vgl. Geiger 1959, S. 137) und „bejahte Abhängigkeit" (vgl. Horkheimer 1968, S. 301). Abstrakter und differenzierter kann man Autorität definieren als allgemeine Bezeichnung für Eigenschaften, Fähigkeiten und Leistungen, welche denjenigen Personen, Gruppen und Institutionen zugeschrieben werden, die gegenüber anderen Personen, Gruppen und Institutionen in bestimmten Situationen – aus welchen Gründen immer – einen Einfluß- und Führungsanspruch geltend machen, der von diesen – aus welchen Motiven immer – innerlich (bewußt oder unbewußt) als berechtigt anerkannt wird, so daß die Autoritäts-Inhaber die Autoritäts-Abhängigen in ihrem Fühlen, Denken und Handeln tatsächlich beeinflussen und zur Lösung situationsbedingter Aufgaben oder zur Realisierung weitergehender Ziele führen können, ohne äußeren Zwang oder Gewalt anwenden zu müssen. Damit gehört das reine Autoritäts-Verhältnis zu den sozialen Formen psychischer Beeinflussung, die eine dauerhafte Über- und Unterordnung voraussetzen oder zur Folge haben, also soziale Ungleichheit, die auch auf Macht-, Zwangs- oder Gewaltverhältnissen beruhen kann. Das Autoritätsverhältnis unterscheidet sich aber von diesen durch erstens die *innere Anerkennung* der Autoritätsinhaber (oder ihrer Autorität) durch die Autoritätsabhängigen aufgrund bewußter Einsicht, unreflektierter Zustimmung oder einer Mischung aus beidem und zweitens durch die damit gegebene Chance oder Notwendigkeit einer wie immer gearteten, von beiden Seiten geteilten *Begründung* oder *Legitimierung* des Autoritätsverhältnisses. Daraus ergeben sich *für die Autoritätsinhaber:* das „Recht", bindende Ratschläge oder Befehle zu erteilen und unmittelbare Folgebereitschaft, Unterordnung und Gehorsam zu verlangen („effizienter Imperativ" – vgl. de Jouvenel 1958), aber auch die Pflicht, die Legitimationsbasis zu achten (Verantwortung); *für die Autoritätsabhängigen* dagegen: die freiwillige Verpflichtung, ohne Straf- oder Sanktionsdrohung, nur aufgrund von Vertrauen, Treue, Ehrfurcht zu gehorchen, aber auch das Recht, Gehorsam zu verweigern, wenn die Autoritätsinhaber die gemeinsame Legitimationsbasis überschreiten; und dafür besteht offenbar immer ein feines Gespür.

Aus: Ebd., S. 322

4.4 Die autoritäre Persönlichkeit

Erich Weber definiert:

■ ... Die autoritäre Persönlichkeit ist streng und starr auf Ordnung, Sauberkeit und Gehorsam bedacht. Sie haftet am Traditionellen und Konventionellen, insbesondere auch in bezug auf die Moralvorstellungen, und lebt in der ständigen Furcht, nicht wie die anderen zu sein. Die Folge davon ist ein weitgehender Verzicht auf autonome moralische Entscheidungen. Der autoritäre Mensch verhält sich häufig irrational und abergläubisch. Er ist in einem mystischen Glauben an die Vorherbestimmtheit des individuellen Schicksals befangen, z. B. infolge der Annahme unveränderlicher Erbanlagen. Auch sieht er allenthalben „böse Mächte" am Werk. Sein grob vereinfachtes, in Schwarz-Weiß-Malerei ideologisch zurechtgemachtes Weltbild enthält viele stereotype Vorurteile. Da er Ambivalenzen leugnet, gibt es in den Sozialbeziehungen für ihn entweder nur vollständig bejahende oder lediglich ausschließlich verneinende Einstellungen zum Partner. Kennzeichnend für ihn ist die Ablehnung und Geringschätzung des Mitgefühls, der Empfindsamkeit und der Sexualität, der Haß gegenüber allem Schwachen, die Überbetonung von Stärke und Härte sowie die Hochschätzung straffer Disziplin. Dahinter steckt persönliche Unsicherheit und Angst. Sie entspringt aus der eigenen Ich-Schwäche, aus der heraus sich die autoritäre Persönlichkeit blind mit der Macht identifiziert. Das Hängen am Starken sowie die Verherrlichung idealisierter Autoritätspersonen sind als Ersatzbefriedigung für die eigene Schwäche zu verstehen. Herrschaftsansprüche und Gehorsamsforderungen werden nicht nach ihrer Begründung und Rechtfertigung hinterfragt, sondern kritiklos hingenommen. Kritik wird als destruktiv abgelehnt. Der autoritäre Mensch akzeptiert die Autorität um ihrer selbst willen und fordert ihre rigorose Anwendung. Die eigene Unterwürfigkeit wird dadurch kompensiert, daß man diejenigen geringschätzt, die in der Rangordnung tiefer eingestuft sind. Man verhält sich im Sinne des Sprichwortes „Nach oben ducken, nach unten treten".

Aus: Erich Weber: Autorität im Wandel. Donauwörth 1974, S. 19 f.

4.5 Autorität und Erziehung

In der Diskussion um antiautoritäre Erziehung ging es vor allem um Ablehnung autoritären Verhaltens, um Mißbrauch von Macht, besonders von Erwachsenen und Erziehern gegenüber Kindern, von Amtsträgern und Vorgesetzten gegenüber Unterstellten und Untergebenen bzw. Abhängigen. Soweit es sich dabei nicht primär um gesellschaftlich-politische Bestrebungen, sondern um Kritik an pädagogischer Praxis handelte, wurde übersehen, daß in der pädagogisch-anthropologischen Reflexion die Selbstbestimmung der Person nicht nur als Aufgabe und Ziel, sondern auch als Bedingung und sittliche Rechtfertigung von Erziehung verstanden wurde.[1]

Die Vertreter der antiautoritären Erziehung lehnen Autorität als pädagogische Kategorie ab, die Antipädagogik sogar Erziehung, allerdings weitgehend erörtert an Fehlformen.

Wie aber wird Autorität in der Pädagogik verstanden? Welchen Ort hat sie in der Erziehung?

Ernst Lichtenstein fragt:

■ Ist es möglich, sich an traditionelle Muster der Begründung, der Formen und der Erscheinung von Autoritätsverhältnissen zu klammern, wenn Gegenwart und Zukunft sie nicht mehr tragen? Begründung und Formen der

---

1 Vgl. dazu besonders: Wilhelm Flitner: Ist Erziehung sittlich erlaubt? In: Zeitschrift für Pädagogik 25 (1979), S. 499–504; und in: Karl Erlinghagen, Andreas Flitner, Ulrich Herrmann (Hrsg.): Wilhelm Flitner: Gesammelte Schriften, Band 3: Theoretische Schriften. Paderborn 1989, S. 190–197

Autorität wandeln sich mit den Bedürfnissen der Gesellschaft und mit ihrem Selbstverständnis. Sie sind heute nur noch aus Gesetzen der sozialen Dynamik abzuleiten und „von unten", aber nicht mehr theologisch oder herrschaftlich „von oben" und auch nicht mehr institutionell zu begründen; die Soziologie mag von partnerschaftlicher oder Auftragsautorität sprechen. Aber man muß sehen, daß auch demokratische, dialogisch vermittelte Verbindlichkeitsannahme, wenn sie sich auf intensive Information und argumentative Beteiligung stützt, sich letztlich auf einen Kern unhinterfragbarer persongebundener Vernünftigkeit als Grund der Vertrauenswürdigkeit bezieht, und daß die sich überstürzende Mobilität der technokratischen Industriegesellschaft ihrerseits mit ihren Handlungszwängen und mit dem fortschreitenden Generationenverfall, den unvermittelt aufeinanderstoßenden Erfahrungshorizonten, eben diesen Rest von Geschichtlichkeit auszulösen im Begriffe ist.

Sollten wir uns wohl doch auch fragen, ob denn die Phänomene der Maßgeblichkeit und der Wertübernahme, die einmal unter der Signatur der Autorität (des Autoritativen, nicht des Autoritären) auftraten, in der wissenschaftlichen Zivilisation unter der Vorherrschaft der instrumentalen Vernunft und des emanzipatorischen Interesses wirklich jede Geltung und Bedeutung eingebüßt haben oder ob sie nicht vielmehr im Interesse der Rettung und Selbstbestimmung der Person unter kritisch geprüften Bedingungen und vielleicht in anderen Zusammenhängen auch in heutigen Erziehungssituationen und -konzepten wenigstens als Problem wieder auftauchen müssen, z. B. wo Fragen gemeinsamer Lebensordnung, sittlicher Entscheidungen oder der Orientierungshilfe in der unübersehbaren Vielheit von Informationen, Konsumangeboten, Lernzielen und Bildungsmöglichkeiten auf dem Spiel stehen.

Aus: Ernst Lichtenstein: Mißverständnisse im Gespräch über Autorität. In: Peter C. Bloth u. a. (Hrsg.): Mutuum colloquium. Dortmund 1972, S. 238 f.

Martinus J. Langevelds Einsichten zum Problem der Autorität spiegeln sich in seiner These:

■ Wir können eben nicht erziehen, ohne Vertrauen vorauszusetzen, d. h. Autorität zu akzeptieren. Wer uns vertraut, schreibt uns — wie wir bereits sahen — zu, daß wir Autorität besitzen, gegebenenfalls besitzen können.

Aus: Martinus J. Langeveld: Einführung in die theoretische Pädagogik. Stuttgart, 5. Aufl. 1965, S. 54

Dazu einige Überlegungen Langevelds zu Erziehung, Autorität, Verantwortung:

■ Autorität ist sittliche Verantwortung und Verantwortlichkeit für andere, hier für Unerwachsene, zu ihren Gunsten ...
Halten wir uns einmal vor Augen, was geschehen würde, wenn Erziehung ohne Autorität denkbar wäre. Setzen wir dabei voraus, daß der Erzieher wirklich dem Kind behilflich sein will, zu selbständiger Erfüllung seiner

Lebensaufgabe fähig zu werden. Will er das nicht, dann ist es freilich überflüssig, zuerst und zunächst eine Theorie darüber zu schreiben. Bei mangelnder Autorität und Autoritätsintention handelt es sich dann entweder um bloße Befolgung von Befehlen usw. aus persönlicher Bindung an den Erzieher mit der Folge, daß das Kind auf die Dauer niemals selbständig wird. Oder aber wir haben dann Gehorsam aus eigener Einsicht, die entweder durch beweisführende Erklärung oder durch eigene Erfahrung erworben wird; in diesem Fall denkt man sich das Kind sogleich selbständig, was den elementarsten Tatsachen widerspricht.

Aus: Ebd., S. 53

Zu einem Autoritätsverhältnis elementarster Art ist das Kind noch nicht reif. Das wird es auch nicht eher, als bis es mit der Sprache für eine nähere Anweisung dessen erreichbar wird, was die Erzieher wollen und nicht wollen, für eine gewiß noch einfache, aber doch bereits persönliche *Begegnung* von Erziehern und Kindern in der Sache.

Aus: Ebd., S. 42

Zu eigentlichem Gehorsam ist das Kind erst gekommen, wenn und insofern es imstande ist, Autorität anzuerkennen. Mit ungefähr dreieinhalb Jahren beginnt dies in primitivster Form zu geschehen. Mit ungefähr fünf Jahren ist es schon deutlicher wahrnehmbar, das schulpflichtige Alter zeigt es in zunehmender Deutlichkeit und Ungeschwächtheit. In der Pubertät spielt das eigene Ich eine so erhebliche Rolle, daß vielfach Autoritätskrisen vorkommen. Das Erwachsensein wird erreicht – und damit das Ende der Erziehung –, wenn der Mensch imstande ist, selbst die unbedingt erforderliche Autorität über sich und das, was ihm anvertraut ist, auszuüben und außerdem andere und höhere Autorität an ihrem Platze anzuerkennen.

Aus: Ebd., S. 44

Für jede erzieherische Autoritätsausübung ist es gerade deshalb wesentlich, daß derjenige, der Autorität ausübt, deutlich erkennen läßt, daß er bloß *Mittler* ist, während zugleich in Erscheinung treten muß, daß dasjenige oder derjenige, dessen Mittler er ist, auch für ihn selbst Autorität besitzt.

Aus: Ebd., S. 49

Die Autorität steht unter einer doppelten polaren Spannung, der Spannung zwischen Gehorsamsforderung und Selbständigkeitspflicht einerseits und zwischen Selbständigkeitsforderung und Selbständigeinkönnen andererseits. Der Erzieher fordert Gehorsam gegenüber seiner Autorität, anerkennt jedoch die Selbständigkeitspflicht des Zöglings und fordert also *mit* Gehorsam *zugleich* Selbständigkeit (d. h. Übernahme von Verantwortung); diese jedoch steht in einem Spannungsverhältnis zu dem Selbständigeinkönnen des Kindes. Hier also wird ganz deutlich sichtbar, wie sehr die Autorität auf einem Vertrauensverhältnis beruht. Der Erzieher muß Vertrauen schenken, da er Selbständigkeit fordern muß. Das Kind muß sein Vertrauen schenken, weil es das Wagnis eingehen muß, etwas zu befolgen, was es selbst nicht zu beurteilen vermag; es muß ferner Vertrauen schenken, weil es wagen muß, die ihm abverlangte Selbständigkeit von sich aus zu erproben.

Aus: Ebd., S. 55

Warum ist Erziehung eine Angelegenheit, die Autorität impliziert? Weil – so muß die Antwort lauten – das in der Autorität geschenkte Vertrauen die Möglichkeit schafft, dem Kind, dem Unerwachsenen zu helfen.

Aus: Ebd. S. 54

Wilhelm Flitner bestimmt den Ort der Autorität im Erziehungsverhältnis so:

■ ... In der Verantwortung wird die erzieherische Intention als eine Notwendigkeit jenseits aller Willkür empfangen; und von da aus wirkt die gleiche Intention auch auf den Erzieher zurück und fordert von ihm, daß er zu dem steht, was ihm erzieherische Autorität verschafft hat: zur Verwirklichung des Geistes, dem er im Zögling Anerkennung verschaffen soll. Indem sich der Erzieher selbst unter die Forderung des echten erziehenden Gehaltes stellt, repräsentiert er ihn und wird echte Autorität.

Der Erzieher kann sich nur unter die Forderung dieses Gehalts stellen – ob er ihn selbst verwirklicht, liegt nicht immer in seiner Hand, es kann von ihm nicht menschliche Vollkommenheit erwartet werden. Nicht nur der Unfehlbare und Weise sind zu erzieherischer Autorität befugt – der Irrende und der Sünder ist es ebenso. Aber nicht befugt ist, wer unwahr und unglaubwürdig ist: wer sich nicht anerkennend, leidend und kämpfend unter den Inhalt seiner Forderungen und Ansprüche selber stellt und sie dadurch repräsentiert. Die Zurückhaltung, die von den Trägern erzieherischer Ämter erwartet wird, darf sich nur hierauf beziehen. Die Sitte erwartet, daß sie nie vergessen, wofür sie sich einsetzen. Verlangt man aber die Vollkommenheit selber, so verführt man den Erzieher dazu, sie zu affektieren und macht ihn zum Gespött.

Aus: Wilhelm Flitner: Allgemeine Pädagogik. Stuttgart, 11. Aufl. 1966, S. 78; und in: Karl Erlinghagen, Andreas Flitner, Ulrich Herrmann (Hrsg.): Wilhelm Flitner. Gesammelte Schriften. Band 2: Pädagogik. Paderborn 1983, S. 191 f.

Daraus erhellt, daß Autorität weder eine persönliche Gabe oder Eigenschaft ist, aber auch nicht gebunden an eine Position, sondern für den Erzieher gilt:

■ Autorität hat man immer nur für andere, Autorität kann man nur für andere „werden". Wer für einen anderen Autorität wird, wird damit von ihm als maßgeblich anerkannt, als jemand, zu dem man aufschaut, dessen Wort gilt, nach dem man sich richten muß, weil er ein Wertvertrauen rechtfertigt, und zwar ein solches, das im Eindruck nicht nur seiner Überlegenheit, sondern seiner Wertgarantie seine Wurzeln hat (... „daß es diesen Menschen gibt").

... Autorität hat nie ein Mensch schon als diese individuelle psychische Persönlichkeit, sondern erst durch einen übergeordneten Lebensbezug und einen höheren Lebensgehalt, der durch ihn hindurch anschaulich wird und existenziell in Erscheinung tritt, „als" dessen Repräsentant er Vater, Mutter, Lehrer, Meister, Jugendführer ist.

... Das, was einem Menschen autoritativ wird, ist ihm von Menschen vermittelt, vorgelebt, dargestellt, bildhaft und nachvollziehbar gemacht worden. Es ist nicht personunabhängige, ichneutrale Sachlichkeit. Es hat immer (wie das Ethos der Berufe, wie die Gewissensdimension des wissenschaftlichen, sozialen, politischen Handelns, wie das Kategoriale des wahrhaft Verstandenen und Eingesehenen) bindend-verpflichtenden, Verantwortung weckenden und herausfordernden Normcharakter. Dieser existenzielle Bezug bleibt in der Autoritätserfahrung auch dann erhalten, wenn diese sich vom Kind zum jungen Menschen grundlegend wandelt, wenn sie sich loslöst von der gefühlhaften Identifizierung mit der Person des Erziehers, und wenn der Reifende die persönliche Autorität des Erziehers gerade um der Autorität der Normen willen kritisch in Frage zu stellen beginnt. Eben dann ist es die große Chance des Erziehers, das Autoritative als das erfahren zu lassen, unter dessen Gesetz und Anspruch Erzieher und Zögling gemeinsam stehen, als die Autorität der Wahrheit, der im Gewissen erfahrenen sittlichen, religiösen und Wahrheitsnormen selbst.

Aus: Ernst Lichtenstein: Autorität und Freiheit. In: Erziehung, Autorität, Verantwortung. Ratingen 1967, S. 45 ff.

... Das ist für das Kind Autorität, was ihm Ansprüche an sein Gutseinwollen motiviert, was es in den Augen derer, die es liebt, gut sein läßt, was ihm darin Sicherheit gibt, worin es in gemeinsamer Welt selbst sein kann. Dazu autorisiert Autorität als stellvertretende Hilfe zur Ausbildung von Werthaltungen, zu Bindungsfähigkeit und Engagement, zu Sozialität und Personalität.

Aus: Ebd., S. 44

Der Erzieher muß wissen:
... Autorität schafft die Versuchung der Machtausübung, in der sie sich korrumpiert. Und umgekehrt: Machtkonstellationen haben die Neigung in sich, sich durch Autoritätsanspruch zu rechtfertigen. Jede Autorität ist riskant, weil sie immer die Gefahr des Machtmißbrauchs in sich schließt. Gleichwohl ist sie – wo sie rein ist – durch sich selbst Mächtigkeit. Aber diese Mächtigkeit ist nicht Unterdrückung, sondern im Gegenteil Urheberschaft, durch das, was sie bewirkt, durch die Möglichkeiten, die sie aufschließt, durch die Kräfte, die sie weckt und mobilisiert, eine Mächtigkeit, die ihrerseits ermächtigt, die denjenigen, den sie bestimmt, nicht überwältigt oder lähmt, sondern gerade autorisiert, zur Freiheit autorisiert und aufruft, die ihn bindet, um ihn freizumachen, die seinen Eigenwillen einschränkt, um ihn über sich zu erheben, die ihm Möglichkeiten konkreter Freiheit erschließt, die er ohne die Eröffnung solcher Perspektiven, die ihn für höhere Aufgaben und Ziele in Anspruch nehmen, nicht haben würde.

Aus: Ebd., S. 48

▷ Dieses Verständnis von Autorität, wie es z. B. die Aussagen Langevelds und Lichtensteins beinhalten, wird oft als ein idealisierter Autoritätsbegriff bezeichnet, der in der Erziehungspraxis kaum einzulösen sei.

▷ Wilhelm Flitner gibt darauf eine Antwort.
Warum kann weder auf Erziehung noch auf Autorität in der Erziehung verzichtet werden?

▷ Wie muß Autorität verstanden und realisiert werden, wenn sie pädagogisch bzw. ethisch gerechtfertigt sein soll?

▷ In allen pädagogischen Institutionen kann es notwendig werden, daß der Erzieher seinen eigenen Willen gegen das Widerstreben der Kinder durchsetzt.
  – Wann kann es zu solchen Situationen kommen?
  – Kann Machtausübung, Durchsetzung des Willens des Pädagogen, erzieherisch in dem bisher erörterten Verständnis wirken?
  – Wo liegt der Unterschied zwischen Autorität und Macht?

▷ Da Machtausübung das pädagogische Verhältnis beeinträchtigen kann, ist zu fragen: Was ist notwendig, um ein erzieherisches Verhältnis wieder aufzubauen?

5. Die Frage nach den Erziehungsmitteln und Erziehungsweisen

5.1 Erziehungsmittel – hilfreich oder problematisch?

Es handelt sich hier nicht um eine systematische Bestandsaufnahme, vielmehr sind einige Mittel herausgegriffen, die häufig in Erziehungssituationen zu beobachten sind. Ihre Verhältnismäßigkeit und Wirkung soll beurteilt werden. Gerade am Mittel wird deutlich, ob Erziehung oder bloße Disziplinierung gemeint ist.

In der Erziehungssituation hat der Erzieher verschiedene Möglichkeiten der Einwirkungen, die die Pädagogik häufig als Erziehungsmittel bezeichnet. Der Erzieher wirkt dabei stets auf zweierlei Weise:

1. Er wirkt durch seine Person; er geht als Person mit seinem ganzen Sein in die erzieherische Situation ein. (Vgl. II.1 Erziehend sind wir in eine Situation gestellt, S. 97 ff.)

Langeveld stellt fest:

„Der Erzieher kommt selbst als ‚Mittel' in der Erziehung zum Ausdruck" (Langeveld 1965, S. 28). Das heißt, daß es nicht nur darauf ankommt, welche Orientierungen der Erzieher vertritt, welche Kulturgüter er vermittelt, sondern von gleicher Bedeutung ist, welche Lebensinhalte der Erzieher dem Kind vorlebt. (Vgl. Erziehungsweisen, S. 165 ff., Führung, S. 169 ff.)

2. Der Erzieher setzt aber auch Mittel ein, von denen Wirkungen ausgehen:

Beispiel 1: Eine Erzieherin berichtet erregt einer Kollegin:

„Ich weiß gar nicht mehr, was ich mit Uwe machen soll. Sobald er in den Kindergarten kommt, fängt er an, im Raum herumzurennen, die anderen Kinder in ihrem Spiel zu stören, ihre ‚Bauwerke' kaputt zu machen und sie zu schlagen. Innerhalb von zwei Tagen kam heute schon die fünfte Mutter und hat sich über das Verhalten von Uwe beklagt. Ich weiß mir keinen Rat mehr! Er macht mir jeden Tag neue Probleme! Was soll ich nur mit Uwe machen, damit ich ihn dazu bringe, sein Verhalten zu ändern. Mit welchen Mitteln kann ich das wohl am besten erreichen?"

▷ Welchen Rat würden Sie geben? Bitte begründen Sie Ihre Vorschläge!

Beispiel 2: Frühstückssituation während des Freispiels im Kindergarten

Die Freispielzeit geht langsam dem Ende zu. Die Erzieherin geht zu den noch spielenden Kindern und vergewissert sich, ob sie schon gefrühstückt haben. Danach geht sie zu den Kindern an den Frühstückstisch, denn auch die Frühstückszeit geht zu Ende:

Erzieherin zu Elke:	„Du bist ja schon fertig, das ist ganz prima!"
Erzieherin zu Sabine:	„Sabine, du hast noch nicht gefrühstückt! In zehn Minuten ist die Frühstückszeit vorbei!"
Erzieherin zu Uwe:	„Uwe, ich habe dir schon vor 20 Minuten gesagt, daß du deine Legosteine wegräumen und frühstücken sollst! Daß ich dir das jeden Tag sagen muß!"
Erzieherin zu Sandra:	„Wieviel Becher Tee hast du denn jetzt schon wieder getrunken. Du weißt doch, daß bei uns jedes Kind nur zwei Becher trinkt. Daß du dir das nicht merken kannst. Denke künftig daran!"
Erzieherin zu Ralf:	„Setz dich endlich hin und frühstücke! Beeil dich dabei!"

▷ Die Erzieherin setzt hier verschiedene Mittel ein.
Bitte bestimmen Sie diese, und überlegen Sie, was die einzelnen Mittel bedeuten und wie sie sich voneinander unterscheiden!

▷ Können Sie sich noch erinnern, mit welchen Mitteln Sie erzogen wurden?

Zur besseren Bestimmung der einzelnen Erziehungsmittel soll hier eine kurze Charakterisierung der in Beispiel 2 eingesetzten Erziehungsmittel erfolgen:

Lob

Wer lobt, bejaht. Die Bejahung beschränkt sich aber nicht nur auf ein unausgesprochenes Einverständnis, sondern ist auch ein ausdrücklich wahrnehmbarer Vorgang. Die verbreitetste Form der Bejahung ist das in Worte gefaßte Lob. Das Lob kann sich aber auch eines Blickes, eines Lächelns, einer Geste, eines Geschenkes u. ä. bedienen. Der Gelobte erfährt im Lob, daß sein Verhalten von anderen positiv beurteilt wird. Das Lob bezieht sich auf eine bereits *vorliegende* Einstellung oder Handlung.

Eine Gruppe anderer Erziehungsmittel bezieht sich auf noch *fehlende* Einstellungen und Verhaltensweisen.
Dazu gehört die *Erinnerung.*
Die Erinnerung ist die einfachste Form, Vergessenes ins Gedächtnis zurückzurufen. Der Erzieher erinnert das Kind an etwas, was es selber hat tun wollen und was es nur vergessen hat. Erinnerung ist eine Verhaltensorientierung, ein Vergegenwärtigen des aus dem Gedächtnis Entschwundenen. Das Erinnern beurteilt nicht, sondern ist neutral.

Ermahnung

Ein nicht mehr neutrales Erinnern ist dagegen die Ermahnung. Sie macht Vergessenes bereits zum Vorwurf. Das Kind wird durch die Ermahnung aufgefordert, das nachzuholen, was es schon lange hätte tun sollen und doch bisher nicht getan hat.

Der Ermahnung liegt bereits ein Aufforderungscharakter zugrunde. Die Ermahnung wirkt auf das Kind ein, dieses oder jenes zu tun. In der Ermahnung ist die Freiheit immer schon anerkannt, und sie verzichtet auf Zwang.

Die Ermahnung wendet sich an das Kind als Person, die von sich aus frei über ihren Willen verfügt. Die Ermahnung bedeutet die Aufforderung, diesen Willen selber in Bewegung zu setzen.

Der Unterschied zwischen Erinnerung und Ermahnung kann am einfachsten so bezeichnet werden: Ich erinnere das Kind an etwas, was es vergessen hat, aber ich ermahne es, etwas zu tun, was es unterlassen hat.

Tadel

Eine Steigerung der Ermahnung ist im Tadel gegeben. Tadel ist die Feststellung, daß etwas fehlt, was nicht fehlen dürfte. Der Erzieher als der Tadelnde stellt den Mangel fest und weist in seinem Tadel auf schuldhafte Versäumnisse hin. Dadurch enthält der Tadel immer einen subjektiven Vorwurf als Folge eines persönlichen Versagens.

Befehl

Die unmittelbarste Form der Einwirkung ist der Befehl. Wo der Erzieher befiehlt, braucht er nicht erst zu ermahnen oder zu tadeln, denn der Befehl erzwingt als solcher schon die Ausführung. Der Befehl wendet sich an das Kind als ein gehorchendes Wesen, das nicht frei über seinen Willen verfügt. Im Befehl gehorcht das Kind, weil es ihm so befohlen wird, ohne eigene Einsicht, gegebenenfalls sogar gegen seine eigene Einsicht. Es ist nur ausführendes Organ, bei dem die eigene Einsicht „ausgeschaltet" ist.

▷ Da hier nur eine grobe Unterscheidung der in Beispiel 2 genannten Erziehungsmittel vorgenommen werden konnte, ist es notwendig, daß Sie eine weitere Differenzierung und Kennzeichnung vornehmen. Ziehen Sie bitte dazu an Literatur heran: Geißler [6]1982 S. 106 ff.; Bollnow [9]1978, S. 236 ff.!

Die pädagogische „Einwirkung" kann „unterstützenden" und „gegenwirkenden" Charakter haben

Bei der weiteren Charakterisierung der Erziehungsmittel wollen wir uns ein Stück von einem Denker weiterhelfen lassen, der pädagogische Probleme sehr differenziert entfaltet hat und bis heute Aktualität besitzt: Friedrich Daniel Schleiermacher (1768–1834).

Schleiermacher hat sich in seinem pädagogischen Hauptwerk, den „Vorlesungen aus dem Jahre 1826", mit dem Wesen der Erziehung auseinandergesetzt und ist dabei der Frage nachgegangen:

„Wie soll die Einwirkung der älteren Generation auf die jüngere beschaffen sein?" (Vgl. Schleiermacher [3]1983; S. 38 ff.)

Schleiermacher nennt als „pädagogische Einwirkung" „Unterstützung" und „Gegenwirkung" (Vgl. ebd., S. 113–154).

In Anlehnung an Schleiermacher kann demnach in der Erziehung ausgegangen werden:
a) von *unterstützenden* Tätigkeiten (z. B. Verstehen, Ermutigen . . .),
b) von *gegenwirkenden* Tätigkeiten (z. B. Mißbilligung, Strafe . . .) (vgl. II 1, S. 97 ff.).

▷ Im Beispiel 2 finden Sie beide Arten der Einwirkung.

Nach Schleiermacher ist das Wesen der Erziehung in dem Ineinander von Unterstützung und Gegenwirkung zu sehen. Die Anwendung der unterstützenden Tätigkeit ohne die gegenwirkende würde eine unzulängliche Einseitigkeit bewirken und umgekehrt.
Fröbel, ein Zeitgenosse Schleiermachers, sieht die Erziehung als vorschreibend und nachgehend an.

■ Alle wahre Erziehung und Lehre, aller wahrer Unterricht, der echte Erzieher und Lehrer muß in jedem Augenblicke, muß in allen seinen Forderungen und Bestimmungen also zugleich doppelendig, doppelseitig sein: gebend und nehmend, vereinend und zerteilend, vorschreibend und nachgehend, handelnd und duldend, bestimmend und freigebend, fest und beweglich.
Aus: Friedrich Fröbel: Menschenerziehung. Hrsg. von E. Hoffmann. München, 3. Aufl. 1968, S. 15

Werner Loch verwendet zwei Begriffe, die für die weitere Erörterung von Bedeutung sind: Lernhemmungen *beheben* und *erzeugen*.

1. Lernhemmungen beheben

Im Lebenslauf des einzelnen Menschen hat Erziehung die Funktion der Lernhilfe. Erziehung als Lernhilfe verstanden, bedeutet für Loch, das Kind zur Selbständigkeit und Selbstbestimmung zu führen (Vgl. dazu Montessoris These: „Hilf mir, es selbst zu tun!").
Erziehung als Lernhilfe im Lebenslauf des Einzelnen bedeutet, daß er immer dann Hilfe braucht, wenn er vor Aufgaben steht, denen er nicht gewachsen ist. Nach Loch wird Lernhilfe nötig, wenn der Lernprozeß gehemmt ist und der Einzelne nicht aus eigener Kraft diese Lernhemmung überwinden kann. Die Lernhilfe, die der Erzieher gibt, soll zum Weiterlernen aus eigener Kraft befreien. Die Lernhilfe wird in dem Augenblick überflüssig, wenn die Lernhemmung behoben ist. Das bedeutet für den Erzieher: Er muß sich immer wieder selbst überflüssig machen, und zwar nicht irgendwann, sondern immer dann, wenn es sich zeigt, daß der Lernende selbständig weiter lernen kann. Die Selbständigkeit des Kindes ist also nicht als fernes Ziel zu sehen, sondern ist das entscheidende Sinnkriterium der Erziehung, das in jeder täglichen Situation praktiziert werden muß!
Die zu leistenden Lernhilfen müssen den Menschen zu selbständigem Handeln

befähigen und unterscheiden sich grundlegend von Lernhilfen anderer Art wie z. B. Training (vgl. Loch 1979, S. 20 ff.).

2. Lernhemmungen erzeugen

Schleiermacher gebraucht in seiner Erziehungstheorie für den Begriff „Lernhilfe" den Begriff der „Unterstützung". Er ergänzte die unterstützende Tätigkeit durch die gegenwirkende Tätigkeit. In dieser Differenzierung kommt zum Ausdruck, daß Erziehung nicht nur Lernhemmung zu beheben, sondern auch zu erzeugen hat. Nach Loch ist eine Lernhemmung immer dann zu erzeugen, wenn der Heranwachsende davor bewahrt werden soll, etwas Falsches zu lernen; denn letztlich kann man alles lernen, auch Negatives.

Die Erziehung hat hier die Aufgabe, gegenläufige Orientierungen aufzubauen, das bedeutet nach Loch Lernhemmungen zu erzeugen (vgl. Loch 1979, S. 22 f.).

In dieser Tatsache liegt die ethische Dimension der Erziehung begründet:

Daß Erziehung Lernhemmungen erzeugen muß, ergibt sich aus der Bindung des erzieherischen Handelns an ethischen Normen:

- die Achtung der Würde der Person und die Unverletzlichkeit dieser Würde,
- die Mitmenschlichkeit und die soziale Verantwortung.

▷ Diese ethischen Normen stellen einen hohen Anspruch an den Erzieher.
    Bitte überlegen Sie, welche Konsequenzen sich für *Ihr* pädagogisches Handeln als zukünftiger Erzieher daraus ergeben?

Verzichtet die Erziehung auf die ethische Orientierung, dann gerät sie in Gefahr, nicht zu erziehen, sondern zu *verändern;* das bedeutet, das Verhalten des Kindes nach den jeweiligen Vorstellungen der einzelnen Erzieher zu verändern und zu formen (vgl. A. Flitner 1981, S. 455 ff.).

Deutlich wird dieser Gedanke in Beispiel 1. Das Verhalten eines störenden Kindes soll durch entsprechende Maßnahmen verändert werden. Das Kind hat sich dabei in die vom Erzieher gewünschte und bestimmte Richtung hin zu verändern. Hier wird das Kind *Objekt* in der Erziehung, an dem man dieses oder jenes abstellen, umbiegen oder verändern kann. (Vgl. dazu II.2 Sprichwörter und Bilder dokumentieren das Erziehungsverständnis, S. 111 ff.)

Seit Schleiermacher bewegt sich die Pädagogik bewußt in der Spannung von Unterstützung und Gegenwirkung, von Lernhemmungen beheben und Lernhemmungen erzeugen. Diese Polarität durchdringt alle pädagogischen Verhältnisse und Maßnahmen.

In der konkreten erzieherischen Situation gewinnen Erziehungsmittel erst Gehalt und Bedeutung

Beispiel 3: Kafka erinnert sich

■ Direkt erinnere ich mich nur an einen Vorfall aus den ersten Jahren. Du erinnerst Dich vielleicht auch daran. Ich winselte einmal in der Nacht immerfort nach Wasser, gewiß nicht aus Durst, sondern wahrscheinlich teils um zu ärgern, teils um mich zu unterhalten. Nachdem einige starke Drohungen nichts geholfen hatten, nahmst Du mich aus dem Bett, trugst mich auf die Pawlatsche[1] und ließest mich dort allein vor der geschlossenen Tür ein Weilchen im Hemd stehen. Ich will nicht sagen, daß das unrichtig war, vielleicht war damals die Nachtruhe auf andere Weise wirklich nicht zu verschaffen; ich will aber damit Deine Erziehungsmittel und ihre Wirkung auf mich charakterisieren. Ich war damals nachher wohl schon folgsam, aber ich hatte einen inneren Schaden davon. Das für mich Selbstverständliche des sinnlosen Um-Wasser-Bittens und das außerordentlich Schreckliche des Hinausgetragenwerdens konnte ich meiner Natur nach niemals in die richtige Verbindung bringen. Noch nach Jahren litt ich unter der quälenden Vorstellung, daß der riesige Mann, mein Vater, die letzte Instanz, fast ohne Grund kommen und mich in der Nacht aus dem Bett auf die Pawlatsche tragen konnte und daß ich also ein solches Nichts für ihn war.

Aus: Franz Kafka: Briefe an den Vater (1919). Frankfurt/M. 1975, S. 10 f.

Beispiel 4: Andreas strickt

Der vierjährige Andreas wollte stricken lernen, als er die Erzieherin beim Stricken von Puppenkleidern sah. Die Erzieherin gab ihm Nadeln und Wolle und zeigte ihm, wie man die Maschen macht. Andreas „strickte" beglückt. Er „strickte" einen Schal für seinen Bär.
Zwar quälte er sich ab, und der „Erfolg" war kümmerlich. Aber jede Masche, die ihm gelang, verschaffte ihm eine stolze Befriedigung. Am nächsten Tag kam die Praktikantin und sah, wie Andreas „strickte".
„Wie sieht denn dein Strickzeug aus! Das wird nichts! Komm, gib es mir, ich mach dir's! Außerdem stricken Jungen nicht!"
Andreas hat während seiner ganzen Kindergartenzeit nicht mehr „gestrickt".

▷ Analysieren Sie bitte Beispiel 3 und Beispiel 4 auf dem Hintergrund der bis jetzt dargestellten Gedanken! Vergleichen Sie beide Beispiele in ihren Auswirkungen auf die Kinder!

Bei den Erziehungsmitteln haben wir es mit gegenwirkenden und unterstützenden Maßnahmen zu tun, mit deren Hilfe der Erzieher auf das Kind in der Absicht einwirkt, sein Verhalten, seine Einstellungen und Motive zu bilden, sie zu festigen oder zu verändern in Richtung auf das Personsein des Kindes. Zu beachten ist, daß zu den unterstützenden Maßnahmen immer auch die gegenwirkenden Maßnahmen gehören. Beim Einsatz von Erziehungsmitteln muß der Erzieher bedenken, daß die jeweilige Maßnahme beim einzelnen Kind unterschiedliche Wirkung hervorruft. Er hat sich immer die Frage zu stellen: Was bewirke ich beim Kind mit dieser Maßnahme in Gegenwart und Zukunft?

---

1 In Prag versteht man unter Pawlatsche einen Balkon.

Bei fast allen Erziehungsmitteln wird deutlich, wie sehr Erziehung vom Verständnis des Ziels abhängt, und dieses wiederum wird ablesbar in der Sprache, in der der Erzieher mit dem Kind spricht.

Die Maßnahmen in der Erziehung stehen immer in Gefahr, Kinder zu manipulieren und zu disziplinieren

„Wenn ihr nicht sofort aufhört zu streiten, dann könnt ihr nicht mit in den Garten!"
„Weil du so schön in der Bauecke gespielt hast, darfst du nachher mithelfen, das Frühstück vorzubereiten!"
„Wenn ihr jetzt ganz ruhig sitzen könnt und still seid, dann können wir nach der Märchenerzählung noch euer Lieblingsspiel spielen!"

▷ Haben Sie in Ihrer jetzigen Erziehungspraxis auch solche Situationen erfahren?

▷ Welche „Wirkungen" hatten die eingesetzten Maßnahmen?

▷ Überlegen Sie bitte, ob in den jeweiligen Situationen erzogen wurde!

Die Beispiele für solche in der Erziehung angewandte Drohungen lassen sich beliebig fortsetzen. Häufig spiegelt sich in ihnen das Erziehungsverständnis des Erziehers wider, manchmal kommt die eigene Hilflosigkeit zum Ausdruck, hier und da mag es auch Gedankenlosigkeit sein.
Immer wenn Erziehungsmittel auf der Grundlage der Wenn-dann-Beziehung eingesetzt werden, geht der Erzieher von berechenbaren Kausalverbindungen zwischen Mitteleinsatz und Zweckerreichung aus. Erziehungsmittel werden dann in Analogie zur Mechanik gesetzt, sie werden wie technische Mittel mit einer genau einkalkulierbaren Wirkung angewandt. Erziehungsmittel werden zu Werkzeugen in der Hand des Erziehers, mit denen er an einem Objekt Handlungen vollzieht. Diese technologische Anwendung der Erziehungsmittel degradiert das Kind zum „Behandlungsobjekt". Solch eine Erziehungspraxis hat zur Folge, daß Erziehung in Gängelung, Formung und Nötigung ausartet. Der Erzieher begnügt sich mit einer relativ äußerlichen Verhaltensregulierung, die durch den Einsatz von Erziehungsmitteln herbeigeführt wird und die bestenfalls eine Anpassung des Kindes bewirkt nach dem altbekannten Prinzip von „Zuckerbrot und Peitsche". Der Erzieher vergißt allerdings dabei, daß Kinder sehr schnell durchschauen, ob und wann sie zum „Behandlungsobjekt" werden.
(Vgl. dazu II.2 Sprichwörter und Bilder dokumentieren das Erziehungsverständnis, S. 111 ff. und Lernhemmungen erzeugen, S. 150.)

Beispiel 5 soll diese instrumentelle Dimension der Erziehungsmittel noch einmal verdeutlichen.

Im Kindergarten wird nach dem „Freispiel" aufgeräumt:

Die Erzieherin legt am Maltisch die „Maldecke" zusammen. Dabei bemerkt sie, daß in das Maltischtuch ein Loch geschnitten war. Nur Fritz konnte das getan haben. Sie nahm ihn ins Verhör:
Erzieherin: „Fritz, hast du das gemacht?"
Fritz: „Nein!"
Erzieherin: „Aber Fritz, sag doch die Wahrheit! Du hast es doch getan!"
Fritz: „Nein, bestimmt nicht, ich war's nicht!"
Erzieherin: „Wenn du es zugibst, will ich dir die Strafe erlassen!"
Fritz: „Ich war es nicht, ich habe die Schere gar nicht genommen!"
Erzieherin: „Ich weiß, daß du es warst, so gib es schon zu!"
Fritz (bockig): „Weshalb fragst du dann? Du weißt es nicht!"
Erzieherin (empört): „Jetzt muß ich dich aber strafen, wenn du es nicht sofort sagst!"
Fritz (schweigt)
Erzieherin: „Komm, sage es, dann bekommst du eine von den bunten Glasmurmeln, mit denen du so gerne spielst!"
Nach einigem weiteren Hin und Her gesteht Fritz und erhält die Glasmurmel.

▷ Bitte überdenken Sie die in Beispiel 5 eingesetzten Erziehungsmittel und ihre Wirkung auf das Kind, und überlegen Sie, ob es sich dabei um Erziehung oder Veränderung handelt!

Vertraut der Erzieher bei der Anwendung von Erziehungsmitteln auf die von ihm bestimmte Wenn-dann-Beziehung, verfügt er über die Möglichkeit, mit loben, strafen, ermahnen . . . seinen Willen durchzusetzen und das Kind zu manipulieren. Das Kind wird als Objekt gesehen, das von außen gesteuert werden kann. Solch eine Erziehung ist letztlich nichts anderes als Dressur und bewirkt *nur* eine äußere Verhaltensänderung, da die Erziehungsmittel außerhalb der Person liegen. Sie hat nichts mit Erziehung gemeinsam, die an dem Erziehungsziel Mündigkeit und Freiheit – das ist Bereitschaft und Fähigkeit zur Selbstbestimmung und Verantwortung – orientiert ist. Der Erzieher meint mit Sicherheit einen Erfolg erwarten zu können, sobald er die erlernten Anweisungen einsetzt. Doch der Erfolg ist nur ein scheinbarer und ein sehr fragwürdiger.

????????????

NAHRUNGSMITTEL

? ERZIEHUNGSMITTEL ?

Spülmittel

DÜNGEMITTEL

WASCHMITTEL

SCHÖNHEITSMITTEL

Reinigungsmittel

ARZNEIMITTEL

????????????

Viele Pädagogen äußern Bedenken, wenn in der Erziehung von „Mitteln" gesprochen wird.

5.2 Die Strafe – ein Erziehungsmittel?

▷ Strafe – ein Erziehungsmittel? Nehmen Sie das „Fragezeichen" auf!

▷ Haben Sie in Ihrer Erziehung Strafe als ein Erziehungsmittel erfahren?

▷ Versuchen Sie bitte zu erfragen, was in Ihrem Freundes- und Bekanntenkreis unter Strafe verstanden wird und warum gestraft wird!

Zu dem Themenbereich „Strafe" einige Aussagen von den Pädagogen Reble, Geißler und Schleiermacher:

Für Albert Reble ([4]1980, S. 12 f.) sind bei der Erfassung der Strafe besonders fünf Momente wichtig:
1. Strafe ist die Reaktion auf die Verfehlung eines Gebotes, einer sittlichen Forderung, einer Norm der Gemeinschaft usw.
2. Es wird vorausgesetzt, daß das Gebot einsichtig und erfüllbar war. „In Frage steht also die sittliche Haltung, die sittliche Einsicht und freien Willen umfaßt. Dieser personalen Existenz wird Schuld zugemessen" (Reble, 1980, S. 12).
3. Die normsetzende oder normpräsentierende Instanz, die straft, will dem, dem sie Schuld zumißt, Unangenehmes zufügen. Strafen heißt „Leid antun".
4. Strafen setzt auf beiden Seiten das Bewußtsein vom Zusammenhang zwischen Verletzen des Gebotes und Leidantun voraus.
5. Mit der Strafe soll das gestörte Verhältnis zur Gemeinschaft, besonders „das Verhältnis der Beteiligten", wieder in Ordnung gebracht werden (vgl. Reble, a. a. O., S. 12 f.).

Diese Gesichtspunkte ergeben sich aus dem Zusammenhang: Gebot – Übertretung – Strafe – Wiederherstellung der Ordnung.

Erich E. Geißler ([6]1982, S. 149 ff.) rückt zwei Dimensionen der Strafe ins Zentrum seiner Überlegungen:

■ Einmal ist Strafe ein moralischer Begriff und steht dann im Zusammenhang mit Gewissen, Schuld und Sühne.
Das andere Mal ist Strafe ein Lenkungsmittel.
In dieser Form kann sie sowohl absichtlich auftreten (Disziplinarmittel) wie auch natürliche Folge einer Handlung sein.
Das eine Mal ist Strafe einsichts-, das andere Mal anpassungsorientiert.
Aus: Erich E. Geißler, a. a. O., S. 149–152.

Nachfolgende Graphik soll diese beiden Dimensionen verdeutlichen und in einen Zusammenhang einordnen:

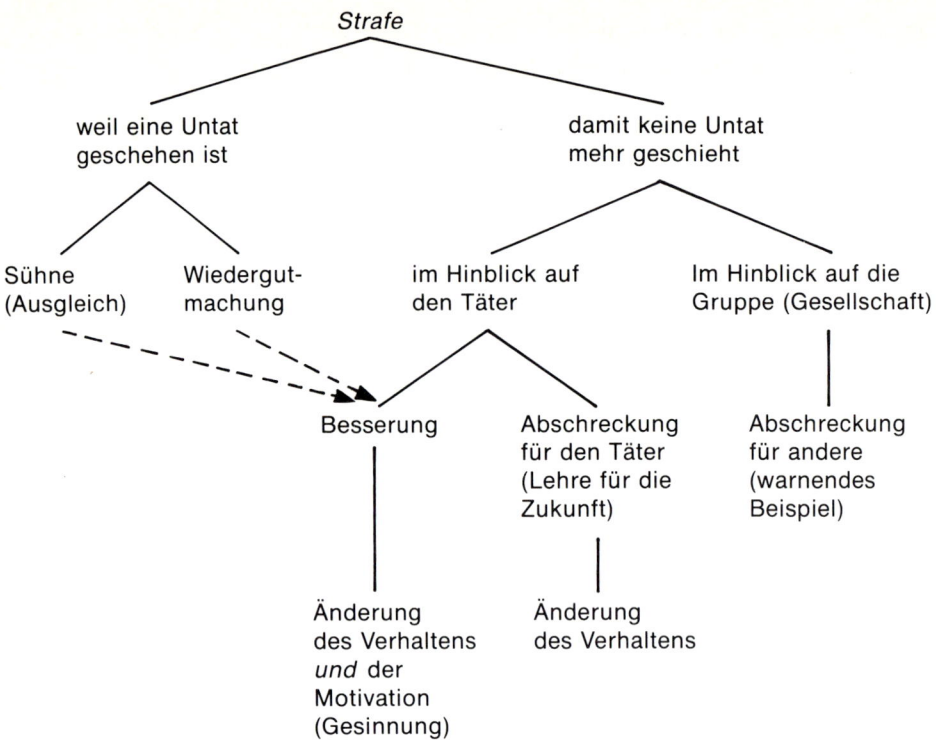

Strafe

weil eine Untat
geschehen ist

damit keine Untat
mehr geschieht

Sühne
(Ausgleich)

Wiedergut-
machung

im Hinblick auf
den Täter

Im Hinblick auf die
Gruppe (Gesellschaft)

Besserung

Abschreckung
für den Täter
(Lehre für die
Zukunft)

Abschreckung
für andere
(warnendes
Beispiel)

Änderung
des Verhaltens
und der
Motivation
(Gesinnung)

Änderung
des Verhaltens

Aus: Erich E. Geißler: Erziehungsmittel. Bad Heilbrunn, 6. Auflage. 1982, S. 152

Geißler unterscheidet die Disziplinar- und Erziehungsstrafe:

a) Mit der *Disziplinarstrafe* sollen elementare Ordnungen gesichert und dadurch wieder hergestellt werden. Disziplinarstrafen sind äußere Lenkungsformen (vgl. II.2 Sprichwörter und Bilder dokumentieren das Erziehungsverständnis, S. 111 ff. und II.5.3 Erziehungsmittel, S. 158 ff.). Im Fall einer Regelverletzung werden Konsequenzen angedroht, doch „Drohungen als deutliche Äußerung eines Wenn-Dann (verweisen) immer nur auf eine äußerliche Verknüpfung von Tat und Folge ..., und es (kann) auf dieser Ebene nicht gelingen ..., ein wertorientiertes Verständnis zu vermitteln" (Geißler [6]1982, S. 178). Mit Disziplinarstrafen wird meist nur eine zeitweise, äußerlich verursachte Verhaltensregulierung erreicht. Diese Strafen erziehen nicht, sie sind vielmehr das Gegenteil von Erziehung.

b) *Erziehungsstrafe*
Der Erzieher, der das Kind straft, will mehr gewinnen als das bloße „Wohlverhalten" für die Zukunft (das würde mit der „Abschreckung" wohl auch erreicht werden), sondern mit der Strafe will der Erzieher beim Bestraften Schuldeinsicht und Bereitschaft zur Verhaltensänderung bewirken (vgl. Geißler [6]1982, S. 175). Diese Zielsetzung setzt beim Kind aber voraus, daß es genügend Kenntnisse für das Geforderte hat und auch ein ausreichendes Maß an Einsicht und Verantwortungsbewußtsein besitzt. Nun sind aber Einsicht und Verantwortungsbewußtsein

Qualitäten, die erst durch die Erziehung „gradweise" entfaltet werden, die also beim Kind zunächst noch nicht ausreichend vorhanden sind.

Innerhalb der Erziehungsstrafe können drei Strafformen zur Anwendung kommen, von denen „erzieherische Wirkungen" angenommen werden können:

1. *Liebesentzug*
   Von Liebesentzug wird dann gesprochen, „wenn sich ein Erwachsener, sichtbar enttäuscht über einen Rückfall des Heranwachsenden in schon überwundene Unmündigkeit, zeitweilig von ihm distanziert" (Geißler, a. a. O., S. 178).

2. *Wiedergutmachung*
   Hier folgt der Tat die Konsequenz, etwa bei einem angerichteten Schaden das wieder „In-Ordnung-Bringen".

3. *Sühne*
   Genau besehen ist sie eine Form der Wiedergutmachung, „allerdings weniger am Besitzstand einer durch die Tat betroffenen Person, sondern an der Gültigkeit einer herrschenden Norm oder eines bestehenden Gebotes" (Geißler, a. a. O., S. 179).

Die bis jetzt vorgenommenen Analysen zeigen, daß alle Strafen dem Gestraften Leid zufügen.

■ Mit diesem Leid, das den Täter trifft, soll entweder ein anderes Leid vergolten werden, das jener durch seine Tat verursacht hat, oder es soll den Gestraften wie auch andere warnen und von neuen Regelverletzungen abhalten oder... den Täter zur Besinnung bringen und bessern. In der Strafe soll also Leid durch Leid getilgt, das heißt durch eine Vermehrung des Leides Leid vermindert werden.
Aus: Erich E. Geißler, a. a. O., S. 153.

Eine intensive Auseinandersetzung mit dem Strafproblem ist bei Schleiermacher (1947, S. 11 ff.) zu finden:

■ ... Aus rein ethischen Prinzipien betrachtet möchte nichts zum Lobe der Strafe gesagt werden können; auch nicht mit Beziehung auf das gemeinsame Leben und irgend ein Gemeinwesen. Denken wir uns das kleinste Gemeinwesen, eine Familie; setzen wir die Notwendigkeit, daß ein Mann seine Frau bestrafe, so erscheint uns das als die niedrigste Stufe. Beide haben gleiche Schuld, nur der eine hat Macht...
Nur da, wo entweder noch kein ethisches Verhältnis gestiftet ist, oder wo es an jeder Verständigung fehlt, ließen sich Strafen entschuldigen. Die Strafe ist überall nur für den Mangel der Gemeinschaft da, sie ist ein Zeichen der Unvollkommenheit der Gemeinschaft. Hat also die Strafe ihren Grund darin, daß die Gemeinschaft noch fehlt, so ist sie, wenn eine Gemeinschaft gestiftet ist, vom Übel. Die Schule nun, gemeinschaftliche Thätigkeit übend, ist eine wahre Gemeinschaft und sollte ohne Strafe auskommen können. Die entwik-

kelnde Thätigkeit muß man unter solcher Form und von dem Punkt anfangen, daß die Strafen vermieden werden können und die Erziehung sich ausweise als wahre Unterstützung... Bessern kann die Strafe in keiner Weise...

Als Erziehungsmittel darf die Strafe durchaus nicht gebraucht werden, sondern sie kann nur entschuldigt werden. Jede Strafe beweiset, daß früher schon hätte auf die Gesinnung gewirkt werden sollen; jede setzt einen Mangel voraus...

Es gibt keine anderen Strafen als solche, die zugleich sittliche Nachteile mit sich bringen.

Aus: Friedrich Daniel Schleiermacher: Studienbehelfe zu den Vorlesungen. Hrsg. von der Universität Hamburg. Hamburg 1947, S. 11 ff.

▷ Schleiermacher spricht hier von der Schule. Gelten diese Aussagen auch für sozialpädagogische Einrichtungen?

▷ Vergleichen Sie bitte die Stellungnahmen der drei Pädagogen: Was haben sie gemeinsam, worin unterscheiden sie sich, und wie begründen sie jeweils ihre Stellungnahme zur Strafe?
Welcher Aussage können Sie sich selbst anschließen?

▷ Erinnern Sie sich noch an die Aussagen über Erziehung von Wilhelm Flitner und Langeveld!
In welchem Zusammenhang stehen diese Aussagen mit dem „Liebesentzug" und den oft so leicht hingesagten Äußerungen: „Geh weg, dich mag ich nicht mehr! Du bist nicht mehr mein Kind!"?

▷ Beobachten und protokollieren Sie Strafsituationen, und versuchen Sie, wenn es möglich ist, ein Gespräch mit dem Strafenden!

5.3 Erziehungsmittel aus der Perspektive pädagogischer Verantwortung

Wir haben bis jetzt festgestellt, daß Erziehungsmittel Maßnahmen sind, die der Erzieher einsetzt, um auf das Kind einwirken zu können. Meistens bewirken diese Maßnahmen nur eine äußere Verhaltensregulierung; denn das Kind wird von außen, vom Erzieher, gesteuert, d. h., es wird fremdbestimmt. Der Erzieher geht dabei von seinen Zielvorstellungen aus und denkt bei der Anwendung von Erziehungsmitteln oftmals zu wenig an das Kind und an die späteren Folgen, die diese Maßnahmen hervorrufen.

Bei der Einwirkung auf das Kind sind wir davon ausgegangen, daß der Erzieher das Recht hat, einzugreifen bzw. sich das Recht nimmt. In diesem Zusammenhang muß aber die Frage gestellt und reflektiert werden, ob der Erzieher überhaupt in das „Personsein" des Kindes eingreifen darf!

Diese Frage ist in der Pädagogik, in der Vergangenheit bis zur Gegenwart, immer wieder sehr heftig und sehr unterschiedlich diskutiert worden.

Zur Klärung und Erhellung dieser Frage soll ein Pädagoge der Gegenwart herangezogen werden: Wilhelm Flitner. Er formuliert das Problem in der Frage: „Ist Erziehung sittlich erlaubt?" (W. Flitner 1979, S. 499)

Wird die Erlaubtheit der Erziehung nicht verwirkt, wenn der Erzieher mit Hilfe von Erziehungsmitteln in die Individualität, in die Werdens- und Entwicklungsprozeß des Kindes eingreift, so eingreift, daß er es nach seinem Bilde verändert?

Flitner greift bei der Erörterung dieser Frage auf die philosophischen Gedanken von Immanuel Kant (1724–1804) zurück und erinnert an eine der drei Fassungen des Kategorischen Imperativs, wonach man den Menschen „niemals bloß als Mittel zum Zweck, sondern immer zugleich als Selbstzweck zu behandeln habe" (ebd.). Flitner macht darauf aufmerksam, daß nach dieser Denkweise die Würde der Person unaufhebbar ist. Das beinhaltet, daß eine Unterwerfung des Menschen unter einen fremden Willen immer ein Eingriff in dessen humane Freiheit und von daher nicht zu verantworten ist (vgl. W. Flitner 1979, S. 499).

Wilhelm Flitner zeigt auf, was diese Aussagen für die Erziehung bedeuten:

■ Im pädagogischen Handeln gibt es kein „Schülermaterial", denn Menschen sind freie Personen und können nie als Objekte, als bloße Mittel zu Zwecken außerhalb ihrer Person verwendet werden... Der Erzieher kann den Zögling nicht gestalten, wie der Künstler seinen Ton nach einem inneren idealen Bilde formt, sondern das erzieherische Verhältnis bleibt in aller Ungleichartigkeit ein Wechselverhältnis freier Personen..., die ihren Willen haben und nicht Material in der Hand eines anderen werden dürfen, wenn die Erziehung nicht ihre sittliche Erlaubtheit verwirken will.

Aus: Wilhelm Flitner: Allgemeine Pädagogik. Stuttgart, 11. Aufl. 1966, S. 77

Es zeigt sich aber in der Erziehung immer wieder das Phänomen des Eingreifens in den Willen des Kindes und jungen Menschen.

Nun weiß die Anthropologie, daß der Mensch hilflos ist, wenn er zur Welt kommt, daß er auf Pflege angewiesen ist, der Zuwendung, aber auch der Erziehung bedarf, die ihm Lernprozesse, Orientierungen und Selbstbestimmung ermöglicht, aber auch Fehlorientierungen einschränkt.

Der Weg der Erziehung beginnt beim Kleinkind mit der Einwirkung des Erziehers, also mit der Fremdbestimmung. Diese Fremdbestimmung ist notwendig und nur erlaubt, wenn sie letztlich zur Freiheit führt.

Diese innere Spannung wird jedem Erzieher in der Praxis deutlich: Wie soll die Art der Einflußnahme sein, wie soll sie vor sich gehen, da sie ja paradoxerweise gerade das Gegenteil ermöglichen soll, nämlich Selbständigkeit und Selbstbestimmung?

Um die instrumentelle Seite der Erziehungsmittel, die nur eine äußere Verhaltensregulierung bewirkt und eine Anpassung hervorruft, kann es dabei – wie wir gesehen haben – nicht gehen.

Der Mensch ist von seinem Ursprung her auf seine höchste Bestimmung hin entworfen, d. h., er ist auf Kultur – Sprache, Denken, Gewissen, Freiheit – angelegt, und das bedeutet Entscheidung und Verantwortung.

Geht der Erzieher davon aus und orientiert er sich an den ethischen Prinzipien, dann trägt er die Verantwortung dafür, daß die „Maßnahmen" so gestaltet sein müssen, daß sie Hilfe für das Kind sind, um es zur Freiheit und Selbstbestimmung zu führen. (Vgl. dazu I.2 Erziehung, S. 15 ff., I.3 Entwicklung und Erziehung des Kindes: das anthropologische Verständnis, S. 23 ff. und II.4 Das Problem der Autorität in der Erziehung, S. 133 ff.)

Um diesen Gedanken klarer werden zu lassen, erscheint es notwendig, in Anlehnung an Wilhelm Flitner (vgl. W. Flitner 1966, besonders S. 75–81) eine Unterscheidung zwischen *technischem* Handeln und *pädagogischem* Handeln vorzunehmen:

Technisches Handeln	*Pädagogisches Handeln*
– Der Techniker steht einem Material gegenüber.	– Es gibt kein Menschenmaterial. Das Kind darf nicht behandelt und bearbeitet werden wie ein Gegenstand, sonst wird die Würde der Person verletzt und das Kind für Freiheit verdorben.
– Er gestaltet dieses Material nach Zwecken, die dem Material als solchem fremd sind.	– Menschen sind freie Personen, die ihren Willen haben.
– Technisches Verhältnis ist ein *Objektverhältnis*.	– Erzieherisches Verhältnis ist ein *Subjektverhältnis*. Trotz der Ungleichartigkeit ist es ein Wechselverhältnis freier Personen. Das Kind wird als sich bestimmende Person gesehen.
↓	↓
– Ein solches Verständnis *verhindert* Erziehung.	– Ein solches Verständnis *ermöglicht* Erziehung.
↓	↓
Erziehung verliert ihre *sittliche Erlaubtheit*.	*Erziehung ist sittlich erlaubt*, weil bzw. wenn sie zur Selbstbestimmung führt.

In der Pädagogik, im Erörtern ihrer Maßnahmen und Ziele ist immer wieder daran erinnert worden, daß eine Analogie zwischen *technischem* Handeln und *pädagogischem* Handeln das Entscheidende für die Erziehung verfehle. Im *pädagogischen* Handeln gibt es *kein* Menschenmaterial, Menschen sind *freie* Personen und dürfen nie als Objekte verwendet werden.
Der Erzieher trägt die Verantwortung dafür, andere Menschen, auf die er Einfluß hat, zur Freiheit zu führen.

■ Nun können sie (die Kinder) zur Freiheit nicht anders geführt werden, als indem sie bereits als frei genommen werden. Denn man kann ja Freiheit nicht „machen", man kann sie nur ansprechen in jemandem, sie also praktisch voraussetzen. Vollziehen kann der andere die Freiheit auch nur in der Gegenwirkung auf solches Ansprechen, in der Antwort, die er durch sein Tun gibt.

Aus: Wilhelm Flitner, a. a. O., S. 80 f.

Daraus ergibt sich nach Flitner der *methodische Zirkel* in der Erziehung:

Ziel des erzieherischen Weges ist die *Freiheit.*

Für den Weg zur *Freiheit* braucht das Kind *Orientierung,* der Erzieher muß ihm *Halt* und *Hilfe* geben.

Das neugeborene Kind ist hilfebedürftig und wird fremdbestimmt.

Es muß zur Freiheit geführt werden.

Freiheit kann sich nur entfalten, indem der Erzieher dem Kind Freiheit ermöglicht.

Der Erzieher setzt Freiheit voraus, er spricht sie beim Kind an, auch wenn nur Beweise der Unfreiheit erfahrbar sind.

Das Kind vollzieht diese Freiheit in der Antwort, die es durch sein Tun gibt.

Geht es in der Erziehung darum, den zu Erziehenden zur Freiheit zu führen, dann ist es notwendig – wie der methodische Zirkel zeigt –, daß diese Freiheit über Lernprozesse grundgelegt wird. Da Freiheit immer an Verantwortung gebunden ist, heißt das konkret, beim Kind die Fähigkeit und Bereitschaft zu bewußtem Handeln aufzubauen. Um diese Lernprozesse in Gang zu bringen, zu stützen und zu fördern, braucht der Erzieher den Dialog mit dem Kind. Sprache gehört zum Menschsein, und Sprache ist Brücke von Mensch zu Mensch. Deshalb ist der Dialog eine grundlegende Dimension, in der sich Erziehung vollzieht.

Dabei wird das Kind als sich selbst bestimmende Person gesehen und gefördert und als Partner ernst genommen. In einem echten Dialog meint jeder den anderen in seinem Da- und Sosein, und in solchen Gesprächen begegnen sich Erzieher und Kind als Mitmensch.

▷ Erarbeiten Sie den Gedankengang des methodischen Zirkels aus dem nachfolgenden Beispiel!

Beispiel 6: Michael gießt Blumen

Der fünfjährige Michael kommt morgens als Erster in den Kindergarten.
Michael: „Darf ich Blumengießen?"

Erzieherin: „Ja! Sicher denkst du daran, daß wir gestern besprochen haben, die Blumen sehr vorsichtig zu gießen!"

Michael nimmt die Gießkanne und fängt an, die Blumen zu gießen.

Nach einer Weile plätschert das Wasser von der Fensterbank auf den Teppichboden.

Erzieherin: „Komm, ich helf dir, die Sache wieder in Ordnung zu bringen."

Nachdem das Wasser aufgeputzt und die Blumenuntersetzer entleert waren, zeigt die Erzieherin Michael erneut, was beim Gießen zu beachten ist.

Michael gießt weiter die Blumen, prüft aber, bevor er den Pflanzen Wasser gibt, vorsichtig mit dem Finger die Feuchtigkeit der Erde und beachtet jetzt auch die kleinen roten Tafeln bei den Pflanzen, die das Wasser nicht in den Blumenuntersetzer haben wollen.

Michael: „Sonst bekommen sie kalte Füße!"

Voll Befriedigung stellt er die Blumengießkanne an ihren Platz zurück.

Die Maßnahmen des Erziehers müssen auf das Ziel des zu Erziehenden gerichtet sein. Das Ziel ist dabei zum einen als das übergeordnete Erziehungsziel zu sehen, zum anderen ist es das im fortlaufenden Erziehungsprozeß entscheidende Sinnkriterium und muß so in jeder einzelnen konkreten Erziehungssituation intendiert sein.

Erziehungsmittel sind Maßnahmen in der Erziehung, wenn sie das Kind zur Freiheit – das ist Bereitschaft und Fähigkeit zu Selbstbestimmung und Verantwortung – führen

Werden Selbstbestimmung und Selbststeuerung Zielorientierung für die Erziehung, dann müssen sie an Prozesse der Einsicht und Verantwortung gebunden werden, die für das Kind eingebunden sind in Situationen; denn Erziehung vollzieht sich immer in Situationen. (Vgl. II.1.2 Ich kann so gut mit Kindern umgehen, deshalb habe ich den Erzieherberuf gewählt, S. 98 ff.) In der Situation stehen Erzieher und Kind gemeinsam. Das Kind bringt in diese seine ganz individuellen Voraussetzungen mit, der Erzieher handelt in dieser Situation unter der Zielorientierung der Erziehung. Dabei ist Voraussetzung für sein erzieherisches Handeln zum einen das Wissen um das eigentlich „Kindhafte", und zum anderen sind es die individuellen Voraussetzungen des Kindes. (Vgl. I.2 Erziehung, S. 15 ff. und I.3 Entwicklung und Erziehung des Kindes: das anthropologische Verständnis, S. 23 ff.)

Beispiel 7: Auszüge aus einem Beobachtungsprotokoll

In der Kindergruppe wird das „freie" bzw. „gleitende" Frühstück während der Freispielzeit praktiziert.

Zwei Kinder sitzen schon am runden Frühstückstisch und essen. Tanja (6 Jahre) und Sonja (5; 6 Jahre) kommen hinzu.

Tanja: „Elfriede (Erzieherin), ich hab gar keinen Platz, da stehen ja noch benützte Teller. Immer wenn ich essen will, sieht es so aus!"

Sonja: „Vespertüten und Bananenschalen liegen auf dem Tisch, und der Platz hier ist ganz verschmiert mit Joghurt!"
Erzieherin: „Da sieht es wirklich schlimm aus. – So können wir das nicht lassen. Wir wollen nach dem Aufräumen, wenn wir alle beieinander sitzen, gemeinsam überlegen, wie wir das ändern können!"

Kinder und Erzieherin sitzen im Gesprächskreis beieinander. Erzieherin schildert die vorausgegangene Frühstückssituation.

Erzieherin: „Was meint ihr, wie können wir das ändern?"
Kinder (machen Vorschläge):
„Jeder muß seinen Teller wegräumen!"
„Bei meiner Schwester im Hort, da gibt's einen Aufräumdienst!"
„Jeder, der nicht aufräumt, darf nicht mehr frühstücken!"

Die einzelnen Vorschläge werden gemeinsam besprochen, und die Kinder nehmen dazu Stellung.

Erzieherin: „Wir brauchen also eine Regel für unser Frühstück. Wißt ihr denn, was das heißt, eine Regel zu haben?"
Kinder: „Ja, da muß sich jeder dran halten!"
Erzieherin: „So eine Regel müssen wir uns überlegen. Wir müssen sie uns aber gut überlegen, denn jeder von uns muß damit auch zufrieden sein!"

Schließlich entscheiden sich die Kinder dafür, daß jeder seinen Teller wegräumt, die Abfälle in die dafür bereitgestellten Behälter bringt und seinen Frühstücksplatz sauber verläßt. Ein „Regelschild" (von den Kindern so benannt) und ein „Erinnerungszettel" (jeweils mit den entsprechenden Symbolen) wurde von den älteren Kindern angefertigt, ausgestaltet und an der Wand der Frühstücksecke befestigt. In der Folgezeit zeigte sich, daß diese Regel für die Kinder einsichtig und sinnvoll war. Vergaß sie jemand, so genügte ein Hinweis auf den „Erinnerungszettel", und schnell war die Ordnung wieder hergestellt.
Nach einigen Wochen beschlossen die Kinder, Schild und Zettel zu entfernen:
Kinder: „Jetzt können wir's bestimmt auch so!"

Genau darum geht es in der Erziehung:
um den *Aufbau* von *Selbstbestimmung* und *Selbststeuerung*.

Werden Selbstbestimmung und Selbststeuerung zur Zielorientierung in der Erziehung, dann ist es notwendig, bei den Kindern die dafür erforderliche Bereitschaft und Fähigkeit zu wecken und zu üben.
Das Wecken der Bereitschaft beinhaltet bei diesem Beispiel
- Erkennen der Unordnung,
- Bereitschaft, Ordnung zu halten,
- Erstellen einer Regel zur gemeinsamen Orientierung.

Wichtig ist dabei, daß die Regel von den Kindern als sinnvoll angesehen wird und das Einhalten der Regel auf Einsicht beruht. Einsicht kann aber nur über die Begründung aufgebaut werden.

Die aufgebaute Bereitschaft muß umschlagen in die Fähigkeit, *eigenes* Verhalten *selbst* zu *regulieren* und zu *steuern*: „Wir können es jetzt selbst! Wir brauchen sie (die Erinnerung durch die Symbole) nicht mehr!"
Diese Fähigkeit kann und muß täglich geübt werden, um in Situationen entsprechend handeln zu können.
Regulierung des eigenen Verhaltens geschieht in der dargestellten Situation durch Erinnern (Symbole) an die Regel. Es geschieht nicht durch Disziplinierungsmaßnahmen in Form von Ermahnung, Tadel usw., die nur eine äußere Verhaltensänderung bewirken.

Wenn das Ziel die Fähigkeit zum Handeln ist, dann müssen sich Bereitschaft und Fähigkeit wechselseitig stützen. Bereitschaft und Fähigkeit werden aber nur aufgebaut durch Üben in wiederkehrenden Situationen, wobei keine Situation der anderen gleich ist.
Mit der nebenstehenden Graphik (nach Ilse Lichtenstein-Rother) soll dieser Gedankengang noch einmal verdeutlicht werden:

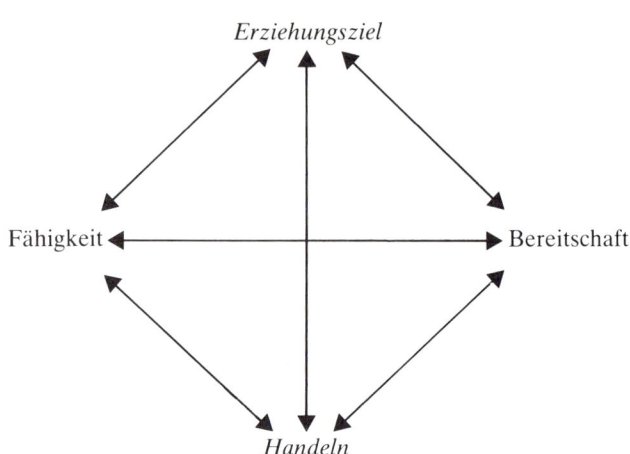

Beispiel 8: Zwei Situationen – zweimal das gleiche Erziehungsmittel!

Erzieherin zu den Kindern:
Situation 1:
„Ihr habt heute ganz prima aufgeräumt. Solche Kinder habe ich lieb!"
Situation 2:
„Wenn ihr heute nicht so gut mitgeholfen hättet beim Aufräumen, könnten wir jetzt nicht pünktlich nach Hause gehen!"

▷ Hier wird zweimal gelobt. Wird auch in jeder Situation erzogen?

Da der Weg der Erziehung mit der Fremdbestimmung beginnen muß, aber zur Selbstbestimmung führen soll, ist es unverzichtbar, daß die Selbstbestimmung in zunehmendem Maße hinzutritt. Das Kind muß immer mehr als ein sich selbst steuerndes „Vernunftwesen" angesprochen werden.
Geht es um die Selbstbestimmung des Menschen, dann ist es unabdingbar, daß

diese auf das „Humanum" hin orientiert sein muß, d. h. auf das, was den Menschen in seiner Menschlichkeit ausmacht.

Der Kindergarten muß die Kinder vorbereiten auf ein Leben in einer offenen, dynamischen und pluralistischen Gesellschaft. Dazu sind Einsicht, Verhaltensweisen und Handlungsformen notwendig. Diese müssen grundgelegt und in offenen Situationen, in denen die Kinder mitwirken können, erfaßt und geübt werden. Das allerdings ist nicht in Techniken faßbar und kann auch nicht als Technik im Sinne einer Rezeptologie erlernt werden.

Der Erzieher muß den Zusammenhang zwischen Erziehungsziel und Erziehungsmaßnahmen erkennen, d. h., die erzieherischen Maßnahmen müssen vom Erziehungsziel her verstanden und begründet werden.

Der Erzieher muß von der Überlegung ausgehen:
Welchen Sinn bekommt diese Maßnahme im Zusammenhang des Lebens dieses Kindes für seinen Ich-Aufbau, für den Aufbau seiner Personalität?

Eindeutig muß sich der Erzieher entscheiden, ob er erziehen will oder ob er sich damit begnügt, das Verhalten des Kindes zu ändern im Sinn einer äußeren Verhaltensregulierung.

5.4 Erziehungsweisen als pädagogische Grundhaltungen

Bei den bisherigen Überlegungen über die Erziehungsmittel stand das Handeln des Erziehers mit den jeweiligen Wirkweisen im Zentrum.
Nun geht es darum, nach bestimmten Grundgegebenheiten zu fragen, die unabdingbar zur Erziehung gehören, und diese in ihren wesentlichen Strukturen zu erfassen.
Ernst Lichtenstein zeigt den Sinngehalt und die Grundstruktur verschiedener Erziehungsweisen auf, die zur Erziehung gehören und in der erzieherischen Situation an Gehalt und Bedeutung gewinnen: Pflege, Zucht, Lehre, Führung.

▷ Versuchen Sie bitte zunächst eine Unterscheidung der einzelnen Erziehungsweisen zu treffen unter Zuhilfenahme entsprechender Nachschlagewerke!

An vier Grundweisen „Pflege, Zucht, Lehre, Führung" entfaltet Lichtenstein deren Sinngehalt:

■ 1. Pflege

Pflege ist wohl die primäre pädagogische Grundkategorie. Die griechische Bedeutung des Wortes ist zunächst Ausdruck für alles erzieherische Tun.
Das althochdeutsche „pflegen" heißt: für etwas sorgen; sich seiner annehmen, es hüten. Die Urbedeutung ist wahrscheinlich: „einstehen, sich verbürgen für" jemanden oder etwas. Da haben wir bereits das Charakteristikum der verantwortlichen Personensorge.

Zwei Momente treten in dem Grundbegriff heraus, in denen sich die mit Pflege bezeichnete pädagogische Situation näher auslegt, einmal
– die Fürsorge, d. h. „von Amts wegen etwas verantwortlich versorgen", und zum andern
– *hegen und pflegen,* d. h. Wachsendes zu stützen und zu schützen.

Die Bedeutung des „Wachsenlassens" herrscht seit Rousseau in pädagogischer Einseitigkeit vor. Sie liegt der „Gärtner"-Auffassung von Erziehung in Fröbels „nachgehender" Erziehung zugrunde.
Die andere Bedeutung kommt etwa in „Jugendpflege" zum Ausdruck, die ja mit „Jugendfürsorge" zur Gesamtheit der „Jugendhilfe" zusammengeschlossen ist.
Charakteristisch ist der Ganzheitsbezug. Das ganze Wesen in allen seinen Bedürfnissen wird umfaßt, in seinen leiblichen, wirtschaftlichen, gemüthaften und geistigen Bedürfnissen.
Die pflegerische Grundhaltung ist dienend und sich in den anderen einfühlend. Sie ist durch die „wertbejahende Hinwendung zu fremdem Leben" (Sprangers soziale Lebensform) gekennzeichnet. Sie wendet sich mit besonderem Einsatz dem Schwachen zu und ist begrenzt durch die Pflegebedürftigkeit, dies gilt besonders in den frühen Lebensphasen und bei Reifungsvorgängen.

Aus: Ernst Lichtenstein: Zur Phänomenologie der Erziehungsweisen. In: Erziehung, Autorität, Verantwortung. Ratingen 1967, S. 73.

(Der Originaltext wird hier in teilweise gekürzter Form wiedergegeben.)

▷ These: „Die pflegerische Grundhaltung ist dienend und sich in andere einfühlend!"
  Können Sie Beispiele aus Ihrer Erziehungspraxis berichten, die damit übereinstimmen?

■ *2. Zucht*

Ein ganz anderer Erziehungseinsatz wird in dem Begriff Zucht sichtbar.
Die anthropologische Wurzel des pädagogischen Zuchtbegriffs wird bei Gehlen besonders deutlich: Der Mensch, ohne instinktgesicherte Verhaltensweisen einer Überflutung von Außenweltreizen seines weltoffenen Horizonts ausgesetzt, ist gezwungen, sein Leben selbst zu „führen", d. h. in Triebverzicht und Selbststeuerung sich selbst in Zucht zu nehmen. Zucht, durch die er sich allererst stabilisiert, ist für den Menschen immer zugleich ein Mittel zu seiner inneren Befreiung und zu seiner Handlungsfähigkeit. Der Mensch als zum Handeln berufenes Wesen ist zugleich ein Wesen der Zucht. Dieser Notwendigkeit dienen die gesellschaftlichen Institutionen.
Aber pädagogisch heißt das: der Zweck der Zucht ist die Selbstzucht.
Als Erziehungsverfahren tritt in dem Zuchtbegriff zunächst (im Gegensatz zur pflegerischen Haltung) das Negative in den Vordergrund: Beschränkung des Wuchses und der Freizügigkeit, der Zwang zur Überwindung innerer

Widerstände und zur Anstrengung, Härte und Belastung durch Forderungen. Strafe ist nur ein äußeres Mittel der „Korrektion", aber nicht Wesen der Zucht.

Das Positive in der pädagogischen Haltung der Zucht ist auf die Vorausschau, auf den künftigen Stand des Menschen im Leben und seinen Ordnungen gerichtet.

Zucht als solche läßt sich nicht intellektuell lehren. Sie wächst nur in der Unmittelbarkeit des Handlungsumgangs. Sie unterscheidet sich dadurch grundsätzlich von der Lehrsituation, daß sie nie in die Abgehobenheit des Gegenständlichen tritt. Zucht geschieht vorwiegend durch den Appell an den Willen, durch Herausforderung, Anspruch und Beispiel. Ein Beispiel wird „gegeben".

Härte, Daseinsverzicht, Sichversagen müssen wesensgemäß vorgelebt werden, um glaubwürdig zu sein. Das heißt: Bindend in der Zucht ist in erster Linie das gelebte Beispiel.

Zucht als Erziehungsweg ist dann positiv Meisterschaft der Selbst- und Lebensbeherrschung, die in Verzichten erkämpfte Verfestigung der Lebensrichtung, die vollkommene Leistung im Bewußtsein der selbstdurchschauten Grenze.

Aus: Ebd., S. 73–75 (gekürzt).

▷ Erarbeiten Sie bitte die Grundgedanken der Erziehungsweise „Zucht", und überlegen Sie, welche Aktualität diese Aussagen heute noch haben!

■ *3. Lehre und Lehren*

Die pädagogische Haltung, die sich in Lehre und Lehren ausdrückt, ist wiederum eine ganz andere als die Zucht. Wie Zucht sich nicht „lehren" läßt, läßt Lehre sich nicht zwingen, bewerkstelligen, regeln und in feste Grenzen einschließen.

In einem ganz weiten Sinne ist jede Erziehung belehrend, auch die Erziehung durch Zucht, weil sie Erfahrungen machen läßt und weil in ihr verstanden werden soll, was der andere will.

Die Wurzel der Lehre sieht Langeveld (vgl. Langeveld 1968, S. 81 f.) in der Neigung des Kindes zur Exploration als eine menschliche Grundgegebenheit. Im Drang zum Kennenlernen und Selbsterfahren kündigt sich die Welt an, in die der junge Mensch hineinwachsen soll. Schon im Spiel zeigt sich diese Weltoffenheit des experimentierenden Verhaltens an, im Erlebnisdrang, in der Nestflüchtigkeit.

Das deutsche Wort „lehren" kommt vom gotischen „laisjan" = wissend machen, „lehren". Die Präsensform „lais" bedeutet „ich weiß", ich habe im „Weltumgang erfahren".

Die Erfahrung, die Lehre, das Wissen ist nicht unbedingt an einen Lehrer gebunden. Das Leben bildet. Es kommt darauf an, daß man sich für das Erfahren des Bedeutsamen und Allgemeinen offenhält. Damit erweitert man

seinen geistigen Horizont und versteht Schicksale und Lebenszusammen-
hänge.

Die Alten werden dadurch zu Lehrern, daß sie an Lebensweisheit vorweg
sind. In der Gemeinschaft ist bereits ein Schatz von Lebensverständnis und
Weltdeutung angehäuft, von alters her gültig, in Mythen, Sagen, Stammes-
überlieferungen, Recht- und Sittensatzungen lebendig, in Spruch und Lied,
Brauchtum und Symbolen geformt, und in dieser objektiven Gestalt lehrreich
und lehrbar. Er erspart der Jugend die eigene Erfahrung und zieht sie zugleich in die Teilhabe an dem geistigen Besitz, am gültigen Wissen der
Kulturgemeinschaft hinein. Lehre wird Überlieferung, Tradition. Das Lehren
wird institutionalisiert.

Aus dieser Wurzel stammt „Schule" als Stätte der Erziehung durch Unterricht. Daraus folgt, daß die Schule auch Wissen vermittelt, denn Wissen
bildet, durch Wissen wird der Mensch er selbst. Dabei kann es sich nicht um
eine Vielwisserei handeln, weil die bloße Erfahrung und reines Stoffwissen
noch keine Einsicht vermittelt. Lehren wendet sich an die Einsicht und läßt
die Sache selbst sprechen. Das Lehren ist nur die Brücke zum eigenen
Wissen und Können des Schülers. Der Lernende ist nicht ein Gefäß, das mit
Wissen gefüllt wird, sondern es sollen Anlagen und selbsttätige Kräfte des
Lernens und der Einsicht geweckt, angeregt und entwickelt werden. Man
muß das Lernen lernen. Von Augustinus stammt das Wort: „Alle menschliche
Lehrtätigkeit ist nur Anlaß und Gelegenheit zum Lernen." Zum Erzieher wird
der Lehrer nicht, wenn er den Schüler auf seine Lehre verpflichtet, sondern
wenn er von sich weg auf das Übergeordnete, auf das Gemeinsame (das
bindende Gesetz der Sache) verweist, unter dem beide, Lehrer und Schüler,
stehen. Wesentlich an der Erziehung durch Lehre ist, daß sie statt des kurzen
Weges von der Anweisung zur Ausführung den „längeren Weg" einschlägt
und Kräfte und Einsicht erweckt und zur Besinnung führt. Die „Lehrfreude"
hat ihren ersten Grund in der Sache und nicht in der Absicht persönlicher
Einflußnahme und Gewinnung.

Aus: Ebd., S. 75–77 (gekürzt).

Thesen:
- Die Wurzel der Lehre ist in der Neigung des Kindes zur Exploration als einer
  menschlichen Grundgegebenheit zu sehen.
- In der Gemeinschaft ist bereits ein Schatz von Lebensverständnis und Weltdeu-
  tung angehäuft und von alters her gültig.
- Lehre als Erziehungsweise hat zum Ziel die Teilhabe am gültigen Wissen der
  Kulturgemeinschaft.
- Vielwisserei lehrt nicht Einsicht haben.
  Man muß das Lernen lernen.

▷ Welche Bedeutung haben diese Thesen für Ihre pädagogische Arbeit?

■ *4. Führung*

Neben Pflege, Zucht und Lehre steht die Erziehungsweise *Führung*.

Führung hat mit Pflege gemein, daß sie eine Art des gesamtmenschlichen „Besorgens" ist. Sie unterscheidet sich von Pflege dadurch, daß sie nicht der Gegenwart, sondern der Zukunft zugewandt ist. Führung hat mit Zucht gemein, daß sie „will" und daß sie in einem Verhältnis von Über- und Unterordnung sich vollzieht. Sie unterscheidet sich von Zucht dadurch, daß sie nicht primär negative Kräfte unterdrückt, sondern positive Kräfte aufruft. Und Führung hat mit Lehre gemein, daß sie ausrichtet und Ziele weist. Sie unterscheidet sich von Lehre dadurch, daß diese Ziele in Personen verkörpert sind und nur in dieser „Vorbildlichkeit", Bildhaftigkeit wirken, die sie in der Gestalt der erzieherischen Persönlichkeit angenommen haben.

Im Begriff „führen" liegt, daß eine Bewegungskraft in Aktion tritt, die ein reales Fortkommen ermöglicht und bewirkt. Es ist eine Bewegung, die das weiterschafft, was schon in Bewegung ist, nur jetzt in bestimmter Richtung und auf ein bestimmtes Ziel hin. Erst aus der Bedeutung „einem anderen die Richtung weisen" hat sich die weitere Bedeutung entwickelt: „Voranstehen, an der Spitze stehen, Erster sein", außerdem hat Führen immer die Nebenbedeutung von Stützen und Helfen, über Schwierigkeiten hinweghelfen.

Das im Nationalsozialismus absolut gesetzte „Führerprinzip" verkannte gerade, was Führen heißt, weil Führertum darauf reduziert wurde, „Massen bewegen zu können". Führer bewegen nicht einen willenlosen und amorphen Haufen, Führer regen an, setzen ihre Persönlichkeit im Dienst des Geführten ein, müssen „voraussehen" können und dabei nicht „rücksichtslos" sein. Führer ist nur der, wer führen kann. Damit kommen wir zu der Bedeutung der Führung als Erziehungsweise. Daß Führung erzieherisch wirkt, ist eine Grunderkenntnis der Soziologie. Alle echten Gruppen entwickeln Führerpositionen und im Führer-Gefolgschafts-Verhältnis auch Erziehungsimpulse. Dieses pädagogische Phänomen hatte in der Jugendbewegung große Bedeutung. Der selbsterzieherische Sinn der Jugendgruppe wurde sichtbar, und es zeigte sich, daß das Jugendalter als solches eine besondere Bereitschaft und eine innere Affinität zu einem Erziehungsverhältnis hat, das sich sowohl von dem familialen Erziehungsverhältnis der Fürsorge und der Zucht wie von der üblichen Erziehungsweise von Schule, Regierung und Unterricht typisch und deutlich unterscheidet.

Der Führer muß bei diesem Verhältnis in seiner ganzen menschlichen Realität gegenwärtig sein, also nicht nur in einer einzigen Funktion, als Lehrer, sondern auch im emotionalen Verbundensein mit der Gemeinschaft, in der man miteinander lebt. Damit schließt sich derjenige vom Führungsverhältnis aus, der dem Schüler nur in der amtlichen und unpersönlichen Distanz des „Lehrers" gegenübersteht. Ferner gehört zum Führungsverhältnis ein „gegenseitiges Bewußtseinsverhältnis". Der Führer weiß, daß er Führerverpflichtungen hat, und muß führen wollen. Der Folger anerkennt das Führertum des Führers, weil er in ihm die Verkörperung höherer Werte, das Bild eines höheren Menschentums, einer vorbildlichen Haltung und ein persönliches Vorbild sieht.

Wir sprachen von dem Führer als Erzieher. Wir müssen nun von dem Erzieher als Führer sprechen.

In seinem „Plan zur Erziehung der Erzieher" geht Salzmann von dem „Erziehe dich selbst!" als erste Forderung an den führenden Erzieher aus. Langeveld hat in seiner „Einführung in die Pädagogik" ein Kapitel der These gewidmet: „Der Erzieher kommt selbst als ‚Mittel' in der Erziehung zum Ausdruck" (Langeveld 1965, S. 22). Es kommt nicht bloß darauf an, welche Kulturgüter mitgeteilt werden müssen und welche Lebensinhalte der Erzieher dem Zögling vorzuleben „behauptet", sondern daß dabei die Person des Erziehers selbst eingesetzt ist. Der Erzieher muß sich mit diesen Lebensinhalten identifizieren, wenn er erziehen will. Eine Methode kann aber anfechtbar sein. Sie ist nur wirksam, soweit die Person in voller Echtheit das mit dieser Methode Verbundene besitzt und es auf junge Menschen zu übertragen verlangt. Das Erziehungsziel verlangt, in der Person des Erziehers verarbeitet zu sein (der Erzieher bringt seine Persönlichkeit bewußt zum Einsatz, er macht sich zum „Mittel" der Erziehung). Damit wird die „Echtheit" des pädagogischen Bezugs in der führenden Erziehung zu einem besonderen Problem, das die eigentümliche innere Begrenztheit auch dieser pädagogischen Situation der bewußten Führung zeigt. Führungsanspruch unterscheidet sich von Vorbildlichkeit. Der Erzieher als Führer muß wissen, daß er Führer ist und führen will. Vorbildlichkeit ist keine Weise des „Erziehens", sondern eine Weise des Erzieher-Seins bzw. des Menschseins (und dadurch eine Erziehungsmacht, aber nicht eine Erziehungshaltung).

Erzieherisches Führertum aber ist eine bestimmte Erziehungshaltung. Sie nimmt ihren Ansatz – wie es Nohl ausdrückt – in dem „leidenschaftlichen Verhältnis eines reifen Menschen zu einem werdenden Menschen, und zwar um seiner selbst willen, daß er zu seinem Leben und seiner Form komme" (zitiert nach Lichtenstein, S. 80).

Eigentümlichkeit und ihren Selbstwert begründend ist dieser Erziehungsweise das spannungsvoll doppelbestimmte Verhältnis des Erziehers zu seinem Zögling, im Blick einerseits auf seine Wirklichkeit, andererseits auf seine Idealität, also die Vereinigung eines realistischen und eines idealistischen Sehens im Vollzug der Erziehungsführung.

Aus: Ebd., S. 77–81 (vgl. II.4 Das Problem der Autorität in der Erziehung, S. 133 ff.).

▷ Es gibt verschiedene Möglichkeiten, den Führungsanspruch zu verwirklichen. Erarbeiten Sie bitte diese Möglichkeiten, und überlegen Sie, was sich daraus für Sie als zukünftige Erzieherin/zukünftigen Erzieher ergibt!

▷ Sie haben vier Erziehungsweisen als pädagogische Grundhaltungen kennengelernt. Bitte klären Sie, was Pflege, Zucht, Lehre, Führung für die Erziehung bedeuten!

Zwei Gedanken sollen am Schluß der Überlegungen über die Erziehungsweisen Pflege, Zucht, Lehre, Führung stehen:

1. Es muß klargestellt werden, daß eine Unterscheidung der Erziehungsweisen nicht dazu führen darf, daß eine unter ihnen Alleingeltung haben könnte oder daß überhaupt eine ohne die andere sein könnte. „Sie gehören vielmehr gerade in ihrer Verschiedenartigkeit zusammen, wie es dem vielschichtig-einen und spannungsvoll-ganzen Wesen der Menschen entspricht" (Lichtenstein 1967, S. 81). Es bleibt die verantwortungsvolle Aufgabe des Erziehers, in der jeweiligen Situation, im jeweiligen Alter, „entsprechend dem jeweiligen Gegenstande in seiner ganzen erzieherischen Haltung die geistige Einstellung zu verwirklichen, die dem Erziehungswerk im Ganzen ... angemessen ist. Die Erziehung ist nicht nur eine Sache der Grundgesinnung, sie ist auch eine Sache der ... Unterscheidung" (ebd.).

2. Der Erzieher hat neben der Führung auch die Selbstwerdung des Kindes im Blick zu haben. „Führen" als eine Erziehungsweise wird immer in Spannung stehen müssen zum „Wachsenlassen", damit eine Freisetzung dessen, was der Mensch „in" sich mitbringt, ermöglicht wird. Der Erzieher steht im Spannungsfeld dieser Widersprüchlichkeiten und muß sie in jeder erzieherischen Situation aus- und durchhalten und muß im Blick aufs Kind seine Entscheidung treffen. Bei solchem Handeln wird sich dem Erzieher nicht die Frage stellen, ob es um Führen oder Wachsenlassen geht, sondern „in verantwortungsbewußtem Führen (darf der Erzieher) niemals das Recht vergessen, das dem aus eigenem Grunde wachsenden Leben zusteht – in ehrfürchtig-geduldigem Wachsenlassen niemals die Pflicht vergessen, in der der Sinn erzieherischen Tuns sich gründet – das ist der pädagogischen Weisheit letzter Schluß" (Litt [15]1976, S. 81 f.).

Zum Mündig- und Selbständigwerden des Kindes gehört beides: das Führen und das Wachsenlassen.

6. Erziehend bin ich in die Generationenfolge gestellt

Forderungen, Aufgaben und die Persönlichkeit des Erziehers

Erziehungsprobleme werden häufig als Spannungen zwischen den Generationen interpretiert. Diese Auskunft ist aber zu einfach. Dies zeigt auch die gegenwärtige wissenschaftliche Diskussion. Trotz einiger schwieriger Aspekte soll versucht werden, Sie mit Textauszügen an dieses Thema heranzuführen. Ziel ist, Ihre Person und Ihre Arbeit innerhalb dieses Problems zu entdecken.

6.1 „Was du ererbt von deinen Vätern, erwirb es, um es zu besitzen!"
   (Goethe, Faust, 1. Teil, 30)

a) Biographien, Darstellungen von Familiengeschichten oder einer Firmengeschichte in der Literatur zeigen Zusammenhänge in der Generationenfolge. „Tradition" als Qualitätsmerkmal („Familienbetrieb", „unverändert im Besitz der Familie") und „Fortschritt" werden daran gemessen. Aus wirtschaftlichen Gesichtspunkten soll eine nachwachsende Generation Funktionen übernehmen:
– Sicherung des Bestandes,
– Überlieferung von Wissen und Können,
– Fortsetzung des Begonnenen mit gleicher Sicherheit und Erfahrung,
– Weiterentwicklung von Aufgaben,
– Sinnerfüllung für die „abtretende" Generation.

Ähnliche Erwartungen werden aber auch in Erziehungsverhältnissen formuliert: Eine nachwachsende Generation soll den Fortschritt tragen („Du sollst vorankommen!" – Was immer damit gemeint sein mag). Die „Jungen " sollen ebenso produktiv sein wie „die Alten" (oder noch produktiver). Sie sollen den hohen Lebensstandard halten (oder noch verbessern: „Mein Kind soll es einmal besser haben!"). Das bedeutet auch: Sie sollen ihre Konsumgewohnheiten weiterentwickeln wie andere vor ihnen.

▷ Elterngespräche offenbaren diese Erwartungen oft.

172

b) Kinder werden in vielen Lebensbereichen in Erwartungen hineingestellt. Sie erfahren

- im sozialen Bereich: Eltern führen sie in ihre vorhandene Lebenswelt ein, in Vereine, Verbände, in Gruppen, Kirchen, in ihre Geselligkeit; so sind Lebensformen bereits gewählt.
- im kulturellen Bereich: Sprache, Interessen, Freizeitgewohnheiten, Musik, Sport usw.
- im politischen Bereich: Übernahme von Aufgaben, Engagement, Werte, Ordnungen, Parteistrukturen, Gesetze, Machtausübung usw.

Erziehung geschieht immer innerhalb vorhandener, geschichtlich gewordener Erwartungen. Die ältere Generation als Träger solcher Überlieferung handelt damit an der jüngeren, heranwachsenden Generation. Sie übergibt die Welt, in der die nächste Generation einmal leben soll.

6.2 Die Notwendigkeit, miteinander zu leben

Erzieher und Erzogener leben gemeinsam in ihrer jeweiligen Umgebung. Beide sind daran gebunden. Eine Skizze soll dies verdeutlichen:

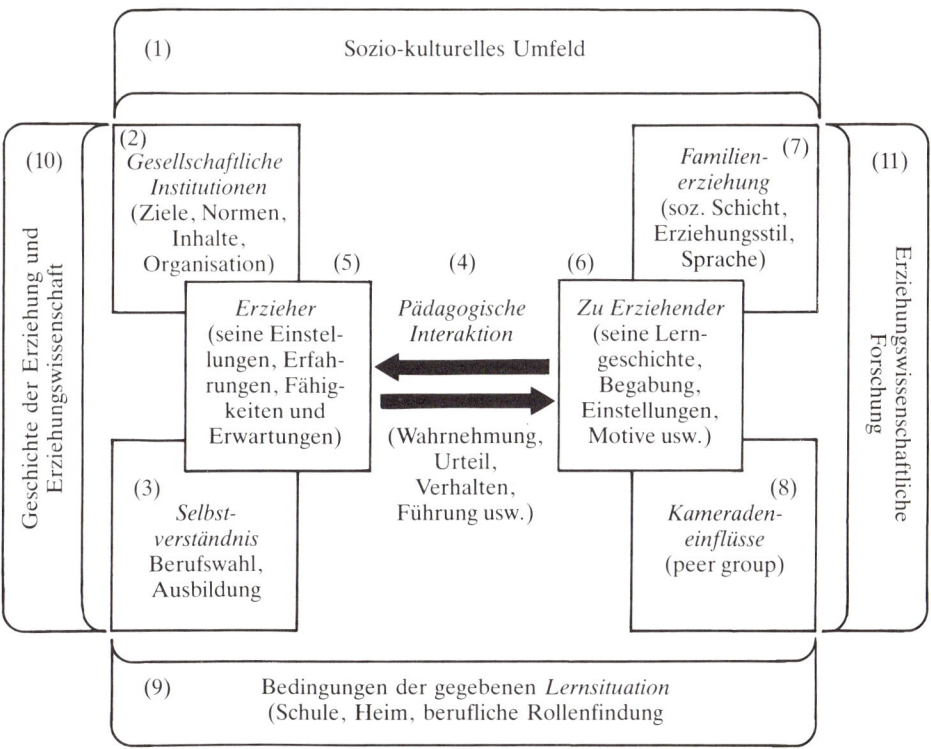

Aus: Dieter Ulich: Das pädagogische Feld und das gesellschaftliche Umfeld. In: Hans Schiefele, Walter Tröger (Hrsg.): Pädagogik für Erzieher. Band 2. München, 6. Aufl. 1982, S. 28.

173

Dieser Zusammenhang wird als das pädagogische Feld bezeichnet. Das pädagogische Feld bedeutet

- den Kontext, in dem ein Kind aufwächst,
- den Kontext, aus dem die Erzieherpersonen kommen,
- den Kontext, in dem Erziehung geschieht.

Diese Umwelt erzieht mit. Deshalb ergibt sich auch durch die bewußte Gestaltung und Anordnung, die der Erzieher aufbaut, eine Wirkung auf die Heranwachsenden. Das pädagogische Feld wird einbezogen in Zielsetzungen und Planungen (intentionale Erziehung). Noch viel häufiger aber wirkt sich dieses Feld funktional ungeplant auf junge Menschen aus – einfach durch sein Dasein:

1. durch die vorgegebene und spezifisch vorgestaltete Umgebung,
2. durch die Selbstverständlichkeiten im Verhalten Erwachsener und Gleichaltriger,
3. entsprechend durch Vorbildwirkung und Nachahmung,
4. durch Überlieferung, schichtspezifische Verhaltensweisen der Umgebung,
5. durch Einstellungen, Erfahrungen, Erwartungen der Erzieher,
6. in der Gestaltung von Institutionen der Gesellschaft und der Bildung.

Weder Erzieher noch Erzogene können sich aus diesem Zusammenhang lösen. Sie stehen in diesem Feld und werden von psychologischen, soziologisch erfaßbaren oder institutionell bedingten Faktoren bestimmt. Vorhandene Normen und Werte regeln das Bezugssystem. Berufserzieher haben diese Bindung zu reflektieren im Blick auf geplant und ungeplant funktionale Anordnungen und im Blick auf ihr intentionales Handeln.
Einerseits wird die Welt der älteren Generation zum „pädagogischen Feld" für die heranwachsende Generation. Erziehung geschieht in diesem Feld und kann nicht daran vorbeigeplant werden.

▷ Teile des pädagogischen Feldes werden im I. Kapitel beschrieben. Lesen Sie noch einmal, was von Hentig über „die Kindheit heute" (s. S. 29 ff.) schreibt!

Überlegungen zur Notwendigkeit von Erziehung lassen sich aus der Einsicht in das pädagogische Feld ableiten.

▷ Verdeutlichen Sie sich bitte Ihre Praxiserfahrungen! Waren Faktoren des pädagogischen Feldes ursächlich bestimmend für Situationen zwischen Ihnen und einem Kind oder Jugendlichen?

6.3 Gesellschaftlicher Wandel als Ursache des Generationenkonflikts

Das heutige Generationenproblem sieht Walter Hornstein im Vergleich mit früheren Epochen als qualitativ verändert an. Er stützt sich dabei auf Untersuchungen des Amerikaners Inglehart. Dieser hat Wandlungen innerhalb der westlichen Industriegesellschaften, zu denen ja auch die Bundesrepublik Deutschland gehört,

beobachtet. Seine Hauptveröffentlichung hat den Titel „Die stille Revolution"
(The Silent Revolution, 1977, deutsch 1979).

▷ Die nachfolgenden Ausführungen Hornsteins haben für Sie immer eine doppelte Bedeutung:
   a) im Blick auf Ihre Person als Erzieher und Erzieherin,
   b) im Blick auf die Gestaltung Ihrer Arbeit mit Kindern und Jugendlichen.

■ (1) R. Inglehart hat... den Nachweis zu führen versucht, daß es in den
westeuropäischen Ländern... einen langfristig zu beobachtenden Wandel in
den vorherrschenden Normen und Wertorientierungen gibt, der sich als
Wandel von einer „materiellen" zu einer „postmateriellen" charakterisieren
läßt... „Materielle Werte" sind dabei Sicherheit betonende Werte wie starke
Verteidigung, Ordnung und Ruhe, Kampf gegen Verbrechen, dann aber vor
allem wirtschaftliches Wachstum, Kampf gegen steigende Preise, für eine
stabile Wirtschaft. „Postmaterielle Werte" sind dieser Auffassung zufolge:
Hochschätzung der Persönlichkeit und Selbstverwirklichung, verstärktes
Mitspracherecht in Betrieb, Gemeinde, Politik, in der Gestaltung gesellschaftlicher Verhältnisse; dann im intellektuell-ästhetischen Bereich: Beto-
nung einer dem Menschen dienenden, schönen Umwelt, freie Meinungsäu-
ßerung, die Hochschätzung von Ideen, geistigen Gehalten ganz allgemein
gegenüber Geld und anderen materiellen Werten.
Bei aller Kritik... scheinen die Befunde doch so stabil, daß das Phänomen
eines gesellschaftlichen Wertwandels identifizierbar zu sein scheint und als
belegt gelten kann...
Aus: Walter Hornstein: Die Erziehung und das Verhältnis der Generationen heute. In: Zeitschrift
für Pädagogik, 18. Beiheft (1983), S. 64.

▷ Wertwandel! Vermutlich stellen Sie Formen dieses Wandels auch in Ihrer
   Umgebung fest, möglicherweise auch in Ihrer Klasse und Ihrem Ausbildungs-
   kurs.

■ (2) ... Dieser Wertwandel ist offensichtlich bei Jüngeren stärker feststell-
bar als bei Angehörigen der heute erwachsenen älteren Generation... Diese
Beobachtung hat zu einem Erklärungsversuch geführt, der auf die unterschiedlichen Lebensbedingungen der verschiedenen Generationen abhebt:
Die Erklärung läuft darauf hinaus, daß „materielle" Orientierung immer dann
entsteht, wenn eine Generation unter kärglichen Bedingungen aufwuchs,
d. h., wenn ihre prägende Phase in eine Zeit materieller Armut und Not fiel.
Umgekehrt: eine Generation, die im Überfluß aufwächst, tendiert dieser
Theorie zufolge dazu, „postmaterielle" ideelle Werte zu betonen, also Ziele
der Selbstverwirklichung, der emotional befriedigenden Beziehungen usw.
Aus: Ebd., S. 65.

■ Das Stichwort „Moral" ist vielleicht... besonders gut geeignet, die Unterschiede zwischen den beiden Orientierungen zu verdeutlichen. Die traditionelle, bürgerliche Moral, wie sie etwa seit der Aufklärung herrscht, ist die Moral einer „utilitaristischen Wirtschaftsgesellschaft" (Max Weber). Handle so, so könnte ihr oberstes Prinzip formuliert werden, daß daraus auf lange Sicht gesehen ein möglichst großes Maß allgemein wirtschaftlichen Wohls entsteht... Die „postmaterielle" Moral ist im Gegensatz dazu eine Moral der individuellen Selbstverwirklichung im Hier und Jetzt, im Augenblick; sie ist keine Moral langfristig ökonomisch planender, rational vorausschauender wirtschaftlicher Vernunft.

Auf der einen Seite die Angehörigen der jüngeren Generation, tendenziell eher postmateriellen Orientierungen zuneigend, auf der anderen die Angehörigen der älteren, eher „materiell" orientiert – dies also wäre, folgt man dieser Theorie, die heutige Form des gesellschaftlichen Generationenkonflikts.

Aus: Walter Hornstein, a.a.O., S. 65

▷ Erwachsenengenerationen vor Ihnen haben ihre Umwelt unter anderen Prägungen wahrgenommen, als Sie das heute tun. Versuchen Sie, sich ein Bild der jeweiligen Kindergartenzeit/Schulzeit/Jugendzeit zu machen. Wie sahen diese Zeiten aus im Vergleich der heute Dreißigjährigen, der Fünfzigjährigen, der Siebzigjährigen – bedingt durch

● wirtschaftliche Faktoren,
● politische Ereignisse,
● technische Errungenschaften,
● Mode, Musik und andere kulturelle Einflüsse?

▷ Eine Hilfe zu diesen Überlegungen soll das Schaubild auf Seite 177 sein. Es stammt in seiner Anlage aus der entwicklungspsychologischen Forschung, enthält aber auch Daten, die für das erzieherische Umfeld wichtig sein können.

Sie werden bemerken, daß ab dem Jahr 1970 die Zeiträume graphisch gedehnt wurden. Dies soll eine Aufforderung für Sie sein: Viele Ereignisse sind Ihnen zusätzlich in Erinnerung, werden von Ihnen möglicherweise als persönlich prägend empfunden, andere Gebiete (Musik, Verkehr, Film, Freizeit) haben Sie beeinflußt.

Bilden Sie also bitte Ihre eigene, erweiterte Zeitleiste!

Wie anders sieht sie für die von Ihnen begleiteten Jugendlichen im Heim aus, wie für die Schüler im Hort, wie für Kindergartenkinder?

Nicht nur der Abstand vieler Jahre (wie von Eltern- zu Kindesgeneration) bringt deutliche Unterschiede hervor. Gleiche Ereignisse werden unterschiedlich wirksam, ob sie uns in der Pubertät, mitten in der Berufsausbildung, im Verlauf eines längeren Studiums oder vielleicht in der Phase der beruflichen Stabilisierung treffen.

Der Lebenslauf einiger Geburtenkohorten
Bezug: historische Änderungen in Deutschland/Bundesrepublik Deutschland

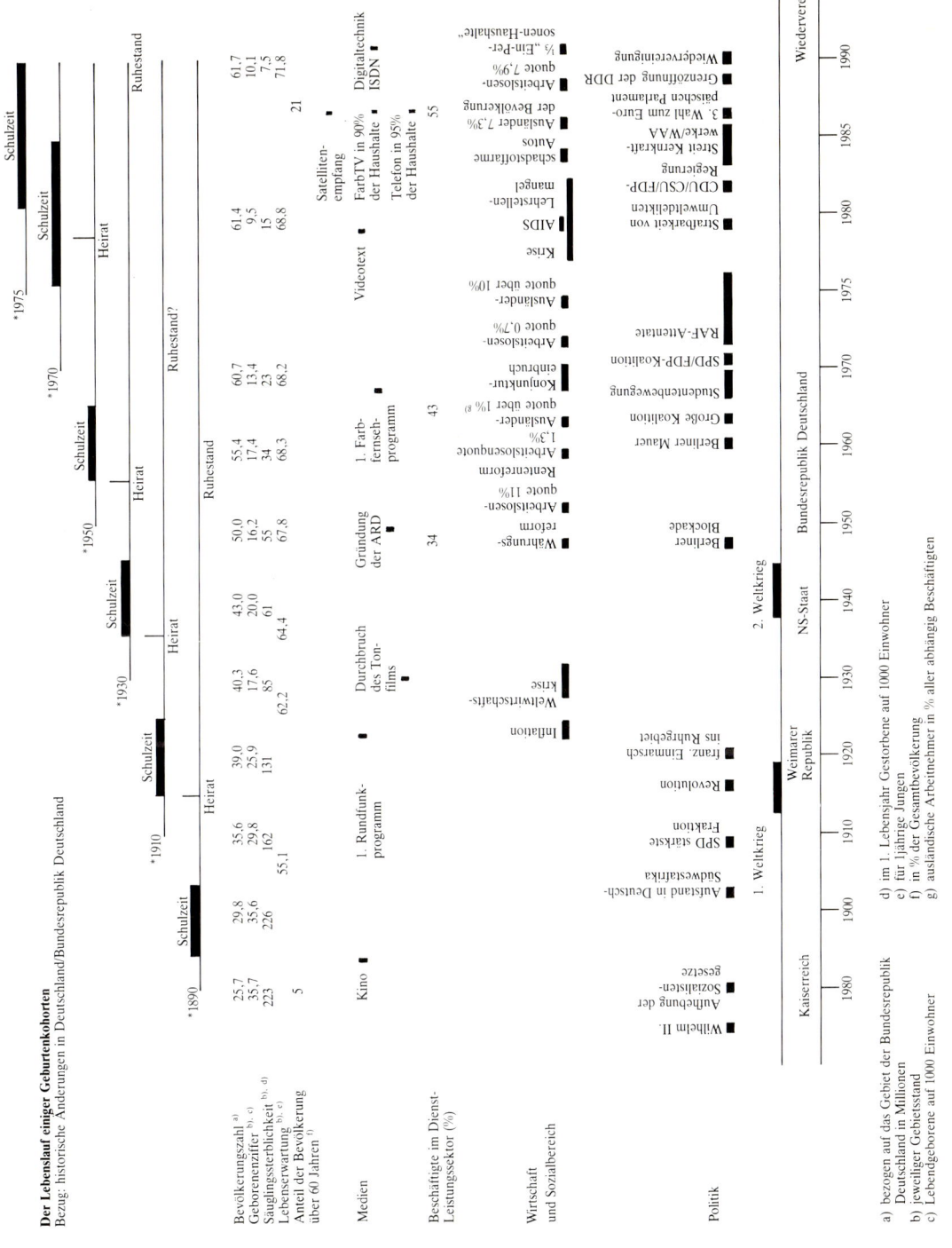

a) bezogen auf das Gebiet der Bundesrepublik Deutschland in Millionen
b) jeweiliger Gebietsstand
c) Lebendgeborene auf 1000 Einwohner
d) im 1. Lebensjahr Gestorbene auf 1000 Einwohner
e) für 1jährige Jungen
f) in % der Gesamtbevölkerung
g) ausländische Arbeitnehmer in % aller abhängig Beschäftigten

177

6.4 Erziehungsziele im zeitgeschichtlichen Kontext

Wie sich Erziehungsvorstellungen heute verändern, erläutert Hornstein in den beiden folgenden Gedankengängen. Er bezieht sich dabei auf jeweils drei Punkte:

■ (1) ... Wenn die Angehörigen der verschiedenen Generationen miteinander in Schule, Ausbildung, Universität oder anderswo agieren, dann geschieht dies meist unter einer nicht durchschauten Fiktion, nämlich unter der Fiktion, als ob die Beteiligten aus dem gleichen Wertsystem heraus handelten und argumentierten... In Wirklichkeit agieren sie jedoch aus unterschiedlichen Wertsystemen heraus, haben deshalb unterschiedliche Prioritäten und Wertsetzungen...
Deshalb noch einmal: während Erwachsene meist die Bedeutung des Jugendalters als einer Vorbereitungsphase auf „das Leben" herausstellen..., ist Jugendzeit nach dem Selbstverständnis der heute Heranwachsenden eben nicht primär Vorbereitung auf etwas Späteres, sondern selbst Leben, jetzt zu lebendes, gegenwärtiges Leben. Und das, was den Erwachsenen wichtig ist, ist es deshalb noch lange nicht für die Jugendlichen...
Und drittens schließlich: viele Beobachtungen zeigen, daß Ansprüche auf emotionales Aufgehobensein, auf erfülltes, gegenwärtiges Leben aufs schärfste kontrastieren mit den Leistungsanforderungen von Institutionen, die als bürokratisch und fremd empfunden werden...
Aus: Walter Hornstein, a.a.O., S. 66 f.

▷ Eigene Widerstände und Vorsätze, „es anders zu machen", sind aus diesen bewußten und unbewußten Einsichten begründet.

▷ Sie selbst werden und sind bereits „ältere Generation", sobald Sie den Erzieherberuf ausüben und Mitarbeiter einer Institution sind.

▷ Forderungen einer „postmateriellen Moral" können Ihre Erziehungsarbeit bestimmen.

■ (2) Die entscheidende Erfahrung der Gegenwart, und das unterscheidet sie von früheren Epochen, besteht in der zweifelnden Frage, ob mit den alten Wertmustern die Zukunft der Menschheit überhaupt noch gesichert werden könne; also mit Wertmustern, die der sogenannten bürgerlichen Epoche angehörten, die von dem Glauben bestimmt war, daß durch materiellen Wohlstand das Glück des einzelnen wie der Gemeinschaft am besten zu sichern sei, die ferner bestimmt war durch die hohe Bewertung, ja den Primat der Leistung, der Arbeit, durch den Glauben daran, daß durch individuelle Anstrengung, durch Bildung sozialer Aufstieg und damit individueller Lebensstandard erreichbar sei, und schließlich war es vor allem der alles beherrschende Gedanke des Fortschritts durch immer weitergehende Beherrschung der Natur zur Befriedigung menschlicher Bedürfnisse, der für diese Epoche bestimmend war.

All dies ist aber nun durch einen grundsätzlichen Zweifel in Frage gezogen: durch Erfahrungen, die sicherlich zunächst generationenübergreifend sowohl für Erwachsene wie für Heranwachsende gelten. Aber es scheint so zu sein, daß die heranwachsenden jungen Leute sensibler sind für die historische Umbruchsituation, für die Notwendigkeit des Umdenkens. Sie sind es ja schließlich auch, die länger in dieser bedrohlich und fragwürdig gewordenen Zukunft leben müssen als die heute Erwachsenen.
Aus: Ebd., S. 67 f.

▷ Die Konsequenzen aus der heute gültigen Situation können von Ihnen als Entwicklungsaufgaben pädagogisch formuliert werden.

Die Differenz zwischen überlieferten Erwartungen, Vorstellungen und Haltungen einerseits und neuen Aufgabenstellungen andererseits bringt Erzieherinnen und Erzieher in ein Dilemma. Unreflektiert wirkende Veränderungen (als neue Erfordernisse beschworen) können Kinder und Jugendliche zum Objekt machen, so daß dadurch das Mündigwerden verfehlt wird. Bewahrung des Überlieferten um der Überlieferung willen kann menschlich zerbrechen lassen, weil an der Wirklichkeit der Welt und des Menschen vorbei gedacht wird. Pädagogische Maßnahmen und Wege sind im Zusammenhang notwendiger Veränderungen der Lebenswelt zu sehen. Sie müssen sich aber daran ausrichten, daß Freiheit und Verantwortung, Selbststeuerung und ethisch-soziale Orientierung als Ziele in der vorgegebenen Lebenssituation bewahrt bleiben.

Das sogenannte Generationenproblem entfaltet sich als ein Konflikt, der aus der Zielgerichtetheit aller Erziehung entsteht und von tatsächlichen Altersdifferenzen unabhängiger ist als häufig angenommen. Es löst sich auf, wenn die Macht des Überlieferten oder des Neuen zugunsten der Erziehung zurückgenommen wird.

6.5 Wandel im Verhältnis zueinander: Wer erzieht wen?

Die amerikanische Kulturanthropologin Margaret Mead (1901–1978) formulierte eine These über die an der Erziehung beteiligten Personen: Die heutige Erziehergeneration kann die Zukunft der zu Erziehenden gar nicht mehr im Blick haben. Der Pädagoge Erich Weber faßt Margaret Meads Ausführungen zusammen:

■ In *präfigurativen* Kulturen, in deren Entstehungsphase wir uns etwa seit Ende des 2. Weltkriegs befinden, steigern sich infolge der immer rapideren, umfassenderen und tiefergreifenderen wissenschaftlichen und technisch-industriellen Neuerungen die Dynamik und die Mobilitätserfordernisse (man denke nur an die Automaten, Atomenergie, Weltraumeroberung und Computertechnik, an die neuen Verkehrs- und Kommunikationsmöglichkeiten, an die Massenmedien sowie an die medizinischen Fortschritte und die Antibaby-Pille). Diese und andere rasch und permanent aufeinanderfolgende

Entwicklungen und Veränderungen sowie deren ökonomische und soziokulturelle Folgeerscheinungen haben eine ungeheuere und unabsehbare Dynamisierung unserer Lebensverhältnisse und Wertvorstellungen mit sich gebracht und „die Generationen kraß und unwiderruflich getrennt" (Mead 1971, S. 96). In dieser Situation verliert die Erfahrung und das Vorbild der älteren Generation für die jüngere zunehmend an Bedeutung. Die älteren Menschen können sich auf ihre früheren Erfahrungen nicht mehr verlassen und müssen ständig wieder um- und hinzulernen. Sie vermögen sich, verglichen mit den Jugendlichen, auch nur schwerer und unzulänglicher auf die neuartigen Verhältnisse umzustellen. So ist die ältere Generation nicht selten schon in bezug auf die Gegenwart, noch mehr aber im Hinblick auf die Zukunft, überfordert und „ratlos". Für die jüngere Generation ist die Lage dann fast „hoffnungslos", weil es immer unwahrscheinlicher wird, daß sie von den Erwachsenen klare und sichere Antworten bekommt auf ihre Frage, welche Kompetenzen und Wertvorstellungen sie sich heute lernend aneignen soll, um die Zukunft bewältigen zu können. In mancher Hinsicht sind sogar die Jugendlichen bereits ihren Eltern überlegen. Während die Eltern gleichsam „Einwanderer" in einer neuen Welt und Zeit sind, leben die Jüngeren darin schon als „Eingeborene". In dem neuen, sich noch weiterentwickelnden Kulturtyp wird das zukunftsträchtig „Kommende ... vom Kind und nicht mehr von Eltern und Großeltern repräsentiert werden" (Mead 1971, S. 121).

Aus: Erich Weber: Generationenkonflikte und Jugendprobleme aus (erwachsenen-)pädagogischer Sicht. In: Josef Becker, Henning Krauß, Ilse Lichtenstein-Rother (Hrsg.): Schriften der philosophischen Fakultät der Universität Augsburg. Erziehungswissenschaftliche Reihe Nr. 30. München 1987, S. 120 f.

Ein Aspekt aus der Betrachtung des Lebenslaufes kommt hinzu: Auch das Erwachsenenalter wird als Abfolge von Umbrüchen, Konflikten, Krisen und Neuorientierungen gesehen. So ist das früher bestehende Bild einer geschlossenen Form von Erwachsenheit, das einen klaren Bezugspunkt für die Noch-nicht-Erwachsenen abgeben konnte, zerstört.

■ Durch beide Entwicklungen ist die einfache Gegenüberstellung von Kindheit und Erwachsenheit mit dem als Übergangsphase und Durchgangsphase verstandenen Jugendalter fragwürdig geworden. Kindheit und Erwachsenenalter sind keine eindeutigen Gegenbegriffe mehr. Und auch das Jugendalter schließlich hat in der Gegenwart offensichtlich seine klaren Begrenzungen und seine Struktur verloren.

Aus: Walter Hornstein: Die Erziehung und das Verhältnis der Generationen heute. In: Zeitschrift für Pädagogik, 18. Beiheft, Weinheim 1983, S. 69.

Für Hornstein ist demgegenüber der Begriff der richtigen „Differenz zwischen den Generationen" wichtig: weder zuviel Abstand, bei dem Erziehung und Verständigung nicht mehr möglich sind, noch Einebnung des Unterschieds.
Altersspezifische Erfahrungen und Rollen haben ihre Bedeutung. Sie sind in die Beziehung einzubringen.

6.6 Leben ohne Differenzen zwischen den Generationen?

a) Der Gedanke der freien Entwicklung

Je komplizierter die erfahrbaren Lebensbedingungen sind, desto bedrückender kann das überkommene Erbe wirken. Der Gedanke einer freien Entwicklung, losgelöst von den Einflüssen und Forderungen der Umwelt, wirkt in dieser Situation entlastend. Zurückgegriffen wird dabei auf das Menschenbild und die Gedanken des französischen Philosophen und Schriftstellers Jean-Jacques Rousseau (1712–1778).

Rousseau stellt in dem Erziehungsroman „Emile ou de l'éducation" (Emile oder über die Erziehung) den Zögling in eine isolierte Umgebung.

■ Der „Emile" beginnt mit dem lapidaren Satz: *„Alles ist gut, wenn es aus den Händen des Schöpfers hervorgeht; alles entartet unter den Händen der Menschen."* Die Erziehung ist also *dann* am besten und am „natürlichsten", wenn sie sich darauf beschränkt, das Kind – wachsen zu lassen und nur Entwicklungshemmungen und -verbiegungen zu verhüten. Rousseaus Naturbegriff bekommt einen mehr psychologischen Sinn: „natürliche" Erziehung heißt Entfaltung der *Anlage* des Menschen – wobei allerdings zu beachten ist, daß es sich hier bei Rousseau nicht um eine individuelle Anlage, sondern um die allgemeine, prinzipiell gute Menschennatur handelt. Wenn er auch keineswegs daran denkt, auf Eingriffe zu verzichten, so ist er doch der Überzeugung, daß der Erzieher im Grunde nur indirekt zu wirken habe. Er soll der jungen Pflanze eigentlich nur Raum und Licht schaffen und störende Einflüsse verhindern. Den Menschen erziehen heißt im Grunde also nur: dafür sorgen, daß die Natur (in ihm und um ihn) sich voll auswirken kann und nicht durch menschliche Meinungen und Launen beeinträchtigt und verdorben wird. Darum soll die ja so bedenkliche „Kultur" dem jungen Emile solange wie möglich ferngehalten werden, und deshalb läßt er ihn in einer recht utopischen und ungeschichtlichen Robinsonwelt erziehen. Das Entscheidende soll durch die *eigene Erfahrung* des Menschen geschehen, der Erzieher hat eigentlich nur zu beobachten und in der rechten Weise Erfahrung zu ermöglichen. Damit ist der gewichtige Grundsatz der *Selbsttätigkeit* ausgesprochen, als zwangsläufige Folgerung aus seinem Naturbegriff.

Aus: Alfred Reble: Geschichte der Pädagogik. Stuttgart, 10. Aufl. 1969, S. 143

Rousseau hat entlastend gewirkt. Die Wendung zur „Pädagogik vom Kinde aus" wurde durch ihn vorbereitet. Das Kind wurde durch seine Sichtweise als Subjekt verstanden und fortan bewußt wahrgenommen.

Daneben bleiben aber andere anthropologische Einsichten in die individuelle Prägung eines Menschen bei ihm ebenso unbeachtet wie die Notwendigkeit, Personwerdung in Interaktion mit anderen Menschen zu leben. Die ganzheitliche Einbindung in die vorausgehende, begleitende und nachfolgende Generation ist nicht lösbar, ohne das Menschsein zu verlieren.

Eine scheinbare Loslösung von der Person des Erziehers wird schließlich manipulatorisch, wie Alice Miller bemerkt (vgl. Alice Miller: Am Anfang war Erziehung. Frankfurt/M., 6. Aufl. 1988, S. 118).

● b) Pragmatische Auswege

Walter Hornstein formuliert „fragwürdige Lösungsversuche" des genannten Dilemmas aus der Sicht der Erwachsenengeneration und aus einer Analyse von Reaktionsformen Jugendlicher. Hier sind diese Thesen knapp zusammengefaßt (ausführlich bei Hornstein, 1983, S. 70–72).

Sicht der Erwachsenen:
– resignativer Verzicht auf Werthaltungen;
– Forderung nach Einhaltung äußerlich kontrollierbarer Verhaltensweisen und meßbarer Leistungen;
– Diskriminierung der Jugendlichen als interesselos und demotiviert;
– Ausblendung der neuen Wertsysteme;
– Diskriminierung der anderen Wertorientierung;
– Rückzug auf „alte Werte".

Verhalten der Jugendlichen:
– Bindung an neue Heilslehren und Gruppen als Rückzug aus den Anforderungen;
– Aussteigen durch Nicht-Engagement;
– Aufbau einer Subkultur;
– strategisch bewußter Umgang mit der Erwachsenenwelt;
– „Sozialisation der Jugend in eigener Regie" statt Auseinandersetzung zur Identitätsfindung.

● c) Eine andere pädagogische Theorie

Ein Pragmatismus anderer Art wird dort entwickelt, wo aus der Beobachtung der nicht mehr vorhandenen Differenz die Konsequenz gezogen wird, die Hornstein bei Heinz Hengst (Tendenzen der Liquidierung der Kindheit 1981) findet. Er faßt zusammen:

■ Kindheit wird nach Heinz Hengst nur noch als „Fiktion" aufrechterhalten, und zwar vor allem durch Pädagogen, Sozialarbeiter, durch künstlich aufrechterhaltene und forcierte Ausgliederung der Kinder aus der Erwachsenenwelt, während sich in Wirklichkeit die Unterschiede völlig verwischt haben: Durch Industrialisierung und Rationalisierung haben sich das Bewußtsein, die Erfahrungsformen und -möglichkeiten, das Verhalten so angeglichen, „daß die Separierung in Kinder- und Erwachsenenwelt von nachrangiger Bedeutung wird". Und das Fazit aus dieser Sichtweise: „Es ist zu bezweifeln, ob es der Gesellschaft heute noch gelingt, den Abstand und die Problembedingungen herzustellen, die die Voraussetzungen für eine sinnvolle, auf qualitativen Differenzen beruhende Unterscheidung zwischen Kindheit und Erwachsenenstatus ausmachen."

Aus: Walter Hornstein, a. a. O., S. 72.

Zwei Denkmodelle versuchen die Konsequenzen aus dieser veränderten Situation zu ziehen. Es sind dies die Forderungen der „Antipädagogik" und des Konzepts „Von Kindern lernen!". (Vgl. zur Antipädagogik II.4 Das Problem der Autorität in der Erziehung, S. 133 ff.)

Die Forderung „Von Kindern lernen!"

■ Darin kommt Kritik zum Ausdruck an einer Auffassung, die den Erwachsenen und das Erwachsenenalter als eine absolute Größe setzt, an der sich Kindheit und Jugendalter zu messen hätten. Es ist darin auch enthalten der Hinweis darauf, daß Erwachsenheit im heutigen Verständnis des Wortes durch den Verlust, durch den Mangel alles dessen gekennzeichnet sei, was als Merkmale des spezifisch kindlichen In-der-Welt-Seins bezeichnet werden könne, daß Erwachsensein also eine *Verarmung* gegenüber den Lebensmöglichkeiten anderer Lebensalter, insbesondere der Kindheit, zu betrachten sei; deshalb gelte es für den Erwachsenen, von Kindern zu lernen!...
Die Forderung „Von Kindern lernen!" scheint mir ein beherzigenswertes Programm zu umschreiben; nur: man muß sich im klaren darüber sein, daß die Verwirklichung entsprechender Forderungen nicht nur eine Frage des guten Willens ist. Die heutige Form der Erwachsenheit ist ja nicht etwas Zufälliges, sondern sie ist Ergebnis und Ausdruck ökonomischer, politischer, sozialer Bedingungen. Wenn sich Erwachsenheit ändern soll, dann hat das Voraussetzungen in der konkreten Lebenspraxis, in der Art der Arbeit, der sozialen Beziehungen, der Lebensverhältnisse. Insofern diese jedoch an die ökonomischen, politischen, sozialen Verhältnisse gebunden sind, kann ernsthaft eine Änderung nur Hand in Hand gehen; also Anstrengung des einzelnen um eine veränderte Sichtweise von Kindheit und Jugend und zugleich kritische Prüfung und Änderung gesellschaftlich-politischer Bedingungen, wo diese sich für das geforderte „Von Kindern lernen!" als hinderlich erweisen.
Aus: Walter Hornstein, a. a. O., S. 73 f.

6.7 Zum Dilemma pädagogischer Berufe

Hornstein diskutiert am Ende seines Aufsatzes noch einmal die beiden Pole der heutigen Generationenproblematik:

■ Ich denke, daß es ein in der pädagogischen Diskussion viel zu wenig beachteter Sachverhalt ist, daß Angehörige pädagogischer Berufe in dieser skizzierten Lage in ein spezifisches Dilemma geraten, das die Wahrnehmung ihrer pädagogischen Aufgaben mit innerer Widersprüchlichkeit belastet, wenn nicht verunmöglicht.
Sie gehören zu den „sinngebenden Berufen"; sie haben ihre Aufgaben aber in einer Gesellschaft zu erfüllen, in der Sinnfragen offen, prekär geworden sind: sie verfügen also auch nicht über mehr Sinn als andere; aber es wird

von ihnen mehr verlangt. Sie stehen aber darüber hinaus vor einem, wie mir scheint, noch sehr viel schwieriger zu bearbeitenden Dilemma, das sich aus ihrer Funktion als „Drehpunktpersonen" ergibt. Sie stehen vor der Aufgabe, in Institutionen, die in ihrer inneren Struktur und Verfassung, dem ihnen gesellschaftlich zugesprochenen Sinn, „materialistische" Orientierungen in dem beschriebenen Sinn vertreten, eine Generation zu erziehen, die in einer anderen historischen Epoche ihre Grundlagen hat – und es reicht ja nicht aus, wenn sie diesen Widerspruch einfach technisch bewältigen, sondern sie müssen ihn austarieren...

Ein zweiter Punkt besteht darin, daß in der skizzierten Lage – genau betrachtet – der Erziehung im herkömmlichen Sinn des Wortes der Boden entzogen ist. Dies gilt in jedem Fall dann, wenn zutrifft, was eingangs formuliert wurde, nämlich daß Erziehung, wie immer man sie im einzelnen definiert, Verständigung voraussetzt zwischen den Generationen. Diese Verständigungsbasis aber ist heute weitgehend zerbrochen. Es ist die Situation zwischen Geschäftspartnern, bei denen die Geschäftsgrundlage entfallen ist, der eine – die Erwachsenen – dies aber hartnäckig ignoriert. So wird Erziehung mit Macht aufrechterhalten.

Aus: Walter Hornstein, a. a. O., S. 75 f.

Gegenüber diesem doppelten Dilemma der Erziehung nennt Hornstein drei Schritte, die die Situation verändern können.

a) In bezug auf das Verhältnis von Kindern und Erwachsenen heißt dies doch wohl in jedem Fall Abstand zu nehmen von allen Formen der „Kolonialisierung", d. h. Besetzung der Kindheit; es hieße dies, Widerstand zu leisten gegenüber gesellschaftlichen Entwicklungstendenzen, die darauf hinauslaufen, daß die Lebenswelt von den Systemeinflüssen mehr und mehr überformt wird (Habermas 1981), Abstand zu nehmen auch von der Abhängigkeit produzierenden Inanspruchnahme für eigene Bedürfnisse – die Liste ließe sich beliebig verlängern.

b) In bezug auf Schul- und Jugendalter käme es wohl darauf an, *erstens* Voraussetzungen dafür zu schaffen, daß in den organisierten Formen der Erziehung und Bildung Formen der Kommunikation zwischen Lehrern und Schülern ermöglicht werden, die wirklich Austausch und Auseinandersetzung ermöglichen. Wichtig wäre, die Verhältnisse zwischen den Generationen so zu gestalten, daß die Lebens- und Zukunftsentwürfe der heranwachsenden Generation, wie wir sie häufig in scharfer Konkurrenz zu den herrschenden, etablierten antreffen, zumindest eine Chance der Diskussion – und zwar ohne Diffamierung! – haben...

c) ... (Außerdem) scheint es mir ganz dringlich, aus der Tatsache, daß der herkömmliche Erziehungsbegriff seine Tragfähigkeit eingebüßt hat, die notwendigen Konsequenzen zu ziehen... Auf jeden Fall verbietet sich auch, die Erziehung der Jugend als eine einseitige Beeinflussung und Belehrung von Unmündigen durch Mündige zu betrachten. Es ist ein neuer Begriff von

Erziehung notwendig; in ihm muß der Begriff der Solidarität der Generationen eine wichtige Rolle spielen. Erwachsene wie Heranwachsende stehen in vielerlei Hinsicht vor den gleichen ungelösten und oftmals unlösbar scheinenden Aufgaben der Zukunft. Nur durch gemeinsame Anstrengung und gemeinsames Lernen besteht die Hoffnung, daß sie adäquat erfaßt und vielleicht auch gelöst werden können. Es heißt dies auch, daß Erziehung in allen ihren Akten immer auch zuerst Verständigung über die Grundlagen des erzieherischen Prozesses sein muß. Das macht Erziehung heute so schwierig und anstrengend.

Aus: Ebd., S. 77.

Exkurs: Pädagogisches Handeln in der Situation pluraler Wertorientierung
Beispiel: Sexualpädagogik

Die bisher getroffenen Überlegungen zur Erziehung können auch als Orientierung für den Bereich der Sexualpädagogik dienen.

a) Der anthropologische Ansatz weist darauf hin, daß Sexualität pädagogisch nur innerhalb einer ganzheitlich verstandenen Erziehung erfaßt werden kann. Sexualpädagogik ist kein Sondergebiet erzieherischen Handelns, sondern eingebunden in die Entwicklung einer Beziehung zum eigenen Körper, in der Ausbildung der geistigen Anlagen, der Gefühlsbereiche und des Sozialverhaltens. Personale, sozial-ethische und kulturelle Entwicklung sollen sich unter pädagogischer Verantwortung in diesem Bereich der Erziehung zur Daseinsorientierung und Lebensgestaltung exemplarisch verbinden. Das Kind erfährt sehr früh, bereits in der Mutter-Kind-Dyade, die Einstellung zu seinen Bedürfnissen und zu deren Erfüllung, Vertrauen und Geborgenheit, Bindungsbereitschaft und Anfänge seiner Bindungsfähigkeit, Offenheit und Angstfreiheit nach innen, zu sich selbst, wie auch nach außen zu anderen Menschen. Innerhalb aller Altersstufen sind immer wieder diese Erziehungsziele gültig. An dem, was Kinder brauchen, entscheiden sich die Einzelfragen.

b) Der pädagogische Bezug beschreibt eine Seinsweise mit dem Kind. Er bewahrt das Kind vor der Behandlung als Objekt. Fragen und Erkundungen können nur von innen heraus verstanden werden; nicht als Norm-Problem, sondern als Fragen nach dem Verständnis der Welt und des Lebens, als Fragen nach Selbstgewißheit und Selbstannahme, nach Geborgenheit und verläßlicher Bindung. Auf den Bereich der Sexualität gerichtete Fragen haben zur Voraussetzung ein Denken und Fühlen vom anderen her. Von da aus qualifizieren sich Antworten als Botschaften emotionaler Nähe (oder Distanz, denn auch „Neutralität", pure Sachlichkeit, ist eine Wertaussage!). Das in die Kinder und Jugendlichen gesetzte Vertrauen eröffnet den angstfreien Raum für die Entwicklung eigener reflektierter Verhaltensweisen und für den Dialog zum Problemkreis.

c) Im Dialog nimmt der Erzieher Kinder und Jugendliche mit ihren lebenslaufbezogenen intellektuellen und emotionalen Vorerfahrungen, Phantasien und Wünschen, aber auch mit ihren unklaren Vorstellungen und Ängsten wahr. Gegenwärtigkeit und Vertrauen sind tragfähiger als rigide Festlegungen. Ferner fällt jedem Erzieher die langwierige Aufgabe zu, den Aufbau einer eigenen Haltung im Sinn des Gewissens mit den heranwachsenden Menschen zu leisten. Über reine Nachahmungs- und Verbotsentscheidungen hinaus ist zunächst die sachliche Einsicht in die Unverletzlichkeit und Selbstbestimmung anderer aufzubauen, aber auch die Bejahung eigener Körperlichkeit und die Reflexion des Verhaltens, des eigenen wie das des anderen. Gerade Erfahrungen in Gruppen, im Spiel, aber auch Gespräche mit Gleichaltrigen schaffen diesen Meinung und Gewissen formenden Dialog, der schließlich zu einer Unterstützung eigener und ichgebundener Entscheidungen führt. Die Orientierung und stetige Erinnerung an eigene und fremde Mündigkeit läßt den Aufbau innerer Festigkeit zu einem selbstverantworteten, ethisch fundierten Sexualverhalten zu.

Auf einer dritten Ebene ist Basis für eine mündig ge- und erlebte Sexualität immer auch Dialog mit den Erfordernissen des Lebenslaufs unter dem Aspekt des gesellschaftlichen Wertwandels.

Beispielhaft ist zu bedenken: Früher waren Ausbildung, Pubertät, Sicherung der wirtschaftlichen Existenz und partnerschaftliche Bindung relativ überschaubare Abschnitte in klarer Abfolge.

Heute folgt nach der Pubertät häufig ein Lern- und Ausbildungszeitraum, der den Lebensjahren zwischen Geburt und Pubertät entspricht. Diese Zeitspanne ist kein Leerraum, der durch Verbote oder abstrakte Normen zu füllen ist, sondern er ist gemäß eigenständiger Werthaltungen zu gestalten – gemeinsam mit den Betroffenen, wie dies Walter Hornstein skizziert hat.

d) Sexualerziehung ist auch eine Aufgabe der sozialpädagogischen Institutionen – nicht als Vertreter einer „alten" Gesellschaft und um deren Ansprüche durchzusetzen, sondern als Aufbau der Basis auch für diesen Lebensbereich: Zuwendung, Pflege, Spiel, Vorbild der Erzieherpersonen, Sprachentwicklung zur Kommunikationsfähigkeit und Differenzierung im Gefühlsbereich, Gruppenerfahrungen insgesamt – gerade als koedukative Erfahrung – ermöglichen den Aufbau von Regeln und Sitten des Zusammenlebens, die Sensibilität im Fühlen und Denken vom anderen her, aber auch in der Selbststeuerung und Selbstkontrolle.

Innerhalb der Einrichtungen für körperbehinderte Kinder und Jugendliche wie auch für geistig behinderte und sinnesbehinderte Menschen braucht Sexualerziehung besonders bewußte Überlegungen – aber keine prinzipiell anderen. In ihrem Menschsein haben sie denselben Anteil an Sexualität, an der Suche nach Geborgenheit und zuverlässiger menschlicher Bindung. Andererseits erleben sie – und die mit ihnen lebenden Erzieherpersonen – gerade im Bereich der Sexualität unter Umständen ihre Abhängigkeit von fremder Hilfe, von Einfühlungsvermögen und Verstehen. Oder die mit ihnen lebenden Menschen sind mitbetroffen von Ausfällen einer geistig und ethisch-sozial aufbaubaren Steuerung. Die doppelte Ausrichtung nach Achtung vor den individuellen Bedürfnissen der Person, ihrer Würde einerseits und die Formung von Regeln für die Gemeinschaft und damit auch Bewahrung des einzelnen vor dem Zur-Schau-Stellen als Objekt ist hier jeweils im pädagogischen Handeln gegenwärtig. Alle Entscheidungen kreisen dabei wieder um die Überlegungen zum humanen Daseinsverständnis, das durch Erzieher ermöglicht werden soll.

▷ Dieser Exkurs kann nur Denkanstöße geben. Er kann die Wertentscheidungen nicht abnehmen, die Sie mit Kindern und Jugendlichen, mit Miterziehern und Eltern zu treffen haben.
Rückfragen und Klärungen sollten Sie auch in Praxis- und Methodenlehre, im Schwerpunkt Heimpädagogik, in Theologie und Religionspädagogik oder im Fach Ethik und im Fach Heilpädagogik suchen.

6.8 Auswege aus dem Dilemma

■ Deshalb sollen einerseits die Jungen die Chance erhalten, ihre innovative Phantasie und Potenz, ihre utopischen Sehnsüchte, ihre Entschlossenheit und ihr Engagement, die noch nicht von Kompromißbereitschaft gebrochen sind, einzubringen; andererseits haben die Älteren ihre eigenen und die geschichtlichen Erfahrungen zu vertreten, soweit diese noch hilfreich und bewahrenswert sind, aber auch ihren nüchtern gewordenen Realismus, der das Machbare und das Riskante immer mitbedenkt...
Die Jugendlichen brauchen die Erwachsenen nicht nur als Identifikationspartner, sondern auch als Konfrontationspartner, mit denen sie sich konstruktiv auseinandersetzen können. Erziehung gelingt, auch bei einem solidarisch-partnerschaftlichen Konzept, nur bei Bewältigung der folgenden drei Aufgaben, nämlich im wechselseitigen Zusammenhang und Zusammenspiel von:
(1) „Behütung" (als emotionale Sicherung sowie als Auswählen bzw. Gestalten der Lebenswelt und als Schutz vor ihren gefährdenden Einflüssen);
(2) „Gegenwirkung" (als mitwirkender Gegenpart beim gemeinsamen Suchen nach Problemlösungen, aber auch als Instanz der Grenzziehung);
(3) „Unterstützung" (als einfühlendes Verstehen und herausfordernd-fördernde Ermutigung). Auf diesen umfassenden Zusammenhang der pädagogischen Gesamtaufgabe hat A. Flitner (1982, S. 61 ff.) in seiner Kritik der „Antipädagogik" in Wiederanknüpfung an F. D. Schleiermacher (1957) nachdrücklich verwiesen.
Aus: Erich Weber, a. a. O., S. 146 f., 149.

Der Sozialpädagoge Michael Winkler formuliert zu den Bedingungen, unter denen Erziehung gelingen kann:

■ Erziehung ist dann gelungen, wenn sich der Zögling selbst annehmen, somit in seinem eigenen Zustand einen Gegenstand seiner Selbsttätigkeit finden kann; Erziehung glückte, wenn er seine Gegenwart aushalten und in die Veränderung seiner Lebensumstände dort eintreten kann, wo er in Gemeinsamkeit mit anderen Subjekten ihren Wandel für nötig befindet. Die Pädagogik genügt aber ihrem Begriffe, sobald das Subjekt gegenwärtig und künftig ein Leben führen kann, welches ihm selbst wert- und sinnvoll, somit so lebenswert erscheint, daß es dieses als eine Lebensform tradieren und anderen Subjekten überantworten will, ohne deren Subjektivität in Frage zu stellen.

So liegt für den Erzieher die Absicht der Erziehung darin, in eine Lebensform, die ihm selbst wertvoll ist, einzuführen und diese weiterzugeben. Der Sinn der Erziehung erschließt sich aber dann, wenn der Erzogene seinem Erzieher gegenübertritt und ihn kritisiert, ohne daß dieser gekränkt wird; er ist dort gegeben, wo der Zögling mich in einer Weise kritisiert, die ich nicht nur aushalten kann, sondern in der ich selbst wachse – und erzogen werde.

Aus: Michael Winkler: Eine Theorie der Sozialpädagogik. Stuttgart 1988, S. 336.

AUSKLANG

Jean Paul:
Ein Kind sei euch heiliger als die Gegenwart, die aus Sachen und Erwachsenen besteht.

Urie Bronfenbrenner:
Kinder brauchen Menschen, um menschlich zu werden.

Martin Buber:
Pädagogisch fruchtbar ist nicht die pädagogische Absicht, sondern die pädagogische Begegnung.

Johann Heinrich Pestalozzi:
Eine Fabel: *Erziehungsweisheit*

Drei Bauern hatten drei Schweineställe.
Aber der erste baute den Stall im Sumpf und ging dann alle Morgen und peitschte die Schweine und fluchte mit ihnen, daß sie sich nicht im Sumpf wälzten.
Auch der andere baute den Stall in den Sumpf; und dieser ging alle Morgen und bat sie freundlich, daß sie doch nicht sich immer im Sumpf wälzen sollen und stellte ihnen vor, wie sie glückliche Schweine werden können, wenn sie sich nicht im Kot wälzen und fein ordentlich bei Tag und bei Nacht in den Ecken auf der trockenen Streu liegen.
Der dritte aber peitschte die Schweine nicht, fluchte nicht mit ihnen, machte ihnen auch keine Vorstellungen über das, was ihr Heil und über das, was nicht ihr Heil sei, aber er baute den Stall trocken. Er allein metzgete feiste Schweine. Die andern metzgeten magere und klagten und klagten, daß sie ungefolgige und ungelehrige Schweine gehabt haben und daß ihr Ungehorsam und ihre Hartnäckigkeit sei der einzige Grund, warum sie so mager und elend gestorben.
Gesetzgeber der Welt! Also entschuldigt auch ihr euch, wenn eure Leute mager und elend leben und sterben.

Pestalozzi schreibt in einem Brief an einen Freund über seinen Aufenthalt in Stanz (1799):

Der Mensch will so gerne das Gute, das Kind hat so gerne ein offenes Ohr dafür; aber es will es nicht für dich Lehrer, es will es nicht für dich, Erzieher, es will es für sich selber. Das Gute, zu dem du es hinführen sollst, darf kein Einfall deiner Laune und deiner Leidenschaft, es muß der Natur der Sache nach an sich gut sein und dem Kind als gut in die Augen fallen. Es muß die Notwendigkeit deines Willens nach seiner Lage und seinen Bedürfnissen fühlen, ehe es dasselbe will.

Alles, was es lieb macht, das will es. Alles, was ihm Ehre bringt, das will es. Alles, was große Erwartungen in ihm rege macht, das will es. Alles, was in ihm Kräfte erzeugt, was es aussprechen macht, ich kann es, das will es. Aber dieser Wille wird nicht durch Worte, sondern durch die allseitige Besorgung des Kindes und durch die Gefühle und Kräfte, die durch diese allseitige Besorgung in ihm rege gemacht werden, erzeugt. Die Worte geben nicht die Sache selbst, sondern nur eine deutliche Einsicht, das Bewußtsein von ihr.

Aus dem Einleitungsartikel der „Wochenschrift für Menschenbildung, von Heinrich Pestalozzi und seinen Freunden"
(von Pestalozzis Mitarbeiter Niederer formuliert):

Man tut sich in unseren Tagen zwar vieles auf die vielseitigen Fortschritte in der Menschenbildung zugut, und es ist nicht zu leugnen, die Welt ist wirklich in der physischen Besorgung unseres Geschlechts weit vorgeschritten. (...) Aber das Fach Menschenbildung hält wahrlich nicht gleichen Schritt mit ihrer diesfalls steigenden Kraft. Man tue dem Zeitalter nicht Unrecht, man gebe seiner Achtung für auffallende Leiden und seltene Übel den Wert, der ihr wirklich gebührt. Man schätze seinen Vorschritt in der Besorgung der physischen Angelegenheiten der Erde und des Menschengeschlechts, so hoch man es kann; aber man lasse sich dennoch nicht von dem äußeren Schein dieser Vorzüge blenden. Man dringe, wie man soll, tiefer in das Wesen dieser Vorzüge, und man wird, man muß gewiß finden, daß diese Vorzüge selbst kein sicheres Fundament haben als in dem höheren Sinn und der inneren Würde der Menschennatur selbst und daß ihr Wert und ihre Dauer von der gleichzeitigen und wesentlich höheren Sorgfalt für die Entwicklung dieses Sinnes und dieser Würde, kurz, von der Sorgfalt für wahre Menschenbildung allein abhängt.

Literatur zu II

Amelunxen, Hildegard: Der Regenbogen hat einen Knoten. Beiträge aus einer Sendereihe des W.D.R. Hrsg. v. Hans Elsner. Köln 1972

Buber, Martin: Über das Erzieherische. In: Martin Buber. Werke. Band 1: Schriften zur Philosophie. München: Kösel 1962, S. 767–808

Bollnow, Otto Friedrich: Die Ermahnung. In: Flitner, Andreas, Scheuerl, Hans (Hrsg.): Einführung in das pädagogische Sehen und Denken. München: Piper, 9. Aufl. 1978, S. 236–253

von Braunmühl, Ekkehard: Antipädagogik. Studien zur Abschaffung der Erziehung. Weinheim, Basel: Beltz 1975

Brecht, Bertolt: Was ein Kind gesagt bekommt. In: Sämtliche Werke. Band 9: Gedichte. Frankfurt/M.: Suhrkamp 1967

Bronfenbrenner, Urie: Soziale Umweltzerstörung. In: Neue Sammlung 21 (1981), S. 176–185

Creutz, Helmut: Haken krümmt man beizeiten. Schultagebuch eines Vaters. München: Deutscher Taschenbuch Verlag, 2. Aufl. 1983

Derbolav, Josef: Der pädagogische Zuchtbegriff in anthropologischer Beleuchtung. In: Schule und Erziehung. Wien 1951, S. 17–21

Dolezal, Ulrike: Erzieherverhalten in Kinderläden. Wiesbaden: Akademische Verlagsanstalt 1975

Flitner, Andreas: Besinnung auf die Grundschule. In: Grundschule 13 (1981), Heft 11, S. 455–458

Flitner, Andreas: Konrad, sprach die Frau Mama ... Über Erziehung und Nicht-Erziehung. Darmstadt: Serverin und Siedler 1982

Flitner, Wilhelm: Theorie des pädagogischen Weges und Methodenlehre. In: Nohl, Herman, Pallat, Ludwig (Hrsg.): Handbuch der Pädagogik. Band 3. Langensalza: Beltz 1930, S. 59–118

Flitner, Wilhelm: Allgemeine Pädagogik. Stuttgart: Klett, 11. Aufl. 1966, enthalten in: Erlinghagen, Karl, Flitner, Andreas, Herrmann, Ulrich (Hrsg.): Wilhelm Flitner. Gesammelte Schriften. Band 2: Pädagogik. Paderborn: Schöningh 1983, S. 123–310

Flitner, Wilhelm: Ist Erziehung sittlich erlaubt? In: Zeitschrift für Pädagogik 25 (1979), Heft 4, S. 499–504, enthalten in: Erlinghagen, Karl, Flitner, Andreas, Herrmann, Ulrich (Hrsg.): Wilhelm Flitner. Gesammelte Schriften. Band 3: Theoretische Schriften. Paderborn: Schöningh 1989, S. 190–197

Geißler, Erich E.: Erziehungsmittel. Bad Heilbrunn: Klinkhardt, 6. Aufl. 1982

Gordon, Thomas: Familienkonferenz. Hamburg: Hoffmann und Campe, 4. Aufl. 1974

Gutschmidt, Gunhild: Kind und Beruf. Alltag alleinerziehender Mütter. Weinheim, Basel: Beltz, 2. Aufl. 1988

Halbfas, Hubertus, Halbfas Ursula (Hrsg.): Das Menschenhaus. Düsseldorf: Patmos, 2. Aufl. 1973

Hengst, Heinz: Tendenzen der Liquidierung der Kindheit. In: Hengst, Heinz: Kindheit als Fiktion. Frankfurt/M.: Suhrkamp 1981

Hornstein, Walter: Die Erziehung und das Verhältnis der Generationen heute. In: Zeitschrift für Pädagogik, 18. Beiheft (1983), S. 59–79

Kafka, Franz: Briefe an den Vater (1919). Frankfurt/M.: S. Fischer 1975

Kellmer Pringle, Mia: Was Kinder brauchen. Stuttgart: Klett 1979

Kerkhoff, Engelbert: Kinderbücher. In: Dollase, Rainer (Hrsg.): Handbuch der Frühpädagogik. Band 2. Düsseldorf: Schwann 1978, S. 265–280, bes. S. 269 f.

Kohli, Martin: Lebenslauftheoretische Ansätze in der Sozialisationsforschung. In: Hurrelmann, K., Ulich, D. (Hrsg.): Handbuch der Sozialisationsforschung. Weinheim: Beltz 1980

Korczak, Janusz: Wie man ein Kind lieben soll. Hrsg. von Elisabeth Heimpel und Hans Roos. Göttingen: Vandenhoeck & Ruprecht, 2. Aufl. 1969

Langeveld, Martinus J.: Einführung in die theoretische Pädagogik. Stuttgart: Klett, 5. Aufl. 1965

Langeveld, Martinus J.: Studien zur Anthropologie des Kindes. Tübingen: Niemeyer, 3. Aufl. 1968

Lichtenstein, Ernst: Vom Sinn der erzieherischen Situation. In: Lichtenstein, Ernst: Bildungsgeschichtliche Perspektiven. Glaube und Bildung. Bildung als geschichtliche Begegnung. Ratingen: Henn 1962, S. 161–173. Wiederabdruck in: Schnitzer, Albert (Hrsg.): Der pädagogische Bezug – Grundprobleme schulischer Erziehung. München: Oldenbourg 1983, S. 77–88

Lichtenstein, Ernst: Autorität und Freiheit. In: Erziehung, Autorität, Verantwortung. Reflexionen zu einer pädagogischen Ethik. Ratingen: Henn 1967, S. 36–53

Lichtenstein, Ernst: Zur Phänomenologie der Erziehungsweisen. In: Erziehung, Autorität, Verantwortung. Ratingen: Henn 1967, S. 72–81

Lichtenstein, Ernst: Mißverständnisse im Gespräch über Autorität. In: Bloth, Peter C. u. a. (Hrsg.): Mutuum colloquium. Dortmund: Cruwell 1972, S. 235–239

Lichtenstein-Rother, Ilse: Wo gehobelt wird, da fallen Späne. In: Brauneiser, Manfred (Hrsg.): Was Hänschen nicht lernt... Pädagogische Banalitäten auf dem Prüfstand. München: Kösel 1978, S. 24–40

Litt, Theodor: Führen oder wachsen lassen. Stuttgart: Klett, 15. Aufl. 1976

Loch, Werner: Lebensläufe und Erziehung. Essen: Verlag Deutsche Schule 1979

Mebs, Gudrun: Sonntagskind. Aarau, Frankfurt/M., Salzburg: Sauerländer, 5. Aufl. 1985

Miller, Alice: Am Anfang war Erziehung. Frankfurt/M.: Suhrkamp, 6. Aufl. 1988

Neill, Alexander S.: Theorie und Praxis der antiautoritären Erziehung. Das Beispiel Summerhill. Hamburg: Rowohlt 1969

Nitschke, Alfred: Das verwaiste Kind der Natur. Tübingen: Niemeyer 1962

Plessen, Marie-Louise, von Zahn, Peter. Zwei Jahrtausende Kindheit. Köln: Verlagsgesellschaft Schulfernsehen 1979

Reble, Albert: Geschichte der Pädagogik. Stuttgart: Klett, 10. Aufl. 1969

Reble, Albert: Das Strafproblem in Beispielen. Bad Heilbrunn: Klinkhardt, 4. Aufl. 1980

Reichwein, Roland: Autorität. In: Lenzen, Dieter, Mollenhauer, Klaus (Hrsg.): Enzyklopädie Erziehungswissenschaft. Band 1: Theorien und Grundbegriffe der Erziehung und Bildung. Stuttgart: Kreuz 1983, S. 321–328

Roth, Heinrich: Pädagogische Anthropologie. Band 1: Bildsamkeit und Bestimmung. Hannover: Schroedel 1966

Roth, Heinrich: Revolution der Schule? Die Lernprozesse ändern. In: Roth, Heinrich, Blumenthal, Alfred (Hrsg.): Auswahl Reihe A, Nr. 9. Hannover: Schroedel 1969

Roth, Heinrich: Pädagogische Anthropologie. Band 2: Entwicklung und Erziehung. Hannover: Schroedel 1971

Röbe, Edeltraud: Didaktik des Lesenlernens. Forschungsbeiträge zur Grundschulreform. Band 2. Arbeitskreis Grundschule e. V. 1977

Schiefele, Hans, Tröger, Walter (Hrsg.): Pädagogik für Erzieher. Band 2. München: TR Verlagsunion, 6. Aufl. 1982

Schleiermacher, Friedrich: Die Volksschule. Die Vorlesungen aus dem Jahre 1826, S. 259–300 (gekürzt). Abdruck aus: Platz, C. (Hrsg.): Schleiermachers Pädagogische Schriften. Langensalza: Beltz, 3. Aufl. 1902. Studienbehelfe zu den Vorlesungen. Hrsg. von der Universität Hamburg. Hamburg 1947, S. 10–15

Schleiermacher, Friedrich: Die Vorlesungen aus dem Jahre 1826. In: Rutt, Theodor (Hrsg.): F. E. D. Schleiermacher. Ausgewählte pädagogische Schriften. Besorgt von Ernst Lichtenstein. Paderborn: Schöningh, 3. Aufl. 1983

von Schoenebeck, Hubertus: Unterstützen statt erziehen. Die neue Eltern-Kind-Beziehung. München: Kösel 1982

Spitz, René A.: Vom Säugling zum Kleinkind. Stuttgart: Klett 1967

Stüttgen, Albert und Dorothee: Kindererziehung. Zürich, Köln: Benziger 1975, bes. S. 67–93

Tausch, Reinhard, Tausch, Annemarie: Gesprächspsychotherapie. Göttingen: Verlag für Psychologie, 8. Aufl. 1981

Ulich, Dieter: Das pädagogische Feld und das gesellschaftliche Umfeld. In: Schiefele, Hans, Tröger, Walter (Hrsg.): Pädagogik für Erzieher. Band II. München: TR Verlagsunion, 6. Aufl. 1982, S. 25–35

Weber, Erich: Autorität im Wandel. Donauwörth: Auer 1974

Weber, Erich: Generationenkonflikte und Jugendprobleme aus (erwachsenen-)pädagogischer Sicht. In: Becker, Josef, Krauß, Henning, Lichtenstein-Rother, Ilse (Hrsg.): Schriften der philosophischen Fakultät der Universität Augsburg. Erziehungswissenschaftliche Reihe Nr. 30. München: Ernst Vögel 1987

Weber-Kellermann, Ingeborg: Die Kindheit. Kleidung und Wohnen, Arbeit und Spiel. Eine Kulturgeschichte. Frankfurt/M.: Insel 1979

Winkler, Michael: Eine Theorie der Sozialpädagogik. Stuttgart: Klett-Cotta 1988

Anhang

Auszüge aus Kindergartengesetzen

Baden-Württemberg

Zweites Gesetz zur Ausführung des Gesetzes für Jugendwohlfahrt vom 11. August 1961 (BGBl. IS. 1206) in der Fassung der Bekanntmachung vom 17. Januar 1983 (Gesetzblatt für Baden-Württemberg, S. 29).

§ 1 Begriff des Kindergartens

Kindergärten im Sinne dieses Gesetzes sind Einrichtungen von Gemeinden, Zweckverbänden und Trägern der Jugendhilfe zur Pflege und Erziehung von Kindern vom vollendeten dritten Lebensjahr bis zum Beginn der Schulpflicht, soweit es sich nicht um schulische Einrichtungen handelt.

§ 2 Aufgaben des Kindergartens

Die Erziehung im Kindergarten ergänzt und unterstützt die Erziehung des Kindes in der Familie. Sie soll die gesamte Entwicklung des Kindes fördern.

Bayern

Bayerisches Kindergartengesetz vom 25. Juli 1972 – GVBl., S. 297

Art. 1

(1) Kindergärten sind Einrichtungen im vorschulischen Bereich. Sie dienen der Erziehung und Bildung der Kinder vom vollendeten 3. Lebensjahr bis zum Beginn der Schulpflicht.

Art. 7

(1) Der Kindergarten unterstützt und ergänzt die familiäre Erziehung, um den Kindern nach Maßgabe wissenschaftlicher Forschungsergebnisse beste Entwicklungs- und Bildungschancen zu vermitteln. Er bietet kindgemäße Bildungsmöglichkeiten an, gewährt allgemeine und individuelle erzieherische Hilfen, fördert die Persönlichkeitsentfaltung sowie soziale Verhaltensweisen und versucht, Entwicklungsmängel auszugleichen. Er berät die Eltern in Erziehungsfragen.

(2) Der Kindergarten hat darüber hinaus die Aufgabe, den Kindern entsprechend ihrer Entwicklung den Zugang zur Schule zu erleichtern; er hat dabei auch die besonderen Bedürfnisse der vom Schulbesuch zurückgestellten Kinder zu berücksichtigen.

(3) Kindergärten können im Rahmen der dargestellten Aufgaben mit besonderen Schwerpunkten und in verschiedenen Formen gestaltet werden.

Bremen

Kindergarten- und Hortgesetz für das Land Bremen in der Fassung vom 16. Juli 1979 (Gesetzblatt der Freien Hansestadt Bremen vom 31. Juli 1979, Nr. 34, S. 287 ff.) unter Berücksichtigung des Gesetzes zur Änderung des Kindergarten- und Hortgesetzes für das Land Bremen vom 19. März 1982 (Gesetzblatt der Freien Hansestadt Bremen vom 19. März 1982, Nr. 12, S. 65 f.)

§ 2 Begriff und Aufgabe des Kindergartens

(1) Kindergärten dienen der Erziehung und Bildung der Kinder vom vollendeten dritten Lebensjahr bis zu ihrem Eintritt in die Schule nach Maßgabe des § 35 des Bremischen Schulgesetzes.

(2) Der Kindergarten hat einen eigenständigen Erziehungs- und Bildungsauftrag. Er ergänzt und unterstützt die Erziehung des Kindes in der Familie.

(3) Der Kindergarten hat seinen Auftrag in ständigem engen Kontakt mit der Familie und anderen Erziehungsberechtigten durchzuführen und zur Förderung der Entwicklung der Persönlichkeit des Kindes zum Beispiel
1. die Lebenssituation des Kindes zu berücksichtigen und zum Ausgleich von Benachteiligungen beizutragen,
2. die Fähigkeit des Kindes zu sachgerechtem Handeln in den verschiedenen Lebenssituationen zu stärken,
3. dem Kind zur Selbständigkeit und Eigenaktivität zu verhelfen und seine Lebensfreude anzuregen,
4. dem Kind zu ermöglichen, seine emotionalen Kräfte zu entwickeln,
5. die schöpferischen Fähigkeiten des Kindes unter Berücksichtigung seiner individuellen Neigungen und Begabungen zu fördern,
6. die geistigen Fähigkeiten des Kindes zu entwickeln und ihm ein breites Angebot an Erfahrungen mit der Umwelt zu vermitteln,
7. dem Kind zu einer positiven Beziehung zu seinem Körper zu verhelfen, ihm das dazu erforderliche Grundwissen zu vermitteln sowie seine körperliche Entfaltung zu fördern und
8. das Kind unterschiedliche Verhaltensweisen, Situationen und Probleme bewußt erleben zu lassen und ihm die Möglichkeit zu geben, soziale und demokratische Verhaltensweisen einzuüben.

Hessen

Kindergartengesetz vom 4. September 1974, GVBl. II 34–26

§ 2 Aufgabe

(1) Der Kindergarten hat als Elementarbereich des Bildungswesens einen eigenständigen Bildungsauftrag. Er unterstützt und ergänzt die Familienerziehung und wirkt darauf hin, daß soziokulturelle Benachteiligungen von Kindern durch besondere Förderungen ausgeglichen werden. Zu

seinen Aufgaben gehört es, unter Berücksichtigung der jeweiligen Lebenssituation der Kinder und nach demokratischen Grundsätzen
- die körperlichen und geistigen Fähigkeiten und die seelischen Kräfte der Kinder altersgemäß zu entwickeln,
- die Kinder zu selbständigem, sozialem und tolerantem Verhalten zu befähigen,
- die schöpferischen Kräfte der Kinder nach deren individuellen Neigungen und Begabungen zu fördern.

(2) Der Sozialminister wird ermächtigt, Grundsätze über die pädagogische Arbeit im Kindergarten im Einvernehmen mit dem Kultusminister zu erlassen.

Nordrhein-Westfalen

Zweites Gesetz zur Ausführung des Gesetzes für Jugendwohlfahrt (Kindergartengesetz – KgG –) vom 21. Dezember 1971 (GV.NW., S. 534)

§ 2 Auftrag des Kindergartens

(1) Der Kindergarten hat im Elementarbereich des Bildungssystems einen eigenständigen Bildungsauftrag. Die Förderung der Persönlichkeitsentwicklung des Kindes und die Beratung und Information der Erziehungsberechtigten sind dabei von wesentlicher Bedeutung; der Kindergarten ergänzt und unterstützt dadurch die Erziehung des Kindes in der Familie.

(2) Der Kindergarten hat seinen Bildungsauftrag in ständigem Kontakt mit dem Elternhaus und anderen beteiligten Erziehungsberechtigten durchzuführen und dabei insbesondere
1. die Lebenssituation jedes Kindes zu berücksichtigen,
2. dem Kind zur größtmöglichen Selbständigkeit und Eigenaktivität zu verhelfen, seine Lernfreude anzuregen und zu stärken,
3. dem Kind zu ermöglichen, seine emotionalen Kräfte aufzubauen,
4. die schöpferischen Kräfte des Kindes unter Berücksichtigung seiner individuellen Neigungen und Begabungen zu fördern,
5. dem Kind Grundwissen über seinen Körper zu vermitteln und seine körperlichen Entfaltungen zu fördern,
6. die geistigen Fähigkeiten des Kindes zu entfalten und ihm dabei durch ein breites Angebot von Erfahrungsmöglichkeiten elementare Kenntnisse von der Umwelt zu vermitteln.

(3) Der Kindergarten hat außerdem die Aufgabe, das Kind unterschiedliche soziale Verhaltensweisen, Situationen und Probleme bewußt erleben zu lassen und jedem einzelnen Kind die Möglichkeit zu geben, seine eigene soziale Rolle innerhalb der Gruppe zu erfahren, seine positiven Wirkungsmöglichkeiten und Aufgaben innerhalb eines demokratischen Zusammenlebens zu erkennen und demokratische Verhaltensweisen zu üben.

Rheinland-Pfalz

Zweites Landesgesetz zur Ausführung des Gesetzes für Jugendwohlfahrt (Kindergartengesetz) vom 15. Juli 1970 (GVBl., S. 237)

§ 2 Aufgabe des Kindergartens

Der Kindergarten ergänzt und unterstützt die Erziehung des Kindes in der Familie. Er soll die Gesamtentwicklung des Kindes durch allgemeine und gezielte erzieherische Hilfen und Bildungsangebote fördern. Seine Aufgabe ist es insbesondere, durch differenzierte Erziehungsarbeit die geistige Entwicklung des Kindes anzuregen, seine Gemeinschaftsfähigkeit zu fördern und allen Kindern gleiche Entwicklungschancen zu geben.

Saarland

Gesetz Nr. 969 zur Förderung der vorschulischen Erziehung in der Fassung vom 18. Februar 1975 (Amtsblatt vom 5. Mai 1976, S. 368 ff.)

§ 2 Aufgabe der vorschulischen Einrichtung

Aufgabe der vorschulischen Einrichtung ist es:
1. Die Familienerziehung des Kindes mit Hilfe eines eigenständigen Bildungsangebotes zu ergänzen,
2. alle Kinder entsprechend den Ergebnissen neuerer Lern-, Begabungs- und Sozialisationsforschung in einer ihnen angemessenen Weise zu fördern,
3. umweltbedingte Benachteiligungen auszugleichen und soziale Integration anzustreben,
4. die Eltern in Erziehungsfragen zu unterstützen.

Stichwortverzeichnis